澳大利亚-宝腾　　澳大利亚-霍尔顿　　德国-奥迪　　德国-大众　　德国-宝马

德国-宝马-迷你　　德国-保时捷　　德国-保时捷-泰赫雅特　　德国-奔驰

德国-戴姆勒　　德国-精灵　　德国-迈巴赫　　德国-欧宝　　德国-普鲁士跑车Artega GT

德国-太阳神　　德国-威兹曼　　法国-标致　　法国-雷诺　　法国-雪铁龙

韩国-双龙　　韩国-现代　　韩国-大宇　　韩国-起亚　　韩国-双龙

 韩国-现代-酷派
 荷兰-donkervoort
 荷兰-世爵
 捷克-斯柯达
 罗马尼亚-达契亚DACIA

 美国-福特野马-眼镜蛇
 美国-雪佛兰-克尔维特
美国-Jeep
 美国-奥兹莫比尔
 美国-别克

 美国-道奇-蝰蛇
 美国-道奇-蝰蛇2
 美国-道奇
 美国-菲斯克
 美国-福特-FPV

 美国-福特
 美国-福特-美洲狮
 美国-福特-野马
 美国-凯迪拉克

 美国-克莱斯勒
 美国-林肯
 美国-帕诺兹
 美国-庞蒂克
 美国-水星

  美国通用-GMC
 美国-土星
 美国-雪佛兰
 日本-本田
 日本-本田-讴歌(阿库拉)

日本-大发	日本-丰田	日本-丰田-雷克萨斯	日本-丰田-塞恩	日本-富士重工-斯巴鲁

日本-铃木	日本-马自达	日本-日产	韩国-起亚-欧菲莱斯	日本-日产-无限2

日本-三菱	日本-五十铃	瑞典-萨博	瑞典-科尼赛克	瑞典-沃尔沃

西班牙-西亚特	意大利-法拉利	意大利-阿尔法罗密欧	意大利-布加迪	

意大利-菲亚特	意大利-菲亚特-阿巴斯ABARTH	意大利-科维尼COVINI	意大利-兰博基尼	

意大利-蓝旗亚	意大利-玛莎拉蒂	意大利-帕加尼Pagani	意大利-依维科	印度-塔塔

| 英国–TVR跑车品牌 | 英国–阿斯顿马丁 | 英国–阿斯卡利Ascari汽车 | 英国–宾利 |

| 英国–捷豹 | 英国–劳斯莱斯 | 英国–莲花 | 英国–陆虎 | 英国–罗孚 |

| 英国–美洲豹1 | 英国–美洲豹–11 | 英国–名爵MG | 英国–摩根 | 英国–沃克斯豪尔 |

| 中国–东风 | 中国–吉利新标 | 中国–一汽 | 上汽荣威 | 中国–比亚迪 | 中国–长安 |

| 中国–东南汽车 | 中国–哈飞赛马 | 中国–吉利旧标 | 中国–奇瑞 | 中国–中华 |

法国1890年潘哈德汽车

奔驰vis-a-vis

梅赛德斯奔驰

福特T型车

日内瓦车展

上海车展

格林菲尔德老式汽车节

马自达概念车

铁皮与gmc

大黄蜂与雪弗兰

汽车影院

大众汽车城主题公园的康采恩广场

21世纪全国高职高专汽车系列技能型规划教材

汽车文化

主　编　刘　锐　郑广军
副主编　高　寒　赵春园　吉武俊
参　编　汲宇丹　刘　爽　郑　施
主　审　姜玉波

内容简介

汽车文化承载的形式包括三类：汽车文化的品性载体（即企业、品牌文化等）；汽车文化的物化载体（汽车科技、设计文化等）；汽车文化的边缘载体（汽车与其他文化种类的结合，如汽车展会、汽车报刊、汽车运动、汽车收藏等）。

本书以该角度为主线，主要内容为：汽车发展史、国内外著名的汽车厂商及品牌、汽车概述、汽车基本结构、汽车新技术、未来汽车、汽车现代设计、汽车与体育、汽车与经济等。

本书可供高等职业技术院校汽车运用专业教学使用，也可作为相关行业岗位培训或自学用书，同时可供广大汽车爱好者参考。

图书在版编目（CIP）数据

汽车文化/刘锐，郑广军主编. —北京：北京大学出版社，2009.8
（21世纪全国高职高专汽车系列技能型规划教材）
ISBN 978-7-301-15578-3

Ⅰ.汽… Ⅱ.①刘…②郑… Ⅲ.汽车—文化—高等学校：技术学校—教材 Ⅳ.U46-05

中国版本图书馆CIP数据核字（2009）第127785号

书　　　　名：	汽车文化
著作责任者：	刘　锐　郑广军　主编
策划编辑：	赖　青
责任编辑：	刘　颖
标准书号：	ISBN 978-7-301-15578-3/U·0014
出　版　者：	北京大学出版社
地　　　址：	北京市海淀区成府路205号　100871
网　　　址：	http://www.pup.cn　http://www.pup6.com
电　　　话：	邮购部 62752015　发行部 62750672　编辑部 62750667　出版部 62754962
电子邮箱：	pup_6@163.com
印　刷　者：	北京宏伟双华印刷有限公司
发　行　者：	北京大学出版社
经　销　者：	新华书店
	787 mm×1092 mm　16 开本　13 印张　297 千字
	2009年8月第1版　2016年7月第6次印刷
定　　　价：	28.00元

未经许可，不得以任何方式复制或抄袭本书之部分或全部内容。
版权所有，侵权必究　　举报电话：010-62752024
　　　　　　　　　　　　电子邮箱：fd@pup.pku.edu.cn

前言

汽车从发明至今已有一百多年的历史，人们眼中的汽车已不仅仅是交通工具，而是被赋予了很多文化内涵。汽车文化体现的是伴随汽车而产生的价值、生活形态、情感需求以及所折射的审美取向。

汽车文化课程，作为汽车运用专业、汽车营销专业的必修课程，汽车检测与维修和非汽车专业学生的公共选修课，意在提高学生对汽车的兴趣，开阔视野，丰富汽车知识，为学生学习汽车基础知识，感受并弘扬汽车文化提供了很好的平台，诠释了汽车作为与人类生活密不可分的伙伴，体现了"汽车改变世界"和"世界改变汽车"的大文化。

本书在搜集、总结大量有关汽车及汽车工业发展相关资料的基础上，系统地介绍了汽车发展史、汽车基本结构及原理、汽车工业的发展历程、著名汽车公司、品牌、历史人物、汽车时尚、汽车设计、汽车与社会等内容。可作为广大汽车爱好者的理想读物，也可作为大专院校学生学习汽车知识的教材或参考用书。

本书由吉林交通职业技术学院刘锐、内蒙古交通职业技术学院郑广军任主编，吉林交通职业技术学院高寒、赵春园，河南职业技术学院吉武俊任副主编，吉林交通职业技术学院姜玉波教授主审。其中，第2章由刘锐编写，第1、8章由郑广军编写，第3章由高寒编写，第4章由吉林交通职业技术学院刘爽编写，第5章由吉武俊和陕西省机电工程学校郑施编写，第6章由赵春园编写，第7章由吉林交通职业技术学院汲宇丹编写。

本书建议学时为36~64学时，各学校可按照自身专业设置的具体情况灵活分配。

在编写的过程中，我们参阅了大量的文献、资料，在此，对这些文献资料的作者表示诚挚的感谢！

本书在编写过程中力求做到融知识性与趣味性于一体，内容经典，图文并茂，可读性强，可以给读者提供详实的史料、系统的知识、智慧的启迪和未来的思考。

限于编者的水平，书中难免有错误和不足之处，敬请广大读者批评指正。

编者
2009.4

CONTENTS
目 录

第1篇 汽车品性文化

第1章 汽车发展历程 2
- 1.1 汽车的定义 3
- 1.2 汽车的产生 3
- 1.3 汽车的完善发展 11

第2章 汽车工业的形成与发展 17
- 2.1 世界汽车工业的发展历程 18
- 2.2 我国汽车工业的发展历程 27

第3章 著名汽车厂商及品牌 35
- 3.1 通用汽车公司 36
- 3.2 福特汽车公司 50
- 3.3 克莱斯勒汽车公司 56
- 3.4 戴姆勒—奔驰汽车公司 61
- 3.5 大众汽车公司 66
- 3.6 宝马汽车公司 74
- 3.7 标致—雪铁龙汽车公司 78
- 3.8 雷诺—日产汽车公司 82
- 3.9 丰田汽车公司 86
- 3.10 本田汽车公司 91
- 3.11 菲亚特汽车公司 95
- 3.12 印度塔塔汽车公司 100
- 3.13 其他著名跑车公司 103
- 3.14 日本其他著名汽车公司 107
- 3.15 韩国著名汽车公司 108
- 3.16 中国汽车公司 109

第2篇 汽车物化文化

第4章 汽车概论 114
- 4.1 汽车分类与编号 115
- 4.2 汽车总体构造 123

目录

　　4.3　汽车行驶原理 126
　　4.4　汽车使用性能指标 127

第5章　汽车新技术和发展 132
　　5.1　汽车新技术 133
　　5.2　新能源汽车 136

第6章　汽车现代设计 141
　　6.1　世界著名汽车设计师及设计公司 142
　　6.2　汽车外形与颜色 146
　　6.3　汽车设计、制造过程 149

第3篇　汽车边缘文化

第7章　汽车运动 158
　　7.1　汽车竞赛起源 159
　　7.2　赛车组织机构 160
　　7.3　汽车竞赛分类 161
　　7.4　一级方程式汽车赛 161
　　7.5　汽车拉力赛 171
　　7.6　勒芒24小时耐力赛 172
　　7.7　卡丁车赛 173

第8章　汽车与经济 174
　　8.1　汽车节庆 175
　　8.2　汽车展会 178
　　8.3　汽车俱乐部 181
　　8.4　汽车影院 182
　　8.5　汽车杂志 183
　　8.6　汽车金融 185
　　8.7　汽车旅馆 186
　　8.8　汽车建筑 187
　　8.9　汽车广告 192

参考文献 193

第1篇 汽车品性文化

第1章 汽车发展历程

教学目标

了解汽车发明的历史，掌握汽车动力源发明的过程，理解汽车技术的发展。

教学要求

能力目标	知识要点	权重	自测分数
掌握汽车的定义	重点掌握我国对汽车的定义	20%	
了解汽车发明的历史	汽车发明的重要历史进程	40%	
了解汽车技术的发展完善	汽车技术不断完善的发明历程	40%	

➣ 引例

> 1886年1月29日，卡尔·本茨制造的三轮汽车取得了专利。以今天的眼光来看，这辆车怎么也不算豪华，它甚至没有今天所有汽车都有的型号和名字。但它有一个后世所有汽车都没有的编号——专利号DRP 37435，仅仅凭借这个编号，它就足以置身世界豪华车之列。时光荏苒，转眼到了2009年，现代汽车的发展已经走过了风风雨雨的120多年，也给我们留下了许许多多的故事和令人惊叹的智慧。从以18km/h的速度出现在人类历史中的第一辆三轮汽车，到现在从速度为零加速到100km/h只需要3秒钟的超级跑车，汽车发展的速度是如此惊人！这其中有无数的人在贡献着他们的智慧和汗水，汽车已经真正成为我们生活中不可缺少的一部分。让我们一起来回望这段历史，品味其中的辛酸与喜悦，体会汽车给我们带来的种种欢乐与梦想。

第1章 汽车发展历程

1.1 汽车的定义

汽车，人们把它称为会行走的机器，这个由上万零件组合的产品，凝结了人类智慧的结晶，和谐地将科学技术与艺术相统一。一个现代化的社会如果没有汽车将变得不可想象，我们的生活没有汽车将截然不同，汽车遍布全球的每一个角落，汽车改变着世界，世界也改变着汽车，无论你承认与否，汽车已作为一种文化深深地渗入人们的心中，并给人类社会带来巨大的影响。

什么是汽车？这个看似非常简单的问题，却是很难回答的问题。也许人们的脑海中会出现道路上随处可见的四轮交通工具，然而要准确地给出汽车的定义并不容易。出于对汽车及交通运输管理的需要，每个国家必须给出一个明确的定义。

美国汽车的定义为：汽车是本身携带动力驱动的，装有驾驶操纵装置的，在固定轨道以外的道路或自然地域上运输客、货或牵引其他车辆的车辆。

日本汽车的定义为：不依靠架线和轨道，带有动力装置，能够在道路上行驶的车辆。

德国汽车的定义为：汽车是使用液体燃料，用内燃机驱动，具有3个或3个以上轮子，用于载运成员或货物的车辆。

我国GB7258—2004对汽车（motor vehicle）的定义为：由动力驱动，具有4个或4个以上车轮的非轨道承载的车辆，主要用于载运人员和货物、牵引载运货物的车辆或特殊用途的车辆。

1.2 汽车的产生

1.2.1 车轮的发明

车轮被视为人类最古老、最重要的发明，其起源可追溯到原始社会，那时人们的生产劳动都是靠肩扛手提。在实践中人们发现将圆木置于重物之下拖着走，可以轻松地移动重物，这就是早期的木轮运输。后来，人们发现用直径大的轮子运输速度更快，于是木轮直径越来越大，逐渐演变成用辐条支撑轮辋的车轮（图1.1），这就是最早车轮的雏形。

关于车轮的发明，目前众说纷纭，一些人认为车轮是我们中华民族的祖先首先发明的，认为中国汉字中的"车"字就是车轮的象征。而且传说早在5000年前，黄帝就制造了车辆，故称为"轩辕黄帝"。不过，黄帝造车的传说迄今尚未找到确凿的史料记载。另一些则认为车轮起源于欧洲，在波兰考古学家发现的带车形图案的罐子被定位在公元前4725年以前，美国考古学家Baldia在位于叙利亚的晚期Uruk遗址中发现了一个带有轮子的模型和"货车"的壁画，这些东西大约是在距今6400—6500年前留下的。所以轮式车辆很可能是在欧洲出现的，而后才传到东方，或是由东方人再次发明。

最早的轮子只是一些圆形的板，和轴牢牢地钉在一起。到公元前3000年时，已将轴装到手推车上，轮子不直接和车身相连。以后不久，又出现了装有轮辐的车轮。这种原始的手推车虽然笨拙得很，但比从前一直使用的人的肩膀和驮兽要好得多。

轮子的出现为车的发明准备了必要的物质条件，有了车轮，整个世界才真正转动起来。从这个意义上讲，轮子就是推动世界前进的动力。

中国的商、周时代，车辆的制造已经十分先进。据春秋末年齐国人的著作《考工记》

记载，当时车辆制造已有专门分工，除所谓"车人"外，还有专门造轮子的"轮人"等。车辆的制造也十分讲究，比如，要用圆规校准轮子，视其外形是否为正圆，两个轮子的尺寸和重量是否相等，还要求轮子的直径要适中，所用的木料要坚实等，技术要求很严格，考虑得十分周全，而且十分符合科学。到春秋战国时期，车辆得到了很大发展，特别是制造出了战车（图1.2）。这种战车先是用来冲入敌阵，迫使敌人溃散；后来又当作战台使用，战车兵可以站在战车上朝敌人掷标枪，杀死敌人。无论在制造质量还是数量上，都达到了新的水平。

图1.1　早期的车轮

图1.2　古代战车

1.2.2　人们对机械车辆的追求

早期出现的车辆都是以人力或畜力为主要动力的，睿智的人们进一步设想，是否能制造出自行驱动行走的车辆。在1250年的英国，现代试验科学家的鼻祖、著名科学家罗吉尔·培根预言："我们大概能制造出比用一群水手使船航行更快的机械；我们似乎也可以造出不借用任何畜力就能以惊人的速度奔跑的车辆；进而我们也可以造出用翅膀像鸟儿一样飞翔的机械。"

1．指南车和记里鼓车

指南车（图1.3）和记里鼓车（图1.4）是我国古代伟大的发明，是世界上最早出现的带有齿轮的车辆。指南车和记里鼓车都是单辕车辆。指南车是一种指示方向的机械装置，上有一个木人，无论车子怎样转弯，木人的手始终指向南方。指南车的原理是车上装有一套差动齿轮装置，当车辆左、右转弯时，车上可以自动离合的齿轮传动装置就带动木人向车辆转弯相反的方向转动，使木人的手臂始终保持指南。指南车上这种利用差动齿轮装置来指示方向的装置，在今日仍有现实意义。英国著名科学家李约瑟博士在对指南车的差动齿轮作详细研究后指出：无论如何，指南车是人类历史上第一架共协稳定的机械（homoeostatic machine）；当驾车人与车辆成一整体看待时，它就是第一部自控机械。

记里鼓车又名记道车。它是利用车轮带动大小不同的一组齿轮，使车轮走满一里时，其中一个齿轮刚好转动一圈，该轮轴拨动车上木人打鼓或击钟，报告行程。第一个在史书中留下姓名的记里车机械专家是三国时代的马钧。记里鼓车是减速齿轮系的典型，它也是现代计程车、计速器的重要祖先。它的报告里数的设计，也是近代所有机械钟表中报时木偶的始祖。

指南车和记里鼓车都是利用齿轮传动原理来进行工作的。它的出现体现了700多年前我国车辆制造工程技术已达到相当高的水平，是我国古代技术的卓越成就。

第1章 汽车发展历程

图1.3 指南车

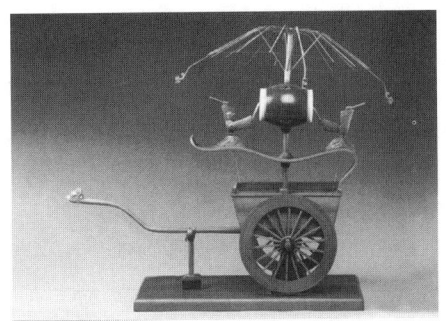

图1.4 记里鼓车

2．滑轮车

能不能发明一种自走式车辆呢？带着这个问题，人类开始了不断的探索与研究。1420年，有人制造出了一种滑轮车（图1.5）。人坐在车内，借用人力使绳子不停地转动滑轮。车虽然走了起来，但由于人力有限，这辆车的速度就不能充分地得以发挥，比步行还要慢。

3．发条车

15世纪末期，意大利著名美术家达·芬奇不仅创作了《最后的晚餐》、《蒙娜·丽莎》等名画，而且对自动车问题进行了探讨。他曾经设想：使一个带齿的圆盘进行水平旋转，旋转的力通过带有齿轮的车轴和车轮连接起来，车就可以前进了。但是用什么样的力量才能使圆盘转动起来呢？既然发条结构可以积蓄力量，那么它必定能长时间地使圆盘转动，因而可使用发条做动力。但达·芬奇的工作只限于理论上的设想，并没有进行实际上的设计。

150多年以后，德国有一位钟表匠汉斯·郝丘根据达·芬奇的设想，制造了一台发条车（图1.6）。当时的瑞典王子卡尔·古斯塔夫对它"一见倾心"，出于猎奇，就花钱买回了家。但是这台发条车的速度仅比一般人的步行速度快一半，而且每前进几十米必须把钢制发条卷紧一次，这和人们戴的机械手表要天天上"劲"是一个道理。可是手表上的发条很容易上"劲"，而给这种车辆的发条上"劲"却不是一件简单的事情，它需要的劳动强度过大，所以发条车也没有能够得到发展。

4．风帆车

1600年，荷兰的西蒙·斯蒂芬根据帆船靠风力推进行驶的原理，造出了"双桅帆车"（图1.7），该车在海边的试验中最高车速达到了每小时24公里。风帆车实际上是在帆船上装上4个车轮，或者说是给马车装上了桅帆。但是风力车的致命弱点在于风时有时无，时大时小，且风向不定，用来驱动车辆难顺人意。但它却反映了当时人们对"自行驱动"车辆的追求。

图1.5 滑轮车

图1.6 发条车

图1.7 风帆车

1.2.3 蒸汽机的发明

1705年，纽科门首次发明了不依靠人和动物来做功而是靠机械做功的实用化蒸汽机。这种蒸汽机用于驱动机械，便产生了划时代的第一次工业革命。随着蒸汽驱动的机械汽车的诞生，人类社会开始了永无休止的汽车发展的历史。

1. 蒸汽机的诞生

机械动力装置发展的最初目标并非用于车辆，而是为了给矿井抽水。随着矿井越挖越深，地下水成了矿井和矿工的大敌，为了开掘矿道和保证安全，必须尽快抽掉地下水。1712年，英国人托马斯·纽科门（Thomas Newcomen）发明了蒸汽机，用来驱动一台抽水机将矿井中的水抽出，被称为纽科门蒸汽机（图1.8）。纽科门蒸汽机将蒸汽引入汽缸，然后向汽缸中喷水冷却，冷却后的汽缸内压下降，汽缸里的活塞在大气压力的推动下向上运动，带动抽水泵抽水。活塞每分钟只能运动10次，但已经极大地提高了抽水的效率。

1757年，木匠出身的技工詹姆斯·瓦特（James Watt）（图1.9）被英国格拉斯哥大学聘为实验室技师，有机会接触纽科门蒸汽机，并对纽科门的蒸汽机产生了兴趣。1763年，他在修理蒸汽机模型中发现，纽科门蒸汽机只利用了气压差，没有利用蒸汽的张力，因此热效率低，燃料消耗大，他下决心对纽科门蒸汽机进行改进。首先，他认为将汽缸里的蒸汽送到另一个容器中去冷却，既可以获得能做功的真空，又使汽缸中的温度下降不多，可大大提高热效率。另外，为防止空气冷却汽缸，必须使用空气的张力作为动力。1769年，瓦特与博尔顿合作，发明了装有冷凝器的蒸汽机。1774年11月，他俩又合作制造出了真正意义的蒸汽机（图1.10）。蒸汽机曾推动了机械工业甚至社会的发展，并为汽轮机向内燃机的发展奠定了基础。

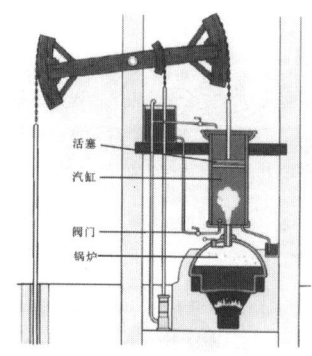
图1.8 纽科门蒸汽机

图1.9 詹姆斯·瓦特（James Watt）

图1.10 瓦特发明的蒸汽机

2.蒸汽汽车的诞生

法国陆军工程师，炮兵大尉尼古拉斯·古诺（Nicholas Cugnot，1725—1804）从小天资聪明，勤于思考，对机械颇感兴趣。青年时期曾在德国军队担任技师，由于他刻苦钻研，技术精湛，得到皇帝的赏识和援助，开始研制汽车的工作。1763年，古诺返回法国，在陆军任技术军官，获得法国外务、海军和陆军大臣肖瓦兹尔公爵2万英镑的研究经费，用于研制牵引大炮的蒸汽机汽车。经过6年的苦心研究，他终于把蒸汽汽车的热能转换成机械能，并在1769年研制成功世界上第一辆卡布奥雷牌蒸汽发动机汽车（图1.11），这是汽车发展史上的第一个里程碑。随后，古诺驾驶着这辆火力三轮车碾过巴黎街头的石板路，这辆不用马拉，完全依靠自身动力行走的怪物，发出轰隆隆的吼声，吸引着市民争相观看。古诺此次壮举旨在向巴黎市民展示他的惊世发明，车行15分钟需要停车打一次火，添满水，以使产生的蒸汽从锅炉上端的管道通进汽缸，推动活塞、连杆做功，驱动汽车继续行驶，它的最初时速为4km/h。由于前轮还同时负担着汽车的转向，前轮上又压着很重的锅炉，所以操纵转向杆很费力。一次试车时，由于转向杆操纵困难，转弯不灵敏而撞到般圣奴兵工厂的墙上，使汽车损坏。但是古诺并没有因此而灰心，18个月后他又制成了一个更大的蒸汽汽车，牵引力达4~5吨。这辆汽车是汽车发展史的一个见证，现被巴黎国立工艺学院保存。

图1.11　古诺发明的蒸汽机车

尼古拉斯·古诺的尝试给了后来者以极大的启发和激励，在欧洲各国和美国出现了研究和制造蒸汽汽车的热潮。各种用途的蒸汽汽车相继问世，汽车的车身和其他机构也得到了迅速发展。到了19世纪中叶，出现了一个蒸汽汽车的全盛时期。

1801年，英国煤矿工程师、后来也是铁路蒸汽机车的发明者理查德·特雷迪克（Richard Trevithick）制造出了英国最早的蒸汽汽车。该车为三轮结构，后轮直径有2.5m，车速达14.5km/h。1803年，理查德·特雷迪克又制成了外形类似马车的蒸汽汽车（图1.12），可载客8人，在平坦路面上时速为9.6km/h。至此，蒸汽汽车逐渐成熟，踏进了实用阶段。

1825年，英国的戈尔斯瓦迪·嘉内（Goldworthy Gurney）公爵又使蒸汽汽车进一步完善，行驶速度增加到19km/h，每辆可载18人（图1.13）。不久，该车便在英国中部地区开始了正式营业，成为良好的陆上公共交通工具。1828年，哈恩格克制成了比嘉内的汽车性能更好的蒸汽公共汽车，并开始了公共运输事业的企业化。他的车可以乘载22名乘客，时速达到32km/h，营运后很受欢迎。1834年，哈格恩发展成立了世界上最早的公共汽车运输公司——"苏格兰蒸汽汽车公司"。

图1.12 理查德·特雷迪克发明的蒸汽机车

图1.13 英国第一辆蒸汽公共汽车

蒸汽汽车的机构很简单，就是把一个蒸汽机装上底架和轮子。为了达到一定的输出功率，就要有一个尽可能大的锅炉；为了达到一定的行程，又要备有充足的水和煤；车身很重，要求有一副结实的底架和坚固的车轮。这些导致车越来越笨重，操纵也越来越困难。所以，这些蒸汽汽车仅适用于定班的往返行驶，路线固定，沿途又有煤、水供应。由于车太重、车轮窄、惯性大，使得制动困难，转向也不灵敏，经常发生事故。有时明知要减速转弯，就是慢不下来，转不过去，只能眼睁睁地看着它撞向障碍物。更可怕的是，锅炉压力一旦过高，难以控制，发生爆炸，大家就只有弃车逃命。据历史资料统计，英国和美国在19世纪末20年间，共发生锅炉爆炸两万多件，死伤20多万人。

在19世纪中叶以后，蒸汽车事业日渐衰落。到了20世纪，随着内燃机汽车、电动汽车的大量涌现，性能的不断提高，蒸汽汽车开始渐渐退出历史舞台。英国肯特郡肖特兰市的皮尔逊·考克斯股份有限公司是最后一家制造蒸汽汽车的企业。1916年，最后一部双座11kW皮尔逊·考克斯牌汽车驶出厂门，从此结束了蒸汽汽车的时代。

1.2.4 内燃机的发明

在蒸汽机不断改进和发展的历程中，人们也越来越深刻地认识到蒸汽机的不足是因为燃料在外部燃烧，所以，有人开始研究把外燃改为内燃，让燃料在内部燃烧，使膨胀产生的高压气体直接推动活塞做功，这就是内燃机。

1794年，英国人斯特里特提出从燃料的燃烧中获取动力，并且第一次提出了燃料与空气混合的概念。1801年，法国人勒本提出了煤气机的原理。1824年，法国热力工程师萨迪·卡诺在《关于火力动力及发生的内燃机考察》一书中，揭示了"卡诺循环"学说。1833年，英国人莱特提出了直接利用燃烧压力推动活塞做功的设计。之后人们又提出过各种各样的内燃机方案，但在19世纪中叶以前均未付诸实用。直到1860年，法国的艾提力·雷骆（Etienne Lenoir）模仿蒸汽机的结构，设计制造了第一台实用煤气机（图1.14）。

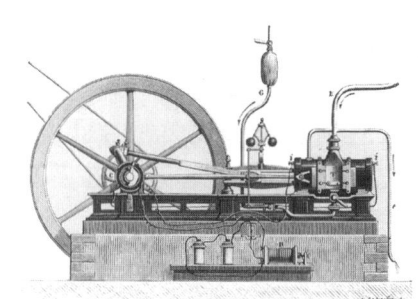

图1.14 Etienne Lenoir发明的煤气机

1861年，法国铁路工程师罗夏发表了进气、压缩、做功、排气的四冲程发动机理论，这一理论后来成为内燃机发展的基础。

1866年，德国工程师尼古拉斯·奥托（Nicolaus August, Otto）偶尔在报纸上看到了一篇关于内燃机的报道，下决心对内燃机进行改进，并研究了罗夏的四冲程内燃机的论文，成功地研制出动力史上有划时代意义的立式四冲程内燃机。1876年，他又研制出第一台实用活塞式四冲程煤气内燃机（图1.15）。这台单缸卧式功率为2.9kW的煤气机，压缩比为2.5，转速为250r/min。这台内燃机被称为奥托内燃机而闻名于世。奥托于1877年8月4日获得专利，后来人们一直将四冲程循环称为奥托循环。奥托以内燃机奠基人被载入史册，其发明为汽车的发明奠定了基础。

奥托的煤气机体积小，转动平稳，但有个最大的缺点是在工作时需要一个较大的煤气发生炉给它提供煤气，因此给使用带来了不便。加上它在重量、体积等方面并不比蒸汽机优越多少，所以这种发动机未能得到广泛的使用。

后来出现了一种性能更好的内燃机——汽油机，它是现代汽车上所用的汽油发动机的祖先。当时，好几个国家先后研制出了这种内燃机，不过，以德国人戴姆勒制造的汽油内燃机最具代表性，而且很快得到了实际使用。1885年，德国人戈特利布·戴姆勒（Gottlieb Daimler）按奥托机原理研制出定容内燃机，利用他发明的表面汽化器形成的汽油油雾为燃料，转速可达800r/min，压缩比可达3∶1。1886年，德国人卡尔·本茨又发明了混合器和电点火装置，使汽油机更加完善。

1897年，德国人鲁道夫·狄塞尔（Rudolf Diesel）（图1.16）成功研制出第一台柴油机，因此柴油机也被称为狄塞尔发动机。柴油机从设想到实现经历了20年的时间，是冒着生命危险在一片指责声中研制出来的。狄塞尔虽然没有看到柴油机用于汽车的那一天，但是他亲眼看到自己的发明用于造船业，以绝对的优势取代了蒸汽机。

图1.15 Otto及其发明的立式四冲程煤气机

图1.16 鲁道夫·狄塞尔（Rudolf Diesel）

1954年，德国工程师菲加士·汪克尔（Felix Wankel）发明了三角转子发动机，被称为汪克尔发动机（图1.17）。它不同于往复活塞式发动机，是利用近似三角形的旋转活塞在特定形面的汽缸内旋转运动来做功。1967年，日本马自达公司购买了转子发动机专利，成为研制转子发动机的后起之秀，并批量生产。

图1.17　Felix Wankel发明的转子发动机

1.2.5　汽车的发明

内燃机的发明为汽车的诞生奠定了坚实的基础。世界上第一辆现代意义的汽车是谁发明的？历史上声称自己是汽车最早发明人的不下几十人。本茨和戴姆勒是世界上大多数人公认的以内燃机为动力的现代汽车的发明者。他们的发明创造成为汽车发展史上最重要的里程碑。

1. 卡尔·本茨的第一辆汽车

1879年，德国工程师卡尔·本茨首先实验成功了一台二冲程试验发动机。

1883年，本茨创立了"本茨公司和本茨莱茵发动机厂"。

1885年，他在曼海姆制成了第一辆发动机汽车（图1.18），并于1886年1月29日申请了专利，这一日期也被认为是汽车的诞生日。

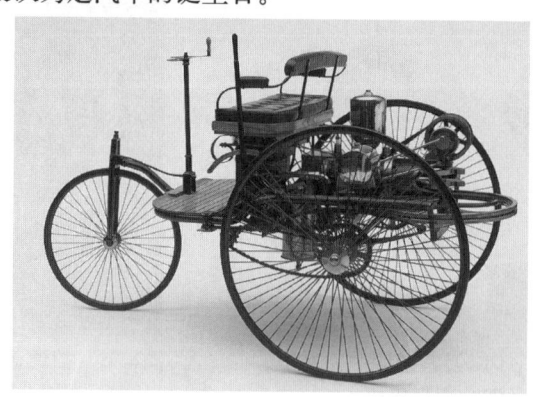

图1.18　卡尔·本茨的第一辆汽车

本茨发明的汽车为三轮汽车，采用一台两冲程单缸0.66kW的汽油机，自身重量254kg，装有3个实心橡胶轮胎，最高车速18km/h。此车具备了现代汽车的一些特点，如火花点火、水冷循环、钢管车架、钢板弹簧、后轮驱动、前轮转向和制动把手。但是该车的性能并不十分完善，行驶速度、装载能力、爬坡性能也不十分如意，而且在行驶过程中经常出熄火抛锚的现象。

本茨的发明最初被人们所怀疑。当时曼海姆的报纸把他的车变为无用可笑之物,本茨的夫人贝尔塔为了回击这些人的讥笑,于1888年8月带领两个儿子驱车从曼海姆到福茨海姆(贝尔塔的娘家),往返144km,为本茨的发明增添了说服力。

本茨的汽车结构与外形和当时的马车差不多,车速和装载质量也不比马车优越,但是,它的巨大贡献在于其实现了自动化和内燃机的使用。因为这种车能自己行走,所以人们用希腊语中的"Auto"(自己)与拉丁语中的"Mobile"(会走的)构成复合词来解释这种类型的车,这就是现在我们把汽车称为"Automobile"的由来。

本茨的第一辆三轮汽车是世界上最早的汽车雏形,这辆汽车现被收藏在德国的本茨汽车博物馆内。

2. 戴姆勒的第一辆汽车

1883年8月15日,戴姆勒和迈巴赫发明了汽油内燃机。

1886年,戴姆勒和迈巴赫研制成功了一台高速四冲程汽油机,排量0.462L,功率0.8kW,转速为665r/min。戴姆勒为了庆祝妻子艾玛的生日,花了795马克买来了一辆美国四轮马车,对马车加以改善,增添了传动、转向等必备机构,把发动机装上,世界上第一辆四轮汽车诞生了,这辆车以18km/h的速度从斯图加特开到了康斯塔特,当时人们称之为"没有马的马车"(图1.19),第一辆实用四轮汽车终于诞生了。

图1.19 戴姆勒发明的第一辆四轮汽车

1886年,被公认为是现代汽车的诞生之年。戴姆勒和本茨的成功是站在巨人的肩膀上取得的,早在第一辆汽车发明之前,与它相关的许多发明就已经出现了,如充气轮胎、弹簧悬架、内燃机点火装置等。所以从某种意义上来说,汽车是许多发明和技术的综合运用,很难准确地说它是什么时候由什么人发明的。最重要的是要认识到汽车并不完全是由一个人发明的,而是由几百甚至几千项发明构成的,是人类智慧的结晶。

1.3 汽车的完善发展

最初的汽车十分简陋,当时的汽车只是由马车改装而成的。现代汽车日趋多样化,汽车结构不断完善,汽车类型日益繁多,汽车技术不断发展,这些都凝结着无数发明者的智慧和心血。

汽车文化

在汽车诞生之前，汽车的能源问题已经解决。1859年，美国耶鲁大学的教授西利曼建立了最早的石油分馏装置，能够分馏出煤油、汽油和柴油。1859年8月27日，美国宾夕法尼亚的提达斯维尔等人打出了第一口具有商业价值的油井。石油的出现为汽车工业带来了生命力。

汽车发展历程分为4个阶段：汽车发明实验阶段（1886—1910年）；汽车技术不断完善阶段（1911—1940年）；汽车工业迅速发展阶段（1941—1960年）；汽车高科技广泛应用阶段（1961年至今）。

1.3.1 汽车发明实验阶段

1886年：①1月29日，德国曼海姆专利局批准卡尔·本茨为其在1885年研制成功的三轮汽车申请的专利，这一天被大多数人称为现代汽车诞生日；②德国人哥德利普·戴姆勒制成世界上第一辆四轮汽车；③奥托宣布放弃自己所获得的四冲程发动机专利，任何人都可根据需要随意制作。

1887年：卡尔·本茨将他的第一辆汽车卖给了法国人埃米尔·罗杰斯，这是世界上第一辆现代汽车的销售。

1888年：英国人邓禄普发明充气轮胎。

1889年：①戴姆勒在他的汽车上采用装有滑动小齿轮的4速齿轮传动装置；②6月9日，戴姆勒的V型发动机在德国获得专利，后来卡尔·本茨在自己的汽车上采用了这种类型的发动机，并付给戴姆勒3.7万马克专利费；③法国人标致研制成功齿轮变速器和差速装置。

1891年：①美国芝加哥研制出第一辆电动汽车；②法国人潘赫德和莱瓦索尔采用了发动机前置后轮驱动的结构型式，并设计了专用底盘，这一结构奠定了汽车传动的基本型式，在相当长的时间内被全世界广泛仿效。

1892年：美国人杜里埃发明喉管型喷雾化油器。

1893年：德国人狄塞尔在其论文《转动式热机原理和结构》中，首次论述了柴油发动机原理。

1894年：①狄塞尔展出他的第一台商品型柴油发动机；②法国人米其林兄弟发明充气式橡胶轮胎。

1895年：①世界上第一本汽车杂志《无马时代》在美国出版发行；②法国人莱瓦索尔研制出用手操纵的齿轮变速传动装置；③美国首次举行汽车比赛，获得冠军者用9小时跑完50英里（80.45千米）的路程。

1896年：①亨利·福特研制成功2缸四轮汽车；②美国出版物中首次使用"汽车"（Automobile）单词；③美国人将油灯用于汽车照明；④英国人首次使用石棉制动片；⑤德国首次使用汽车计程表；⑥伦敦首次举办国际汽车博览会，展出了小轿车、客货两用车和电动汽车；⑦德国人杜茨成为经营出租汽车的鼻祖。

1897年：①英国兰切斯特牌汽车采用了高压润滑系统，发明人由此而获得专利；②狄塞尔制成压缩点火式1.1kW柴油发动机，热效率高达26%，令世界为之震惊。

1898年：①美国人富兰克林研制出顶置气门4缸风冷式发动机；②转子发动机问世；③法国人雷诺将万向节首先用于汽车传动，并发明齿轮式主减速器传动装置，取代了链条传动。

1899年：带有整体水箱的蜂窝式散热器、分挡变速器和脚踏式加速器首先由戴姆勒应用在汽车上。

1900年：①全金属车身问世；②德国人保时捷研制出带曲面挡风板的汽车；③奔驰公司以钢材代替木材制作车架；④倾斜式圆形方向盘首次在德国使用。

1901年：①德国博世公司发明高压磁电机点火装置；②奥兹莫比尔汽车首先使用转速表；③低压磁电机点火系统被戴姆勒公司采用。

1902年：①盘式制动器专利被英国人获得；②鼓式制动器专利由法国人雷诺获得；③后桥独立式悬架被法国人装于赛车；④摩擦式减震器在英国使用；⑤用两个前轮的转动代替轴的转动的艾利奥特转向原理开始应用；⑥荷兰人斯帕伊卡设计了四轮驱动的赛车。

1903年：①法国研制出第一台V型发动机；②美国古德伊尔轮胎公司获无内胎轮胎专利。③英国生产全钢车身的轿车。

1904年：①气压制动系统开始采用；②凯迪拉克汽车装用防盗点火系统；③美国研制出防刺漏式轮胎；④英国人希思发明液压制动系统。

1905年：①法国研制出封闭式驱动桥；②法国研制出轮胎压力计。

1906年：①带弹簧的保险杠问世；②前轮制动器在德国问世；③别克公司将蓄电池作为轿车的标准配备；④扭力杆式减震器问世。

1907年：①美国汽车制造商协会公布汽车功率计算公式，该公式后来被一些国家作为汽车征税的依据；②法国采用乙炔车灯。

1908年：①轮胎刻纹机在美国问世；②电喇叭被美国人在汽车上应用。

1909年：美国四轮驱动公司生产四轮驱动的战船牌小客车。

1.3.2 汽车技术不断完善阶段

1911年：①美国举行500英里汽车赛，获胜者的汽车上首次安装了后视镜；②德车卡门提出流线型概念；③法国人标致设计出四轮制动器；④电灯被美国人用于汽车照明。

1912年：①自动启动器在凯迪拉克汽车上被首次装用；②双凸轮顶置式发动机在瑞士问世；③别克V12型发动机采用了铝制活塞；④轮胎材料中加炭黑可以提高耐磨性的实验获得成功。

1913年：①四门桥车问世；②曲面风挡玻璃问世；③汽车前大灯被置于挡泥板上；④汽车销售首次采用分期付款；⑤第一个加油站建成。

1914年：①全钢车身的道奇牌客车问世；②云母质绝缘体的火花塞在英国问世。

1915年：①可拆卸式轮辋代替了嵌入式轮辋；②箱型车身的T型车问世。

1916年：①倾斜式挡风玻璃流行，手动刮水器被装于汽车；②美国人开始使用停车灯。

1918年：①美国人麦克姆·罗西德制成四轮液压制动器并获专利；②英籍德国人阿克曼申请平行连杆式转向机构专利，后来法国人琼特将其改为梯形连杆式。

1919年：高效制动器装车使用。

1920年：①雪铁龙和蓝旗公司开始采用钢板冲压盘式车轮；②通用公司在车内安装顶灯。

1921年：①林肯汽车将转向信号装置列为标准配备；②镀镍技术被应用于散热器和车灯；③四乙基铅在汽油中具有抗爆作用被发现；④可调式汽车坐椅问世。

1922年：①空气滤清器、油量指示器被应用于汽车；②蓝旗汽车采用了V6型发动机和四轮独立悬挂装置；③橡胶悬挂装置在美国问世。

1923年：①戴姆勒公司发明自动喷漆装置；②菲亚特公司推出调式方向盘。

1924年：①杜邦公司推出新型快干漆；②富兰克林研制出离合器中的减震装置；③莫来石瓷质绝缘体的火花塞在美国问世；④德国博世公司开始生产电动刮水器；⑤双丝式前大灯问世。

1925年：本年度供给用户的汽车附属装置有千斤顶、停车信号灯、水箱锁盖、行李架、反光镜、烟灰盒、点烟器和温度计等。

1926年：①美国研制出汽油辛烷值测定表，使汽油的抗爆性有了衡量标准；②驱动桥高度降低及双曲线齿轮的采用使汽车重心得以降低；③通用公司将汽车大灯变光开关由方向盘移到了地板上，改用脚操纵；④凯迪拉克公司使用防碎玻璃。

1927年：①真空自动增压器问世；②通过采用在钢制部件中填充毛织物和射流消声的方法使汽车得以消音；③第27届国际汽车博览会展出的汽车表明了轿车发展的趋势，空气滤清器、汽油滤清器、机油滤清器、曲轴箱换气装置和后视镜被纷纷采用；④液力制动器问世。

1928年：同步变速器用于凯迪拉克汽车。

1929年：①汽车尾灯开始安装；②美国将收音机作为汽车的选装用品。

1930年：①超低压轮胎问世，提高了汽车在松软路面行驶的性能；②镀锡活塞问世；③戴姆勒公司将液力耦合器用于汽车，改变了传统的机械传动方式。

1931年：①采用独立悬架的汽车问世；②离心式、真空式点火提前角自动调节装置由克莱斯勒公司研制成功。

1932年：圆环形挡泥板被采用。

1933年：非贯通式汽车通风系统研制成功。

1934年：①雪铁龙前轮驱动汽车问世；②半自动变速器问世。

1935年：①手动按钮式齿轮变速器问世；②德国西门子公司开始生产氧化铝瓷质绝缘体火花塞。

1936年：由钢制扭力杆和双管路紧急制动系统组成的新型安全装置问世。

1938年：①空调装置被美国人用于汽车；②人们对汽车升力现象开始注意。

1939年：奥兹莫比尔汽车采用了液压－机械联合传动系统。

1940年：①克莱斯勒公司研制出安全轮辋，它可保证轮胎被刺穿后不脱离轮辋；②封闭式汽车前大灯问世。

1.3.3 汽车技术迅速发展阶段

1941年：4速半自动变速器及液压联轴器由克莱斯勒公司研制成功。

1944年：通用公司生产水陆两用汽车。

1946年：①后置发动机客车问世；②全钢客货两用车问世；③米西林公司研制出子午线轮胎；④轿车首次装用无线电话。

1948年：①曲面挡风玻璃问世；②无内胎式轮胎问世；③奔驰轿车首次装用电动车窗。

1949年：①克莱斯勒汽车采用点火钥匙启动；②福特公司推出V8船型轿车。

1950年：①英国人获蝶式制动器专利；②英国陆虎公司推出世界上第一台采用燃气涡轮发动机的汽车；③第一台直喷式柴油机问世。

1951年：克莱斯勒公司推出具有半球形燃烧室的V8S发动机。

1952年：①转向助力器装车使用；②美国人开始采用坐椅安全带。

1953年：①玻璃纤维薄板加钢筋构成的车身问世；②美洲虎汽车装用蝶式制动器；③晶体管被应用于汽车点火系。

1954年：①三角转子式发动机问世；②燃油喷射式发动机问世。

1955年：电控门锁问世。

1956年：4大灯照明系统被采用。

1957年：①林肯-大陆汽车采用组合车身；②带冷却片的制动毂问世。

1958年：无级变速器问世。

1959年：①英国推出迷你牌小型汽车，该车采用前轮驱动和横置式发动机；②控制污染的曲轴箱通气阀研制成功。

1960年：①凯迪拉克推出一次性底盘润滑油；②雷鸟牌轿车采用外摆式转向轮；③克莱斯勒公司制成实用型汽车交流发电机。

1.3.4 汽车高科技广泛应用阶段

1961年：①奔驰汽车采用了带前后伺服助推装置的盘式制动器；②合成橡胶轮胎问世，其寿命比普通橡胶轮胎提高一倍以上。

1962年：①聚酯树脂轮胎线研制成功；②法国研制出碘钨汽车前灯。

1963年：①内部带有备胎的轮胎问世，该轮胎能在外胎爆裂以后，利用备胎继续行驶160km以上；②楔型汽车问世。

1964年：①旁蒂克强力牌轿车开创了采用涡轮发动机的新时代；②福特公司采用计算机辅助设计新车型；③自动变速箱上的选择按钮按照"倒车—空挡—驱动—低速—高速"的顺序实现了标准化；④福特公司开始采用电控喷漆新工艺；⑤半球形燃烧室问世。

1966年：①美国采用可折叠式方向盘；②英国人设计出车内空气排出系统，该方式后来被普遍采用。

1967年：①通用公司推出使点火钥匙与报警器相配合的防盗装置；②隐蔽式挡风玻璃刮水器开始流行；③德国博世公司研制出了D型电子控制燃油喷射系统。

1968年：废气排出控制系统成为各种汽车上的标准设备。

1970年：①奔驰公司研制出模拟防抱死制动系统；②丰田公司建成多用汽车风洞。

1971年：①雪佛兰公司推出全铝发动机；②日本本田公司研制出复合涡流控制燃烧式发动机（CVCC），该机装有催化式排气净化器，其排气净化水平达到美国1975年开始实施的《净化空气法案》标准。

1973年：①美克莱斯勒公司制成电子点火器；②德国博世公司研制出了L型电子控制燃油喷射系统。

1975年：①美国汽车开始采用电控燃油喷射系统；②博世公司研制出了带氧传感器的发动机闭环控制系统。

1976年：①奔驰公司改建成全尺寸现代化汽车风洞，气流速度高达270km/h。

1978年：日本研制出复合燃料的汽车，即内燃机-电动汽车。

1979年：①巴西生产出以酒精为燃料的汽车；②博世公司研制出集电子点火和电控汽油机为一体的数字式发动机管理系统。

1980年：西班牙试制出太阳能汽车。

1981年：①日本研制出可原地转向的汽车；②福特公司研制出以甲烷为燃料的汽车，每升甲烷可行驶11.5km。

1982年：①福特公司的双涡轮V8型高速发动机获得普利克斯大奖；②汽车的空气动力学性能已成为汽车的重要设计指标。

1983年：①涡轮增压发动机技术被广泛使用；②铜芯火花塞问世。

1984年：①林肯公司的"大陆"和"马克II"型轿车采用了可调整的空气悬架系统，成为美国市场上的一流轿车；②美国研制出全塑料发动机，自重84kg。

1985年：①美国出产的豪华型轿车普遍采用了防抱死制动系统；②日本日产公司和马自达公司开发出后轮转向汽车。

1989年：本田可变气门控制系统问世。

1990年：①本田导航系统问世；②无人驾驶汽车问世，激光、超声波、电视摄像机取代了人眼。

第2章　汽车工业的形成与发展

教学目标

掌握汽车工业的形成及不同时期各国汽车工业的发展，了解世界汽车工业的格局，对我国汽车工业的形成与发展有一定的认识。

教学要求

能力目标	知识要点	权重	自测分数
掌握世界汽车工业的形成和发展	世界汽车工业不同时期的发展	20%	
了解世界汽车工业的格局	世界汽车工业"6+3"格局	30%	
掌握我国汽车工业发展	我国汽车工业的格局及发展阶段	20%	
掌握我国汽车工业格局	各个汽车集团在我国汽车制造的战略布局及国内主要的汽车企业分布	30%	

引例

美国第3大汽车厂商克莱斯勒2009年4月发表声明宣布申请破产保护，同时宣布与意大利汽车制造商菲亚特公司结盟。在全球汽车业风雨飘摇的时代，克莱斯勒成为第一个轰然倒下的巨头。曾经如日中天的美国汽车工业正在无可奈何地走向沉沦，世界汽车半个多世纪来的格局正在全面被改写。

79年前的第一次世界经济危机重创北美汽车业，大批中小车厂倒闭，通用、福特和克莱斯勒推出一大批以V8发动机为主的流线型设计新产品，成为车界三大巨头；36年前的第二次石油危机引发汽车业萧条，福特和克莱斯勒轮番创造亏损纪录，在高油价下，以生产小型车为主的日系品牌开始受到追捧，日本汽车于1980年一举击败美国成为世界第一；今天，第3场危机——源自美国过度消费的金融危机再度降临，一场巨大的汽车业格局变化可能借金融危机之力再次降临，与前两次大变局不同的是，快速成长的中国市场亦难独善其身，也将在剧变中扮演重要角色。

让我们一起回顾各国汽车工业发展的历程，体验汽车工业曾有的辉煌；一起了解汽车工业面临的现状，分析汽车工业发展的未来走向。

2.1 世界汽车工业的发展历程

汽车工业通常是指汽车的发动机、底盘、车身等各种零部件设计与制造、营销所涉及的企业和企业活动。汽车诞生于德国，成长于法国，成熟于美国，兴旺于欧洲，挑战于日本。

2.1.1 欧洲奠定了汽车工业的基础

19世纪的最后十几年是汽车逐渐成长的时期。强大的社会需求促使汽车技术得到了空前的发展，法国成为当时汽车生产的大国。德国、美国、英国和意大利也都开始进行汽车的生产。不过，当时的生产是手工作坊式的，产量都不大。

1882年，法国一个小五金商的儿子阿尔芒·标致（Armand Peugeot）设计制造了他的第一辆汽车（图2.1），1889年他第一辆以"标致"命名的汽车问世。

图2.1 阿尔芒·标致及其1891年生产的标致车

1891年，法国的潘哈德和勒瓦索尔重新设计了汽车（图2.2），将发动机装在汽车的前部，用脚踏板控制供油，通过离合器、变速器、锥形主减速器及链条将发动机的动力传到汽车后轮，从而使汽车脱离马车的设计，奠定了现代汽车设计的雏形。后来潘哈德在汽车驾驶室前方加装了挡风玻璃，并设计了后厢和车篷。

图2.2 1891年潘哈德和勒瓦索尔设计的汽车

第2章 汽车工业的形成与发展

1895年,法国举行了第一次世界汽车竞赛,当时有15辆汽油发动机汽车和6辆蒸汽发动机汽车参赛。潘哈德亲自驾驶他们生产的汽车参加了比赛,以24.55km/h的速度,从巴黎到波尔多来回行驶了1178km,并夺得了冠军。

1895年,法国科学院正式将汽车命名为"Automobile"。日本人翻译为"自动车"。

1898年,法国人路易斯·雷诺完成了"小马车"的制作,通过传动轴将变速器输出的动力传给驱动轮取代了齿轮和链条,提高了传动效率。

1899年,雷诺使用的传动轴的汽车获得专利。同年,雷诺在两个哥哥的资助下创立了雷诺兄弟汽车公司。随着雷诺传动轴的出现,汽车的基本结构就已经确定了。

与此同时,汽车开始作为商品走向社会,1888年,奔驰汽车公司开始批量生产名为"vis-à-vis"的汽车(图2.3),法国艾米尔·罗杰尔(Emile Roger)是最早购买这批车的人,并成为奔驰在法国的代理商。

图2.3 奔驰vis-à-vis汽车

1900年,举世闻名的梅赛德斯轿车诞生,它是戴姆勒公司在法国汽车商艾米尔·耶利尼克(Emile Jellink)的支持下,以他十岁女儿梅赛德斯(Mercedes)名字命名的汽车,这辆车发动机功率已有35马力,速度高达85km/h,成为早期汽车的代表作(图2.4)。这辆梅赛德斯汽车在当时是极为出色的新奇产品,采用了众多的创新技术,包括强劲的发动机以及蜂窝式散热器、长轴距和低重心。埃米尔·耶里内克将35马力的梅赛德斯汽车推向了赛场,并获得了成功。不久,梅赛德斯之名就开始广为流传。1902年,"梅赛德斯"作为商标,获得了法律保护,也作为戴姆勒公司高级汽车的名牌商标。

1904年,贵族子弟赛车手罗尔斯和工程师罗伊斯联手,成立了劳斯莱斯公司,该公司以生产高性能豪华汽车为宗旨,创立了名车极品——劳斯莱斯。

1910年,汽车实际上还是只有富人才能买得起的商品,手工单件生产,做工十分精致,价格昂贵,是只有王公贵族、官员富商才能消费的奢侈品,是金钱、权力和地位的象征。

图2.4 第一辆梅赛德斯奔驰汽车

2.1.2 美国汽车工业形成了大规模生产的汽车工业

1893年，查尔斯·杜里埃制成了美国第一辆汽车，在美国引起了极大的轰动。

1899年，兰索姆·厄利·奥兹成立了奥兹莫比尔（Olds mobile）汽车公司。1901年，奥兹制造了一款大众化的汽车，售价只有650美元，符合当时美国中等收入家庭的消费水平。1902年生产了2500辆，从而创造了汽车批量生产的时代。

以大规模生产为标志的汽车工业在美国形成，后来又扩展到欧洲、日本等国家。美国汽车大王亨利·福特（Henry Ford）为汽车工业的形成作出了巨大的贡献，福特首先提出并实现了"让汽车成为广大群众的需要"。

1903年，亨利·福特创办了福特汽车公司，积极研制结构简单、使用性能完善而价格低廉的普及型轿车。1908年福特汽车公司正式投产了T型汽车（图2.5），该车发动机排量2.89L、125马力、4缸、四冲程，一面世就受到人们的欢迎。

图2.5 福特T型车

1913年，福特汽车公司创建了世界上第一条汽车装配生产流水线，吸收了美国人李兰德设计制造凯迪拉克汽车时采用的标准互换件的方法，并实现了工业大生产管理方式，实现了产品系列化和零部件标准化，使汽车产量大大提高。1914年，福特汽车公司年产量达到30万辆，1926年达到200万辆。而每辆汽车的售价由首批的850美元下降到1923年的265美元，组装一辆汽车也缩短为95分钟。流水线的发明提高了生产效率，永远地改变了汽车制造业，为整个工业界带来了伟大的变革。

然而，1926年T型车严重滞销，因为到了20世纪20年代中期，美国人民的生活有了普遍提高，人们不满足千篇一律、完全是黑色的T型车了，开始要求汽车具有更多的功能和更鲜艳的色彩。而福特却顽固地拒绝改进T型车。这时，通用汽车公司不失时机地抓住了市场需求的变化，及时开发了功能齐全、色彩鲜艳的雪佛兰轿车，从福特手中夺取了市场，一跃成为美国最大的汽车生产厂家。到1926年为止，T型车总共生产了1500万辆。

T型车使汽车在美国得到了普及，使汽车进入了美国家庭。1929年，美国汽车保有量达2670万辆，平均不到5人就有一辆汽车，美国成为名副其实的"轮子上的国家"。

美国汽车工业的形成和发展与当时美国在资本、国民收入、石油资源、市场等方面都优于欧洲有关，而且美国政府十分重视国民交通工具的现代化，有意识地引导人们购买汽车。巨大的国内市场造成了美国汽车工业的大发展，出现了一批诸如后来闻名世界的通用汽车公司（General Motors）、克莱斯勒公司（Chrysler），最多时美国曾有181家汽车厂。到了1927年，经过残酷的市场竞争仅存留了44家，其中福特、通用、克莱斯勒三大汽车巨头公司的销售量占美国汽车总销售量的90%以上。

这一时期在汽车大规模生产的组织模式上，出现了以福特公司为代表的全能厂的生产模式，以及以通用汽车公司为代表的通过专业化协作，由一些汽车制造企业联合起来，建立集中管理和销售的生产模式。事实表明，后者优于前者，并为世界上许多企业所效仿。美国汽车工业的突飞猛进，使美国成为第一个以汽车工业为支柱产业的国家，也使得美国首先进入到了现代化。

2.1.3 欧美汽车工业竞争激烈

欧洲本是汽车的发源地，欧洲人擅长于发明创造，精工细作，但停留在手工作坊单件生产的阶段。欧洲人对福特的大规模流水线生产毫无经验，加上1914—1918年的第一次世界大战对生产的破坏，欧洲的汽车生产远远地被美国甩到了后面。

第一次世界大战结束后，法国雪铁龙汽车公司才把福特的大批量生产模式首先引进到欧洲。这时，福特的T型车以其物美价廉大量在欧洲销售，美国的通用和福特还分别买下了英国和德国的两家汽车厂，直接在欧洲组织大规模生产，这些都刺激了欧洲的汽车厂家。

1930年后，欧洲汽车的生产方式逐步跟上了美国的流水线生产，欧洲各国为了保护本国民族工业，开始对美国汽车进口提高了关税，特别是对汽车零部件进口加以重关税，迫使美国在欧洲各国的汽车总装厂改为汽车制造厂，由此也促进了欧洲各国汽车工业的发展。欧洲各国还利用本国的技术优势，以多品种和轻便的普及型新产品与美国汽车进行竞争。

1939年，第二次世界大战爆发。欧洲各国的汽车工业几乎全部转为生产军用载货汽车、吉普车、坦克、轰炸机以及各种军火。美国也停止了民用小汽车的生产，为军事目的服务，支援反法西斯战争。福特汽车公司生产了著名的B-24轰炸机，著名的轻型越野吉普汽车（Jeep）和通用公司的10轮大型载货汽车成为了美国军队的象征。

1945年第二次世界大战之后，美国汽车工业立即恢复了民用汽车的生产，产量直线上升，仍是世界汽车工业的霸主。

欧洲各国汽车工业在遭受很大的破坏以后，逐渐得到了恢复，在20世纪50年代初期，欧洲汽车产量占全世界汽车产量的13.6%，而美国占85.1%。

但是，欧洲汽车产品显露出卓越的开发才能，汽车上诸多发明如子午线轮胎、前轮驱动、电子燃油喷射等先进技术均诞生于欧洲。欧洲汽车工业开始迅速地发展。德国汽车高速发展的主要动力是使轿车迅速普及到国内劳动阶层，以国内市场为基础，同时扩大到国际市场，有代表性的产品如大众汽车公司（Volkswagen）的甲壳虫（Beetle）普及型轿车（图2.6），对德国轿车的普及起了关键的作用。

图2.6　1938年生产的甲壳虫汽车

1960年，德国汽车年产量超过205.5万辆，超过英国，成为仅次于美国的世界第二大汽车制造国。1970年，欧洲的汽车产量首次超过美国，随后，西欧各国的汽车制造公司还纷纷到美国去投资建厂。欧洲汽车工业的特点，既有美国式大规模生产的特点，又有欧洲式的多品种、高技术的特征。美国汽车追求大尺寸、大功率，把大型轿车作为标准轿车，而小型和微型轿车只占1/4。由于美国的这种轿车不适合其他国家的要求，欧洲汽车乘机打进了其他各国的市场。

欧洲汽车工业的大发展使世界汽车工业的重心逐步由美国移向欧洲。许多欧洲汽车厂家，如德国大众、奔驰、宝马；法国雷诺、标致、雪铁龙；意大利菲亚特；瑞典沃尔沃等，均已闻名遐迩。

2.1.4　日本汽车工业的崛起

日本汽车工业的起源，可以追溯到日本明治末期。那时它的机械工业以初具汽车生产技术能力（以西欧制造厂商的技术能力基础）的造船公司为主，包括纺织机械制造厂商。同时铸造厂商开始模仿生产，这为日本汽车的出现提供了可能。

1907年，吉田真太郎创办的东京汽车制造所制造出第一辆日本国产汽油发动机汽车——"太古里一号"，到了大正时代，日本汽车工业先是以增加汽车进口，随后需求量增大的形式逐渐发展起来。它已从昔日皇族、贵族、部分大商店的自备汽车，发展成为用于军事方面和一般市民的交通工具。

1914年，介入第一次世界大战的日本对德宣战，军用卡车投入到军需物资的运输中。受到陆军研制军用卡车的刺激，部分制造厂商开始生产汽车，日本的汽车工业开始向批量生产的方向发展。

1924年，美国福特汽车公司率先在横滨设立日本福特公司，在美国风靡一时的福特T型汽车开始在日本装配生产。1924年，美国通用汽车公司也在大阪成立了日本通用汽车公司，着手进行雪佛兰等品牌汽车成套部件的生产。因而可以说，早在20世纪20年代，美国的汽车资本就已渗入了日本市场。为此，日本政府不得不实施行政政策以保护国产汽车制造厂商的利益。这些行政保护政策为扶持形成时期幼稚的日本汽车工业提供了必要条件。

美国两大汽车公司向日本的扩展，给日本的汽车工业带来重大影响。这两家美国公司具有雄厚的资本力量、技术力量和宣传力量，它们积极推行按月付款的销售方式，市场范围波及整个日本，使软弱的日本汽车工业受到压抑。这种压抑对日本国产汽车制造厂商、部件工业、销售行业是一个巨大的冲击，从而导致了日本具有历史意义的第一次汽车革命。在此历史背景下，丰田喜一郎在其父丰田佐吉创办的丰田自动织机公司基础上，于1937年创建了日后举世闻名的著名企业——丰田汽车公司，开始生产小型经济型汽车（图2.7），带动了日本汽车产业的快速发展。

图2.7　1943年生产的丰田AC汽车

"二战"前，日本汽车产量达5万辆。"二战"期间，日本汽车工业服务于战时体制，虽然作为军事工业的一个组成部分受到军方的保护，但战争后期资源的限制和轰炸的破坏，致使到1945年战败投降为止，只生产了5 000辆左右。

"二战"结束后，日本作为战败国，轿车生产被美国占领军司令部禁止，卡车生产也只限于使用配给的原材料，战争对日本工业的破坏给汽车工业的恢复带来困难。1945年—1955年是最艰难的时期，日本汽车工业以卡车3万辆、轿车1 000辆的规模在战后的废墟中挣扎度日。

1948年美占领军对轿车生产限制的解除和1950年朝鲜战争的爆发为日本汽车工业的复苏注入了强心剂，美军向日本汽车制造公司的大量订货，给日本汽车工业带来了高额利润，同时也逐渐提高了日本国产汽车年产量。

1955年日本通产省公布了发展国民车的构想，提出发展一种供国民使用的微型汽车的要求，其要点是：车身质量400kg以下，时速100km/h以上，乘坐4人或者2人，发动机排量350~500mL，1L燃油行驶30km以上，行驶100 000km无大修，生产成本15万日元以下，售价25万元以下。要求各汽车厂家都来生产，然后评选优秀，政府给以帮助。

国民车构想发表以后，在全国引起很大反响，给各汽车公司以极大的鼓舞，促使各汽车公司下定决心为发展物美价廉的汽车而竭尽全力。当时，日本人均国民生产总值不足300美元，提出这样的预想是具有远见卓识的。

从这时起，日本经济开始以两位数的增长率高速增长，1960年人均国民生产总值达500美元，1966年人均国民生产总值突破1 000美元，进入经济高速增长期后，日本汽车业迅猛发展，产量1961年超过意大利，1964年超过法国，1966年超过英国，1967年超过德国。

1973年因"石油危机"的影响而结束了长达18年的经济高速增长，日本经济开始由高速增长转为稳定增长，汽车工业的发展速度也随之减慢。由于国外市场销路不畅、原料涨价、汽车公害等原因，汽车工业出现暗淡局面，为了生存和发展，日本各主要汽车生产厂家除生产汽车之外，都转向多样化经营。

日本政府迫于国际形势，于1971年宣布实行汽车资本自由化，这为欧美汽车制造公司向日本渗透提供了方便，也使日本汽车工业面临严峻的考验。为此，提高生产技术、扩大新设备投资、改进管理体制的日本汽车工业生产出了既轻便省油，废气排放又低的汽车，深受欧美消费者的欢迎，且产量直超美国，威胁着美国的汽车工业。

面对欧美同行们的围攻，日本汽车业不得不限制出口数量，以缓和与欧美汽车贸易上的摩擦，同时，为顺应当今世界经济一体化和全球化的大趋势，采取与欧美汽车厂家合资合作、直接投资、异地建厂等多种方式来扩大日本汽车工业的影响力和竞争力，以巩固日本汽车称霸世界、作汽车第一生产大国的地位。

日本现有汽车生产厂11家，它们是丰田、日产、本田技研、东洋、马自达、三菱、铃木、大发、富士重工、五十铃、日野和日产柴油机工业公司。

日本汽车工业在20世纪70年代引进电子技术，并广泛地用于汽车设计、试制、试验、制造及产品等各个领域。目前，日本汽车产品的开发周期普遍比欧美国家短，日本民用轿车的电子化程度和各种自动设施的应用也远远高于欧美国家。

1980年，日本汽车产量首次突破1 000万辆大关，达1 104万辆，一举击败美国成为世界第一。到1987年，日本汽车的年总产量占世界汽车总产量的26.6%，而美国和西欧各国分别占23.7%和24.8%。此时，世界汽车工业的中心已移向日本。

现今，日本汽车仍以其优越的性能、合理的价格、可靠的质量、完善的电子设施、低排放、低油耗和多样化的品种不断地扩大其在世界汽车市场的占有率。

2.1.5 世界汽车工业的发展趋势

21世纪汽车工业面临着一场深刻的革命，这场革命将使汽车工业发生巨大的变化，把汽车工业推向新的历史阶段，使汽车工业在世界经济中处于重要的战略地位。世界汽车工业的发展呈现出如下两个特点。

第一，汽车工业全球化。各汽车厂资产重组、联合兼并并成立了跨国公司，实现全球化。全球化包括汽车开发的全球化、销售战略的全球化和销售服务的全球化。

第二，世界汽车技术进步的步伐越来越快，汽车技术将取得重大突破，技术创新能力

第2章 汽车工业的形成与发展

将成为竞争取胜的关键。

由于世界汽车工业能力过剩，汽车环保、安全、节能法规日趋严格，产品开发成本、销售成本大幅度提高，促使汽车工业全球性结构调整步伐明显加快，汽车跨国联盟已成为世界汽车工业发展的潮流。

为了提高产品竞争力，国际汽车工业广泛采用平台共享战略、零部件全球采购、系统开发、模块化供货等方式，使新产品开发费用和工作量部分地转嫁到零部件供应商，风险共担，实现在全球范围内合理配置资源，提高产品通用化程度，有效地控制产品质量，大幅度地降低成本。

所谓平台共享战略，就是将越来越多的车型共用一个平台，其核心是提高零部件的通用性，尽最大可能实现零部件共享。零部件更大规模的生产和全球范围采购，客观上要求整车生产企业内部实施平台共享战略。这一战略首先在轿车生产中取得成功，20世纪90年代则被成功地引入了轻型卡车领域。目前各大汽车厂商普遍采用平台共享战略，以降低成本和增加利润。1999年，在产量达百万辆的平台上所生产的汽车，已占全球产量总数的14%以上。

从发展趋势看，各大厂商正致力于建立全球共用平台，平台上不同车型产品（无论是整车还是零部件）的生产活动将部署在最有利于其发展的地区，以充分发挥规模效应。

汽车产业链的全球性配置，具体体现为国际主要汽车制造公司利用全球资源，实现投资、开发、生产、采购和销售的优化配置，以适应各地区不同的环境和市场偏好的需要。产业链中主要环节的分布，不再局限于某一国的地理范围，而是日趋立足于全球平台操作。例如，过去跨国公司在本国建立、保持研发机构，对于目标国市场采取复制产品的方式进行投资，而现在则采取将各个功能活动和能力分配给全球市场的方式。也就是说，不同国家市场多样性的重要性优先于产品的设计和开发，全球化经营已成为跨国公司在全球竞争舞台上生存和发展的方向性战略。另一方面，汽车产业的政府发展战略从过去主要依赖本国的生产能力、知识、人力资源、基础设施、零部件供应商、市场特征和顾客偏好，转向利用从国际竞争意义上理解的本国比较优势，进而采取比较优势战略和开放型竞争战略。

1998年，德国最大的汽车工业企业——戴姆勒—奔驰汽车公司和美国第3大汽车公司——克莱斯勒汽车公司的合并曾震撼了世界，涉及的市场资本高达920亿美元。两家合并后，原有世界汽车工业竞争格局发生了显著变化。1999年和2000年，有关汽车企业联合兼并、资产重组的消息不断传出，比较引人注目的有：美国福特汽车公司以65亿美元收购沃尔沃轿车部；法国雷诺汽车公司以54亿欧元购买日本日产汽车公司36.8%的股份，从而取得了对后者的控制权，形成雷诺—日产战略联盟；雷诺汽车公司又以5.4亿美元的代价购买韩国三星汽车公司70%的股份；沃尔沃公司与雷诺汽车公司之间进行资产置换，前者以15%的股份换取后者的载货汽车部门—RVI，从而构成新的沃尔沃—RVI载货汽车公司，之后，雷诺汽车公司又在证券交易市场上购买沃尔沃5%的股份，使其拥有沃尔沃公司股份的比重达到20%；戴姆勒—克莱斯勒汽车公司先后收购日本三菱34%和韩国现代10%的股份，从而结成戴—克、三菱和现代联盟；通用汽车公司与菲亚特汽车公司进行资产置换，前者在后者拥有20%的股份，而后者又在前者占有5%的股份，形成通用—菲亚特联盟，从而成为世界首家汽车年销量超过千万辆的企业联合体。

经过几年的演变，世界汽车工业已基本形成所谓的"6+3"竞争格局。"6"指的是通用、福特、戴姆勒—克莱斯勒（以下简称戴—克）、丰田、大众、雷诺—日产，6家合计年产销量占世界总量的比例超过80%（2000年实际为83%）。"3"指的是相对独立自主的本田、标致—雪铁龙（PSA）和宝马（BMW）。这9家公司的汽车年产销量占世界总量的比例约为95%。由此可见，全球汽车（专指轿车和轻型车）工业总的竞争态势是大企业、大集团（一般均是跨国公司）主宰和垄断市场，领导发展潮流。

近几年来，世界汽车工业的发展呈现出不均衡状态。特别是2008年源自美国过度消费的金融危机降临，伴随着金融危机的扩散，汽车行业的危机也开始从北美传染向欧洲汽车市场。世界汽车工业正面临着严峻的考验，从北美的汽车巨头通用、福特、克莱斯勒走向破产的边缘，到亚洲汽车业老大丰田汽车出现71年来的首次亏损，全球汽车行业正面临着前所未有的剧烈震荡，各国的汽车产销量都不同程度出现下滑。

美国：通用汽车，福特汽车，本田美国公司和丰田美国公司在2008年12月的汽车销量都下滑了超过31%，美国汽车工业已经到达1992年以来的最低谷。通用汽车2008年年销量下滑的窘境是1959年以来都没发生过的，福特的全年销量也创下了1961年来最低。本田美国公司和丰田美国公司都在近2个月直线下滑超过30%以上，日产北美汽车公司已经连续4个月下滑，克莱斯勒更是下滑了53.1%。克莱斯勒公司已于2009年4月30日宣布破产，并接受意大利的菲亚特公司的兼并。

加拿大：加拿大克莱斯勒公布，2008年12月卖出12 294辆车，比前年减少35.2%。加拿大通用汽车的销量为21 000辆，比前年同期减少19.5%。加拿大本田销量减少41%，总数为10 555辆。加拿大丰田销量比前年减少35%，只卖出9 572辆。资料显示，通用、福特及佳士拿3大车厂的加拿大2008年12月销量减少20.9%，外国车厂销量减幅稍高而达到21.6%。

日本：日本汽车销售协会联合会5日公布的数据显示，受经济和就业形势恶化的影响，2008年日本国内新车（不含微型车）销量为321.23万辆，是连续第5年出现下降，并创下自1974年销售313.30万辆以来的最低水平。数据显示，2008年日本国内新车销量比上年减少6.5%，与1990年创造的历史最高水平597.51万辆相比大幅减少46%。

英国：金融风暴已从虚拟经济扩散到实体经济，英国也不例外。据了解，2008年11月汽车销量为10.03万辆，连续7个月下跌，同比降幅36.8%。其中私车注册量同比减少45.1%。由于经济衰退导致国内市场和海外需求锐减，11月英国汽车产量同比降幅达33.3%，总计9.8万辆。

澳大利亚：澳大利亚联邦汽车工业商会发布的数据显示，尽管受到金融危机影响，但澳大利亚去年汽车销量仍突破100万辆大关，创下历史第二高纪录。数据显示，2008年澳大利亚共销售101.22万辆汽车，比销量最高的2007年下降3.6%。在销量排行榜中，丰田以23.9万辆位居榜首，霍尔顿和福特分别以13万辆和10.47万辆紧随其后。

西班牙：2008年汽车上牌量为116.1万辆，同比减少28.1%，这是西班牙历史上汽车销量的最大降幅。据欧洲通讯社日前报道，西班牙2008年116.1万辆的汽车销量是近10年来最少的，28.1%的降幅也一举打破了1993年时23.5%的降幅纪录。去年，西班牙各种型号的汽车销量都有不同程度的下降，其中大型越野车与高档汽车的销量分别下跌55.3%与50.3%。

德国：统计显示，2008年前11个月德国市场汽车销售量仅为286万辆，比两德统一后汽车市场形势最糟糕的2007年还要低1.5%。德国2009年宏观经济的发展态势恐怕也无益于车市复苏。随着时间的推移,各界对德国2009年GDP增速的预测也从正增长转为负增长。

一场巨大的车业格局变化可能借金融危机之力再次降临,美国汽车败走麦城,德国和日本汽车巨头依然屹立,以中国为代表的新兴国际市场增长迅猛,新兴市场与发达国家市场出现了扩大与收缩的迥异局面,这也意味着世界汽车原有格局正被改变,新的格局正快速形成。

2.2 我国汽车工业的发展历程

1901年,一个叫李恩时的匈牙利人将两辆美国生产的奥兹莫比尔汽车从香港运到上海,从此中国开始出现汽车。

中国人拥有的第一辆汽车(图2.8)是1902年袁世凯用1万两白银购进的一辆汽车,供慈禧太后使用。当时中国没有会驾驶汽车的人,慈禧下令招募汽车驾驶员。当时共有11人应试,其中给皇亲国戚赶马车的孙富龄被慈禧选中。孙富龄驾驶汽车后,朝中有一批王公大臣联名上奏章,怕翻车送了慈禧的性命。可是,慈禧一心要以坐洋车兜风为乐。一天,孙富龄将汽车从颐和园长桥开到万寿山下,慈禧望着坐在她前面的驾驶员,忽然想:她的地位至高无上,达官贵人莫不跪拜在她的面前,而眼前开车的奴才,竟傲然地坐在她前面,成何体统。慈禧傲慢地问:"你知道你是给谁开车吗?""给至高无上的慈禧太后开车。"孙富龄惊恐回答。慈禧又说:"你

图2.8 慈禧乘坐的中国第一辆汽车

得跪着开车!"孙富龄立即下跪,不敢不从。但他手握转向盘,无法用脚踩油门,汽车开不走,吓得孙富龄出了一身冷汗。他脑子一转,跪拜道:"启禀老佛爷,车子坏了。"孙富龄一家惧怕慈禧降罪,赶着马车,借浓雾掩护,逃出北京……孙富龄是我国第一个汽车驾驶员,也是世界上唯一跪着开车的汽车驾驶员。而今,这件珍贵的汽车文物——"中国头号汽车古董",仍然静静地停放在北京颐和园的"德和园"。

图2.9 张学良与民生牌汽车

1925年5月,我国的第一辆国产汽车在辽宁省沈阳市民生工厂问世。该车由张学良将军掌管的迫击炮厂制造,把从美国购进的瑞雪牌汽车进行了拆卸,除发动机、后轴、电气设备和轮胎等采用原车部件之外,对其他零件进行重新设计制造,终于研制成功了我国第一辆民生牌汽车(图2.9),并在工厂进行小批量生产。民生牌汽车为长头,棕色,采用6缸水冷汽油发动机,65马力,前后轮距4.7m,前后四轮为单胎,最高车速为40km/m,设计的缓冲式后轴也有自己的特点,水箱分为4部,即使一部损坏,汽车仍然照常行驶。"民生"牌汽车在上海正式展出仅仅6天,"九一八"事变爆发,日本入侵了东北三省,我国刚刚起步的汽车工业扼杀在萌芽之中。

1943年支秉渊（现中国机械工业奠基人之一）自行设计并试制成功一辆国产汽车，曾行驶于湖南黎家坪至祁阳之间，后因日军侵占祁阳而受到破坏，现只保留下照片（图2.10）。

图2.10　支秉渊及其制造的汽车

旧中国的造车梦毁于统治者的腐败无能，毁于帝国主义对华的侵略战争。直到新中国成立以后，才建立和发展了中国的汽车工业。

中国汽车工业从1953年开始建设到现在，已经走过50多年的历史，经历了风风雨雨，艰苦创业，从无到有，现在中国汽车工业进入了快速发展的高速路。我国汽车工业的发展可概括为初创、成长和全面发展3个阶段。

2.2.1　我国汽车工业初创阶段（1949—1965年）

初创阶段的特征是：首先建成了中国第一汽车制造厂，实现了中国汽车工业零的突破；接着建立了南京汽车制造厂、上海汽车制造厂、济南汽车制造厂、北京汽车制造厂，形成了5个汽车生产基地。

1950年1月，毛泽东主席、周恩来总理在莫斯科同苏联政府会谈，商定由苏联援助中国建设156项重点工程，其中包括建设一座现代化载货汽车厂。

1950年3月27日，中央重工业部成立汽车工业筹备组，任命郭力为主任，孟少农、胡云芳为副主任。

1951年4月，政务院财经委员会批准第一汽车制造厂在长春兴建，第一汽车制造厂开始工厂设计，产品为苏联吉斯150型载货汽车，年产3万辆。

1952年8月17日，中央重工业部撤销，成立第一机械工业部。

1952年12月8日，第一机械工业部任命饶斌为第一汽车制造厂厂长，郭力、孟少农、宋敏芝为副厂长。

1953年1月，第一机械工业部将汽车工业筹备组改为汽车工业管理局，任命张逢时为局长，江泽民为副局长。

1953年6月6日，毛主席批示中共中央《关于力争三年建成长春汽车厂的指示》。

1953年7月15日，在长春举行了隆重的第一汽车制造厂（简称一汽）奠基典礼大会。会上李岚清等6名青年优秀共产党员，将毛主席亲笔题词的"第一汽车制造厂奠基纪念"基石碑（图2.11）抬进会场。位于吉林长春西南部的这块土地曾留有侵华日军细菌工厂的历史印迹，屈辱和落后激励着新中国建设者们打下了新中国汽车工业的第一桩。来自祖国四面八方的建设大军,仅仅用了3年时间,便在历史空白处开凿出国产汽车的源头。

1956年7月13日,第一辆解放CA10型载货汽车下线(图2.12),1956年7月15日,第一批解放CA10型载货汽车下线,这表明我国不能制造汽车的历史从此结束,这也为中国汽车工业树立了不朽的丰碑。

图2.11　毛主席亲笔题词(1953年7月15日)

图2.12　第一辆解放车下线(1956年7月13日)

1958年5月5日,一汽生产出了第一辆东风CA71型轿车,东风轿车前段发动机罩上装饰有一条飞腾的金龙(图2.13)。

1958年5月21日,当时正在召开党的八届三中全会,毛主席听说我国自己生产的轿车开来了,高兴地和林伯渠等同志到中南海花园参观,并乘坐了这辆东风轿车(图2.14)。通过东风轿车的试制,我国终于迈开了自制轿车的第一步。

图2.13　中国第一辆轿车——东风CA71型

图2.14　毛主席和第一辆东风汽车

1958年6月,北京汽车制造厂试制了井冈山牌小轿车,刘少奇、邓小平、李先念等党和国家领导人在中南海观看(图2.15)。

图2.15　北京汽车制造成生产的第一辆井冈山牌小轿车

图2.16 红旗CA72型高级桥车

1958年7月,第一汽车制造厂自行设计研制的第一辆红旗牌CA72型高级轿车诞生(图2.16)。这辆车发动机为8缸、V型排列,功率为162kW(4000r/min),装有自动变速器,散热器格栅采用中国传统的扇子造型。1966年5月,国产第一批红旗三排座高级轿车在第一汽车制造厂投产。红旗牌高级轿车是国产高级轿车的先驱,被列为国家礼宾用车,并用作国家领导人乘坐的庆典检阅车。

1958年以后,中国汽车工业出现了新的情况,由于国家实行企业下放政策,各省市纷纷利用汽车配件厂和修理厂仿制和拼装汽车,形成了中国汽车工业发展史上的第一次热潮,形成了一批汽车制造厂、汽车制配厂和改装厂,汽车制造厂由当初的1家发展为16家,维修改装厂也发展为28家。其中南京、上海、北京和济南共4个有基础的汽车制配厂,经过技术改造后成为继一汽之后第一批地方汽车制造厂。

1958年3月10日,南京汽车制造厂生产出第一辆跃进牌NJ130型2.5吨轻型载货汽车(图2.17),原型为前苏联的嘎斯51型汽车。同年6月,试制出第一辆NJ230型1.5吨越野汽车,同年5月10日,工厂改名为南京汽车制造厂,成为第二家直属中央的汽车企业。

1958年9月,上海汽车装配厂试制成功了第一辆凤凰牌轿车(图2.18)。1960年10月上海汽车装配厂扩建,更名为上海汽车装配厂。1964年12月,上海汽车制造厂开始生产上海牌SH760型轿车。

图2.17 跃进牌NJ130型轻型载货汽车

1959年,济南汽车制造厂参照捷克生产的斯柯达706RT型8吨载货汽车设计了我国的重型载货汽车。1960年4月,济南汽车制造厂试制成功了黄河牌JN150型8吨重型载货汽车。

1961年,国防科委批准了以北京汽车制造厂作为生产轻型越野汽车的基地。1961年,试制出第一辆北京BJ210型轻型越野汽车(图2.19)。1966年5月,国务院军用产品定性委员会批准北京汽车制造厂的越野汽车设计定性,并投入批量生产。

图2.18 凤凰牌汽车

图2.19 北京BJ210型轻型越野汽车(1961年)

到20世纪60年代初,全国形成了5个汽车生产基地,至1965年,全国汽车生产累计17万辆。

2.2.2 我国汽车工业成长阶段（1966—1978年）

成长阶段的特征是：先后建成了第二汽车制造厂、四川汽车制造厂和陕西汽车制造厂3个主要生产军用越野汽车的汽车制造厂；开发矿用自卸汽车和重型汽车；地方积极建设汽车制造厂。

1965年12月21日，中汽公司决定成立第二汽车制造厂筹备处，由饶斌、齐抗、李子政、张庆梓、陈祖涛5人组成领导小组，由饶斌、齐抗负责。1966年5月10日，建委在北京召开内地厂址平衡会议，确认第二汽车制造厂厂址位于湖北省十堰镇。1967年4月1日，第二汽车制造厂正式破土动工并举行开工典礼。

1975年7月1日，第二汽车制造厂基本建成东风EQ240型2.5吨越野汽车的生产基地并投产。1978年7月，第二汽车制造厂东风EQ140型5吨载货汽车生产基地基本建成，并开始投入批量生产。

1966年3月11日，四川汽车制造厂举行开工典礼，厂址选定在四川大足。1966年6月，四川汽车制造厂红岩牌CQ260型越野汽车在綦江齿轮厂试制成功，后改型为红岩CQ261型。1971年7月，四川汽车制造厂批量投产红岩CQ261型越野车。

1969年以后，上海、一汽、本溪等投入矿用自卸车辆的研制。1969年10月，国产第一台32吨矿用自卸车（图2.20）在上海试制成功，从此，中国的矿山有了国产车。

图2.20 我国第一辆矿用自卸汽车

2.2.3 我国汽车全面发展阶段（1979年至今）

1978年党的十一届三中全会以后，在改革开放方针的指引下和以邓小平同志为核心的第二代中央领导集体及以江泽民同志为核心的第三代中央领导集体对汽车工业进一步发展极大的鼓舞和支持下，中国汽车工业进入对外开放的阶段，为中国汽车工业在新世纪的腾飞奠定了坚实的基础。这一阶段的特征是：党和政府提出要将汽车工业发展成为国民经济支柱产业；在产量不断提高的同时，加快进行产品结构调整；引进国外先进技术和资本；轿车工业迅猛发展，由此拉开了汽车进入家庭的序幕；生产集中度明显提高，汽车年产量高速增长。

1987年、1988年，生产时间最长的3种载货汽车老产品开始换型，转产新解放、新跃进、新黄河。1989年6月23日，第一辆中国斯太尔重型载货汽车在济南汽车制造总厂诞生。

1983年，上海汽车厂试装桑塔纳成功。1984年，上海汽车厂与德国大众签署合资协议。1984年10月10日，上海大众合营合同在北京人民大会堂签署。1985年3月21日，上海大众有限公司成立，开始批量生产桑塔纳，标志着中国汽车工业从此掀开了历史性的一页。国内汽车专家认为，没有桑塔纳就没有今天中国汽车市场的繁荣。桑塔纳"实际上为新时期的中国汽车业发展开辟了一条道路，奠定了中国轿车工业的基础，开创了一个新纪元"。上海大众通过一期改造后，达到年产6万辆的生产能力，拥有了国内第一条高标准轿车整车生产线，使中国轿车工业确立新的规模标准。

一汽、二汽、南汽（南京汽车集团有限公司）、北二汽（北京轻型车厂）、天汽（天津汽车集团公司）、哈飞（哈尔滨哈飞汽车制造有限公司）、江西汽车、昌河、长安、吉林、汉江汽车等分别采取引进技术、工厂改造和扩大生产能力等措施，发展轻型、微型汽车（包括厢式货车和客车）。

进入20世纪90年代，一汽、二汽、北汽（北京汽车工业集团）、南汽分别建立合资轿车生产企业，"一汽大众"（中德合资）、"神龙汽车"（中法合资）、"北京吉普"（中美合资）、"南京依维柯"（中意合资）等汽车品牌相继进入路人的视线。

1978年，我国汽车年产量近15万辆（14.9万辆），这一时期的汽车产品主要以载货汽车和越野汽车为主。2000年汽车年产量突破200万辆（206.8万辆）。汽车产品从只能生产货车的单一品种，发展到包括货车、客车、轿车、越野车、自卸车、牵引车等6大类150多个基本车型，以及厢式、罐式、矿用自卸车、特种作业专用汽车1 000多种产品，并开始出口汽车，国产品牌汽车市场占有率达到90%以上。

进入21世纪以来，中国汽车工业进入了快速发展的高速路，2000—2002年，仅仅用了两年时间，就完成了从200万辆到300万辆的跨越，2002年我国汽车年产量为325.1万辆（同年汽车销售量为324.8万辆），其中轿车产量为109万辆。2002年中国汽车产量仅次于美国、日本、德国和法国，居世界第5位。2003年我国汽车年产量为444.4万辆，其中轿车为201.9万辆，成为世界第四汽车生产大国。同年，全国汽车生产企业共销售汽车439.1万辆。从2000年到2007年，中国汽车产量从200万辆跃升至888万辆，连续7年平均增速超20%。中国机械工业联合会副会长蔡惟慈评价说："中国汽车工业的增速在世界上是前所未见的。"2005年，我国汽车销量超过日本而成为全球第二大汽车市场，我国汽车产销持续快速增长，2008年我国汽车产量也实际上超过美国，成为仅次于日本之后的全球第二大汽车生产大国。

改革开放以来，全国建了600多家中外合资汽车企业，积累了200多亿美元资本，占全国汽车工业资本的40%以上。中国汽车行业高速发展，近10多年来汽车产销量以每年15%的速度增长，是世界平均速度的10倍，中国已成为世界七大汽车生产国之一。中国汽车工业已经成为世界汽车工业的重要组成部分，世界著名汽车厂家均在中国投资建厂（图2.21）。

世界六大汽车集团和三大汽车生产商（"6+3"）在中国境内汽车制造的战略布局如下所述。

通用集团（含通用汽车、铃木、五十铃、菲亚特、富士重工和大宇），参股合资进入上海通用、金杯通用、上汽通用五菱、长安铃木、昌河铃木、江铃、庆铃、北轻汽、北铃专用车、南京依维柯、江苏南亚、贵州云雀、桂林大宇（客车）和烟台大宇（零部件）等。

第2章 汽车工业的形成与发展

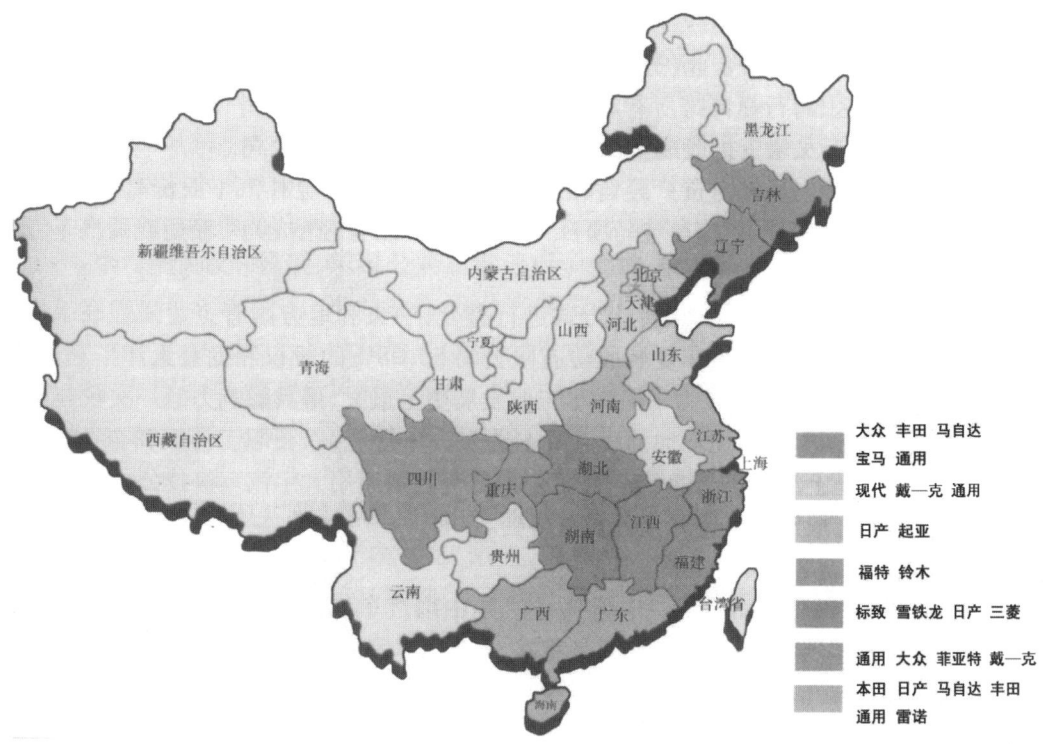

图2.21　各大汽车公司在我国分布图

　　大众集团，参股合资进入上海大众和一汽大众。
　　福特集团（含福特汽车、马自达和沃尔沃轿车），参股合资进入江铃和长安福特。
　　丰田公司（含丰田、大发和日野），参股合资进入一汽丰田、天津丰田、四川丰田、沈飞日野和金杯客车（技术合作）。
　　戴姆勒—克莱斯勒集团（含戴—克、三菱和现代），参股合资进入北京吉普、亚星·奔驰、北方奔驰、湖南长丰、东南汽车、北京现代和东风悦达起亚等。
　　雷诺—日产集团（含雷诺—日产、日产和三星），参股合资进入三江雷诺、郑州日产、杭州东风日产柴、风神和东风汽车等。
　　标致—雪铁龙集团，参股合资进入神龙。
　　本田公司，参股合资进入广州本田、东风本田。
　　宝马公司，参股合资进入沈阳华晨（宝马）。
　　出于市场份额和品牌的原因，不久前中国的汽车工业被业内人士定位为"3+6"格局，分别为一汽、东风、上海三大集团加上广州本田、重庆长安、安徽奇瑞、沈阳华晨、南京菲亚特、浙江吉利6个独立骨干轿车企业。中国机械工业联合会副会长、中国汽车工程学会理事长张小虞则表示，中国汽车产业格局定义应在"3+6"的基础上，再加上哈飞、昌河和江铃汽车，为"3+9"更为合适。在"3+9"中，一汽、东风和上汽三大汽车集团的汽车产量就占全国产量的51%；而另外9个独立生产商的产量合计也占全国的40%。
　　在全球2008年命途多舛的历练中，国内汽车业连续两年产销量超20%的高速增长势头在2008年戛然而止。中国汽车工业协会发布数据显示，2008年国内汽车销量为938.05万辆，同比增长6.70%，比2007年增幅回落15.14个百分点，且企业盈利水平出现明显下滑。

汽车文化

国务院总理温家宝主持召开国务院常务会议，审议并原则通过汽车产业和钢铁产业调整振兴规划。通过国家大力扶持，相关利好政策不断出台，相信2009年汽车增速减缓是不可避免的，但不会有过于衰退的表现。

　　我国汽车工业发展到今天，还不是应该欢呼雀跃的时候，我们应该清醒地认识到我国汽车工业的发展形势。尽管在投资控股数量上占据了一些优势，但在汽车整车、汽车零部件的关键技术上，我们与国外有着明显的差距，而正是这些差距成为了制约我国汽车工业发展的一个重要因素。目前只能说我国是汽车生产大国，而不是汽车工业强国。

第3章 著名汽车厂商及品牌

教学目标

掌握国内外著名汽车厂商及其品牌的历史文化底蕴，了解著名汽车厂商具有代表性的产品，了解各国汽车名人的历史及所作的贡献。

教学要求

能力目标	知识要点	权重	自测分数
掌握美国主要汽车厂商的创始人、发展历史及其品牌含义、主要产品	了解通用、福特、戴—克公司的主要品牌及发展历史	20%	
掌握欧洲主要汽车厂商的创始人、发展历史及其品牌含义、主要产品	了解大众、宝马、标致—雪铁龙、雷诺—日产、菲亚特及其他著名跑车公司的品牌文化	20%	
掌握日本主要汽车厂商的创始人、发展历史及其品牌含义、主要产品	了解丰田、本田、三菱、铃木、五十铃等日本著名汽车公司的品牌文化	20%	
掌握亚洲主要汽车厂商的创始人、发展历史及其品牌含义、主要产品	了解印度塔塔公司、韩国现代、双龙、大宇等著名汽车公司的品牌文化	20%	
掌握我国国产主要汽车品牌含义、主要产品	了解我国一汽、东风、上汽、吉利、奇瑞、华晨、比亚迪等汽车公司的品牌文化	20%	

引例

2007年7月上映的《变形金刚》真人版以真实的场景再现了极富生命力的狂派和博派之间的战争，让喜爱汽车与电影的人们兴奋不已。"这是一部特殊的电影，汽车扮演着影片中的角色。" 通用汽车被选择来提供大部分的博派，除了擎天柱Peterbilt是美国一个老牌的重型卡车品牌外，《变形金刚》中所有的博派都是通用汽车公司的产品。这些酷酷的机器人的原型车都是哪些，让我们在这章中找到答案。

3.1 通用汽车公司

3.1.1 公司概述

1. 公司标志

通用汽车公司的标志取自英文名称"General Motor Corporation"的前两个单词的第一个字母（图3.1），各车型商标都采用了公司下属分部的标志，而"GMC"图案商标则成为通用汽车公司载货车的专用标志。

2. 公司简介

通用汽车公司（GM）成立于1908年，总部设在美国底特律文艺复兴中心（图3.2）。自1931年起成为全球汽车业的领导者。通用汽车公司是美国最大五百家企业之首，在世界最大工业企业中位居第二，其核心汽车业务及子公司遍及全球。通用汽车公司迄今在全球32个国家建立了汽车制造业务，其汽车产品销往200个国家。

图3.1 通用标志

图3.2 通用公司位于美国底特律的总部大厦

通用汽车的全球战略合作伙伴包括意大利菲亚特汽车有限公司、日本富士重工株式会社、五十铃汽车株式会社以及铃木汽车株式会社，合作的内容涉及产品、动力总成及联合采购。同时，通用汽车是韩国通用大宇汽车科技公司最大的股东。此外，通用汽车还与德国的宝马汽车公司和日本的本田汽车公司开展技术协作，与丰田汽车公司、五十铃汽车株式会社和中国上海汽车工业（集团）总公司、俄罗斯AVTOVAZ汽车公司及法国雷诺汽车共同研发生产汽车。通用汽车公司是美国最早实行股份制和专家集团管理的特大型企业之一。通用汽车公司生产的汽车，典型地表现了美国汽车豪华、宽大、内部舒适、速度快、储备功率大等特点，而且通用汽车公司尤其重视质量和新技术的采用，因而通用汽车公司的产品始终在用户心中享有盛誉。

2008年本是通用汽车庆祝成立100周年的日子，但是全球金融危机带来的汽车业销量下降，严重冲击了包括美国、日本市场在内的各国市场。通用汽车在销量下降的同时，还遭遇了现金流危机，并在2008年末向美国政府成功申请到40亿美元贷款。

2009年6月1日，通用汽车公司宣布破产，公司将进行品牌重组，新通用公司保留了雪佛兰、凯迪拉克、别克和GMC四个核心品牌，萨博、悍马、土星等品牌将被出售。通用汽车品牌剥离大戏纷纷上演，全球汽车产业格局因此而调整。

通用汽车旗下的轿车和卡车品牌包括：

美国：别克（BUICK）、凯迪拉克（CADILLAC）、雪佛兰（CHEVROLET）、土星（SATURN）、庞蒂克（PONTIAC）、GMC、奥兹莫比尔（OLDSMOBILE）、悍马（HUMMER）；

欧洲：欧宝（OPEL）、萨博（SAAB）、沃克斯豪尔（VAUXHALL）；

澳大利亚：霍尔顿（HOLDEN）；

韩国：大宇（DAEWOO）。

3. 通用在中国

通用汽车公司进入中国已超过80年。目前，通用汽车公司在中国的员工约17 000人。通用汽车在中国进口、生产和销售凯迪拉克、萨博、欧宝、别克、雪佛兰及五菱等品牌的系列产品，所提供的产品系列之丰富位居所有在华跨国汽车企业之首，涵盖中高档轿车、多功能旅行车、紧凑型轿车和微型车等。

上海通用汽车有限公司是通用汽车公司与上海汽车工业（集团）总公司各出资50%建立的中国最先进的整车生产合资企业。这一中国最大的中美合资企业成立于1997年6月。上海通用汽车目前已拥有凯迪拉克、别克、雪佛兰及萨博四大品牌，形成凯迪拉克CTS、凯迪拉克SRX、凯迪拉克XLR；别克荣御轿车、别克君越轿车、别克君威轿车、别克GL8商务公务旅行车系列、别克凯越系列；雪佛兰景程轿车、雪佛兰乐风轿车、雪佛兰乐骋轿车、雪佛兰赛欧紧凑型轿车；萨博9-3运动型轿车、萨博9-3高档敞篷轿车、萨博9-5运动型高档轿车十八大系列近六十个品种的产品矩阵，拥有遍布全国的完整的销售、售后服务和零部件供应网络。上海通用汽车年总产能力可达到48万辆，其规模与实力在国内汽车企业中位居前茅。

通用还在中国建立了下列合资公司：

上海通用北盛汽车有限公司（辽宁沈阳原金杯通用汽车有限公司）、上海通用东岳汽车有限公司（山东烟台）、上汽通用五菱（广西柳州）、泛亚汽车技术中心、上汽通用汽车金融有限责任公司、通用MIC汽车保险公司、通用汽车仓储贸易有限公司、通用汽车中国（投资）公司、通用汽车—上海交大技术研究院、通用汽车—清华大学技术研究所、通用AC德科零部件服务公司、通用汽车机车部。

3.1.2 创始人威廉·杜兰特

威廉·杜兰特（William Crapo Durant），美国通用汽车公司的缔造者。生于1861年12月8日，逝于1947年3月18日。

威廉·杜兰特（图3.3）被认为是世界汽车发展史上第一位传奇人物。当他看到了汽车的发展前景时，果断地利用自己手中掌握的巨额资金，创建了今天名震全球的通用汽车公司。他是一个超级的推销员、一个不知疲倦的经营者、一个白手起家的富翁。

图3.3 威廉·杜兰特（William Crapo Durant）

汽车文化

杜兰特出生在美国马萨诸塞州波士顿市，其外祖父Henry H.Crapo在美国内战末期和战后初期担任马萨诸塞州州长。杜兰特从小就和母亲一起被嗜酒成性的父亲丢弃，10岁起与母亲一起住在外婆家。尽管有着优越的家庭条件，但是杜兰特并不安分。1878年，杜兰特17岁时便辍学，在祖父的木柴厂当起了办事员。

1886年，杜兰特在底特律市开设了马车厂，成为当时美国最大的马车制造商。

1903年夏天，别克公司的所有者大卫·别克（David Buick）宣布出售他的公司，杜兰特接管，成为别克公司董事长，持有别克公司65%的股份。由于杜兰特的加入，当时别克的股本从7.5万美元增加到50万美元。从此，杜兰特从对汽车一无所知开始接受全新挑战，创建了一个烙有自己烙印的汽车公司。

杜兰特不仅要求自己的汽车公司生产适合恶劣驾驶环境的可靠轿车，而且不断推广自己的汽车，并通过赛车领域为自己树立名声，他们组建了一个冠军赛车队，里面有不少全国最好的车手。在1907年，后来成为杜兰特东山再起的合作伙伴的路易斯·雪佛兰（Louis Chevrolet）（图3.4）参加了这个团队，并且在1909年前赢得了半数以上的美国公路赛。

图3.4　路易斯·雪佛兰（Louis Chevrolet）

经过杜兰特4年的苦心经营，1908年的时候，别克已经成为美国顶尖的汽车制造商，别克产品也成为当时市场上最畅销的一个品种。杜兰特成了一个成功的汽车制造者，在使自己企业获得巨大成功的同时，也使密歇根的富林特成为美国发展最快的城市，而杜兰特也在当时人们的心目中从"马车国王"变成了"汽车天才"。

1908年，杜兰特以别克汽车公司为核心创建了通用汽车公司。1911年，通用汽车公司陷入困境，董事认为亏损的出现是由于杜兰特仓促的冒险行为引起的，便开出了极为苛刻的条件，既要杜兰特辞职，也要通过信托方式控制通用汽车。杜兰特只好无奈地离开了他一手打造出来的通用汽车，他的人生陷入了第一个低谷。

尽管如此，杜兰特却并不是能轻易被打倒的，1916年将通用公司从银行家的控制下重新夺了回来，使其变成了雪佛兰的一家子公司。

在他第二次执掌过程中，杜兰特收购了费希博德Fisher Body和Frigidaire，并将他们添加到他的雪佛兰、奥兹莫比尔、凯迪拉克和别克的阵营中。但是由于杜兰特的一系列失误，导致了通用公司1920—1921年间的严重危机。由于产品质量下降，汽车销量急剧减少，而原先订购的原材料又源源不断地运到，致使库存日益加大，周转资金严重不足，公司濒临倒闭。在公司上下的一片反对中，1920年11月，董事会主席皮埃尔·杜·彭特（Pierredu Pont）再次将杜兰特从公司剥离。

当大萧条到来时，杜兰特耗费了自己所有的精力，苦苦支撑自己的公司业务，但最终因为资金流动困难，1936年宣布破产，并在1947年，黯淡地离开人世。虽然斯人已去，但是他一手缔造的通用汽车公司，却成功地存活下来，后经斯隆等人的成功经营，开创了通用汽车时代，使它成为了现在世界上最著名的汽车公司。

3.1.3 通用汽车公司品牌

1. 凯迪拉克汽车

凯迪拉克（CADILLAC）汽车部标志选用"凯迪拉克"之名，是为了向法国的皇家贵族、探险家、美国底特律城的创始人安东尼·门斯·凯迪拉克表示敬意，标志图形（图3.5）主要由冠和盾组成。冠象征着凯迪拉克家族的徽章，盾象征着凯迪拉克军队的英勇善战。凯迪拉克商标体现了底特律城创始人的英勇和荣誉，象征着贵族气质。

凯迪拉克汽车分部的前身是凯迪拉克公司，建于1902年，创建人是亨利·利兰德（Henry Martyn Leland）。他以前是奥兹的零件供应商，1900年起自行制造汽车，并成为凯迪拉克汽车公司的生产经理，他造出凯迪拉克牌汽车时，已是近60岁的老人了。

图3.5 凯迪拉克标志

1906年凯迪拉克汽车公司在底特律的工厂已成为当时世界上最大、最完善和装备精良的汽车厂，产品质量上乘。1909年，亨利·利兰德将公司卖给了通用公司，自己作了8年通用公司凯迪拉克的经理。他设计的凯迪拉克牌汽车重视豪华性和舒适性，至今，凯迪拉克汽车仍保持这一传统，以专门生产高级轿车而闻名于世。

凯迪拉克·费里伍德（FLEETWOOD）轿车（图3.6）是通用汽车公司最经典的车型，该款汽车专用的北极星V8发动机性能非凡，造型庄重、稳健、装备考究、豪华，深受各国高层次人士的喜爱。1993年，FLEETWOOD被重新设计，继续保持了凯迪拉克的传统。

图3.6 凯迪拉克·费里伍德（FLEETWOOD）轿车（1941年）

特别值得一提的是凯迪拉克PRESIDENTIAL LIMOUSINE（图3.7）是全球最具权势的汽车，是美国前总统布什以及新当选的美国新总统奥巴马的座驾，为全世界人们所仰慕。

图3.7　凯迪拉克总统专用车（CADILLAC PRESIDENTIAL LIMOUSINE）（2009年款）

这家富有创新精神的汽车公司自豪地保持着他们的传统，把安全、艺术、科技创新通过每一款新型轿车带给全世界。

2．别克（BUICK）汽车

别克（BUICK）汽车标志（图3.8）是把3把不同颜色的利剑，依次排列在不同高度的位置，给人以积极进取、不断攀登的感觉，表示别克汽车刃刃见锋。"BUICK"为公司创始人大卫·别克的姓氏。

别克汽车分部是大卫·别克在布里斯科史弟的帮助下于1903年5月19日创建的。1908年，产量达到8820辆，居美国第一位，并以别克汽车公司为核心成立了通用汽车公司。

图3.8　别克标志

别克汽车分部是通用汽车公司的第二大部门，许多业界传奇人物和重要事件与别克品牌的发展交织在了一起。有人评价说：在美国汽车产业发展历史上，没有一个品牌比别克拥有更多的故事。这个评价真实客观地反映了别克品牌在汽车业界的重要地位。

别克汽车具有大马力、个性化、实用性和成熟的特点。1984年对于别克品牌来说，绝对是值得回忆和自豪的一年。在这一年，别克品牌创下了历史上的销量峰值，达到了941611辆。当时，这个数字是其他汽车品牌难以望其项背的。

近年来，别克的多款新车型在北美市场上的强劲表现，预示着别克品牌在本土市场进入了全面复兴。其中，尤以别克（ENCLAVE）的表现最为突出（图3.9），这款今年已经引入中国市场的豪华交叉型SUV，在美国SUV市场整体陷入低迷的市况下，依然受到了消费者的青睐，自推出以来一直保持着良好的销售业绩。

图3.9 别克（ENCLAVE）汽车

3. 庞蒂克（PONTIAC）汽车

庞蒂克（PONTIAC）汽车标志（图3.10）由两部分组成。其字母"PONTIAC"商标取自美国密执安州的一个地名。图形商标是带十字标记的箭头，它被镶嵌在发动机散热器格栅的上方。而十字形标记，则表示庞蒂克是通用汽车公司的重要成员，也象征庞蒂克汽车安全可靠；箭头则代表庞蒂克的技术超前和攻关精神。

在美国，庞蒂克则是一个历史悠久的百年品牌。1907年，爱德华墨菲创立了奥克兰汽车公司，公司在1909年加入通用汽车。1926年推出首款以"庞蒂克"命名的六缸轿车，从此，庞蒂克便成为美国主流汽车品牌之一，主要生产轿车和跑车。现在，以"太阳火"为代表的庞蒂克运动系列轿车在通用汽车阵容中扮演着重要的角色。庞蒂克的小型跑车SOLSTICE（图3.11）因为是美国大片《变形金刚》中的爵士的变形车而举世闻名。

图3.10 庞蒂克标志　　图3.11 庞蒂克（PONTIAC SOLSTICE）小型跑车

4. 雪佛兰（CHEVROLET）汽车

雪佛兰（CHEVROLET）标志是一个图案化的蝴蝶结（图3.12），象征雪佛兰轿车的大方、气派和风度。1908年，通用汽车创始人威廉姆·杜兰特（William Durant）在一次环球旅行途中，在一家法国旅馆的墙纸上发现了一个有趣的图案，他认为这个图案可以作为汽车的标志。后来，这个"金领结"图案果然演变成为了畅销全球的雪佛兰汽车的标志。

雪佛兰公司的发展起源于1909年。当时，通用汽车公司的创始人杜兰特（William Durant）邀请声誉卓著的瑞士赛车手兼工程师雪佛兰（Louis Chevrolet）帮助他设计一款面向大众的汽车。1911年11月3日，以设计师的名字命名的雪佛兰汽车公司应运而生。

新公司成立的初始目标是，制造能与亨利·福特的T型车相竞争的低价位汽车。1912年，第一辆雪佛兰5座旅行小轿车Classic Six在底特律问世。著名的雪佛兰"蝴蝶结"标志于两年后的1914年正式亮相，并在日后成为了全球最知名的企业标志之一。

1918年，雪佛兰汽车公司被通用汽车公司购并。次年，雪佛兰汽车的销售量就超过了通用汽车所有其他品牌的汽车。从1928年之后的55年（其中4年战争除外），是雪佛兰公司的黄金时期，在此期间，雪佛兰不仅创下了诸如"每天每隔40秒钟就会有人购买一台雪佛兰汽车"的业界神话，更以最富创新精神的产品理念，将其品牌精髓深深融入到美国人的文化生活中，并成为美国最受推崇的品牌之一。

2007年，雪佛兰的CAMARO称为世人瞩目的焦点，因为电影《变形金刚》中性格开朗活泼、善于和人类相处的"大黄蜂"正是雪佛兰的CAMARO变形而成（图3.13）。

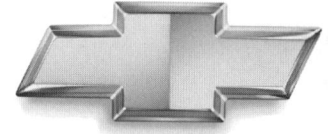

图3.12　雪佛兰标志　　　　图3.13　雪佛兰（CHEVROLET CAMARO）与大黄蜂

克尔维特（CORVETTE）是雪佛兰著名的跑车品牌，作为美国第一款跑车，诞生于1953年，半个多世纪来克尔维特以其强大的动力、出色的性能、耀目的外形以及舒适的驾乘感受征服了无数跑车爱好者。克尔维特虽然隶属于通用旗下的雪佛兰品牌，但是它却拥有独立的车标（图3.14）。在椭圆内交叉嵌套着两面旗子，黑白相间的旗子，表示该车是参加公路汽车大赛的运动车；红色旗子上的蝴蝶结商标，表示该车由通用雪佛兰分部制造；奖杯和花朵，则代表夺冠后的欢呼和成

图3.14　雪佛兰·克尔维特标志

功的纪念。克尔维特CHEVROLET CORVETTE ZR1则是该系列的最新一款产品，在2009年6月上映的《变形金刚2》中大出风头，其6.2升V8发动机最大功率达到620马力。

图3.15　克尔维特（CHEVROLET CORVETTE ZR1）跑车（2009年）

5. 奥兹莫比尔（OLDSMOBILE）汽车

奥兹莫比尔（OLDSMOBILE）的名称由"Olds"与"mobile"组成。"Olds"是创始人奥兹的姓，"mobile"在英文中是"机动车"的意思。奥兹莫比尔的标志中的箭形图案代表公司积极向上和勇往直前的创新精神（图3.16）。

图3.16　奥兹莫比尔标志

奥兹莫比尔汽车分部的前身是1897年由兰塞姆·奥兹和弗兰克·克拉克创建的奥兹汽车公司，它是美国最老的小客车生产厂，是美国汽车领域的老牌先驱，1908年并入通用公司。奥兹莫比尔曾经有过傲人的业绩：它是美国第一个开展汽车出口业务的厂家；在20世纪40年代生产出第一部带自动变速器的汽车；20世纪60年代制造了美国第一部4轮驱动汽车。

奥兹莫比尔的经典车型如Olds、Cutlas等车型都是人们所喜爱的车型（图3.17）。在它辉煌的1985年，销售量多达100万辆。但从1985年开始，奥兹莫比尔品牌汽车由于市场定位模糊，车型老化，在激烈的市场竞争中逐渐败下阵来。通用公司曾试图用Alero和Aurora来改进这一老品牌，赋予它新的内涵和品质，但奥兹莫比尔的好时光已去，销售业绩逐年下滑，是通用所有品牌中销售最差的一个，极大地拖了通用的后腿。

2004年，通用汽车公司做出了一个令全球汽车界震惊的决定，也是一个令无数奥兹莫比尔汽车迷们倍感伤心的决定——奥兹莫比尔将停产。2004年4月29日，位于美国密歇根州首府兰辛的奥兹莫比尔轿车组装厂中，一辆2004款奥兹莫比尔Alero GLS轿车作为该品牌的最后一辆汽车在奥兹莫比尔总裁George Nahas及通用员工Rick Parr的驾驶下驶离了生产线，结束了奥兹莫比尔轿车的百年辉煌。它的下线也标志着奥兹莫比尔将逐渐淡出历史。只是不知是否有一天，奥兹莫比尔会像当初的大众甲壳虫一样，在沉寂了数年后，以全新的姿态再次驶入我们的视线。

汽车文化

图3.17 奥兹莫比尔汽车

6. 土星（SATURN）汽车

土星（SATURN）的汽车标志（图3.18）是由图形和文字组成的。商标中的图案表现了土星在红色的背景前，显出了两条星球运动的轨迹，其含义在于公司致力于高科技材料的开发，追求高科技产品。

土星汽车分部设在美国田纳西州春山市，是通用汽车公司的下属全资子公司。土星汽车分部是通用汽车公司为推行"土星计划"于1985年成立的一个部，旨在降低成本，缩小与日本汽车企业的差距，开发先进的土星牌轿车以抵制日本轿车大规模进入美国市场，为此借鉴了日本汽车公司先进的生产和管理模式。

1992年，土星轿车正式投产，主要产品有豪华轿车、旅行轿车和跑车（图3.19）。土星是通用汽车公司最年轻的品牌，不存在背负历史包袱和损害传统的顾忌。以市场需求为准绳，在外观和性能上有所创新，在价格上又有优势。因此，"土星"主宰着美国价格低廉的紧凑型汽车市场。

2009年6月，破产的通用公司将"土星"品牌出售给美国第二大汽车经销商——彭斯克汽车集团（Penske Automobile Group Inc）。

图3.18 土星标志

图3.19 土星（SATURN CURVE CONCEPT）汽车（2004年）

7. AM General汽车

美国AM General公司以生产悍马（HUMMER）而扬名世界。AM General公司一直有着丰富的军车生产经验。1980年AMG承接美国军方另一宗军车设计任务，设计出HMMWV越野军用汽车。1983年美国LTV公司从美国汽车公司手中购入AMG汽车公司。1992年，AMG又转入了Renco集团。同年，AMG推出了HMMWV的民用车HUMMER，即悍马越野车，由于优异的性能被业内外人士誉为"越野车王"。

悍马系列有5种车型，分别有两门、四门硬顶两厢体车，四门软篷两厢体车，四门及两门皮卡。1999年，美国通用汽车公司已从AMG公司获得悍马的商标使用权和生产权，并设计了新款悍马H2，内部装饰豪华，配有真皮座椅、中央信息显示系统、GPS卫星导航系统、DVD及音响系统、夜视行驶系统、移动电话座与手提电脑等，已经在2002年初投放市场。悍马H2还是变形金刚中救护车的原型车（图3.20），HUMMER的外形可以让人明白无误地联想起我们熟悉的"汽车人"形象——粗壮，稳重，坚实，特别是前脸突出体现了悍马的特征。

由于受经济危机的影响，2009年6月，通用公司宣布出售悍马民用品牌，但不出售军用悍马。

图3.20　悍马（HUMMER H2）越野车

民用悍马一面市立即获得一些男性购车者的喜爱，影坛巨星施瓦辛格一人买了两辆，美国篮球与拳击界都有名人买进悍马。一时悍马名声大振，多年来一直成为城市男性的"新宠"。

8. 瑞典萨博（SAAB）汽车

萨博（SAAB）是通用汽车公司旗下的著名汽车品牌之一。萨博公司是由斯堪尼亚公司和瑞典飞机有限公司合并，原飞机公司瑞典文缩写为"SAAB"，后即作为公司轿车的标志（图3.21）。标志正中是一头戴王冠的狮子头像，王冠象征着轿车的高贵，狮子则为欧洲人崇尚的权利象征。半鹰、半狮的怪兽图案象征着一种警觉，这是瑞典南部两个县流行的一种象征，而萨博汽车和航行器的生产就起源在这里。

瑞典萨博汽车公司脱胎于飞机制造企业，于20世纪40年代中期建厂，并于1947年推出了首部具有领先科技水平的SAAB 92型轿车。萨博轿车是汽车界的后起之秀，20世纪70年代世界汽车市场大滑坡时，萨博轿车以其贵族的绅士派头进入汽车市场。由于性能可靠、节约燃油，不仅销量没有下降反而名声大振。

汽车文化

在销售持续旺盛的情况下，1990年，美国通用汽车公司购入了萨博汽车公司50%的股份，成为最大的控股公司，在此强大的经济与技术支持下，萨博公司更加如虎添翼，设计出的SAAB汽车多次荣获世界大奖。2000年，通用汽车公司完全收购萨博汽车公司。凭借着完善的销售网络，通用汽车为萨博提供了快速扩展分销渠道的契机。在此期间，萨博销售也在不断增长，如今已成为通用汽车系列品牌中的一个重要部分。

萨博独树一帜的风格和卓越的表现，吸引了一批独具慧眼的用户。2002年3月，萨博创造了其有史以来最高的月度销售记录，全球销量超过16 000台。2006年，SAAB Aero X概念车（图3.22）闪耀日内瓦车展，被评为"Best of Show"（展会最佳车型），并在《变形金刚2》中出演了角色。

图3.21　萨博标志

图3.22　萨博（SAAB Aero X）概念车

今天，萨博依然是居于领先地位的欧洲高档汽车品牌之一。广大客户对萨博品牌的认同，源自于对萨博核心品牌价值的欣赏，即独具一格的安全性能、设计及其航空科技。

2009年6月，通用公司将萨博品牌出售给瑞典著名豪华跑车制造商科尼塞克汽车公司，结束了通用与萨博19年的姻缘，科尼塞克将完全控制萨博，而通用公司将继续保持与萨博的合作关系。

9. 德国欧宝（OPEL）汽车

欧宝（OPEL）曾译为"奥贝尔"，取自创始人阿德姆·奥贝尔的姓氏。其标志由图案和文字两部分组成（图3.23）。图案代表公司的技术进步和发展，又像闪电一样划破长空，震撼世界，喻示着欧宝汽车如风驰电掣。

欧宝原是德国人创办的汽车公司，1862年，阿德姆·奥贝尔（Adan Opel）在吕塞尔海姆创建了欧宝公司，公司最初生产缝纫机、自行车。1897年开始生产汽车，1924年，公司建成德国第一条生产汽车的流水线，使汽车产量猛增，在德国廉价车领域独占鳌头。1929年，公司80%的股份卖给美国通用汽车公司，从此，欧宝汽车公司成为美国通用汽车公司在德国的子公司。至今，欧宝已生产了100万台缝纫机，50万辆自行车以及超过5000万辆的汽车。

近年来，已经畅销全球的欧宝欧美佳（OMEGA）、威达（VECTRA）、雅特（ASTRA）、赛飞利（SIGNUM）轿车在世界各地的各种权威轿车评选中获得多项大奖，这也是对欧宝轿车长期以来所坚持的科技创新和精良工艺的最好肯定。欧美佳作为欧宝的旗舰车型，是各界成功人士的首选高级轿车；威达则是德国科技美学的新锐，作为一款性能价格比出众的中级轿车，颇受钟情于事业和家庭的人士青睐；雅特以时尚、安全、实用，树立了21世纪家庭小型轿车的新典范；赛飞利旅行车拥有宽敞灵活的空间，功能用途变化丰富，在家庭和公务使用方面达到两全。欧宝经典运动车型GT（图3.24）以其灵动飘逸的外形、优良的性能、齐全的配置、平实的价格赢得了市场的青睐。

2009年，由于全球经济危机影响，美国通用公司计划将全球子公司欧宝最多50%的股份出售给外部投资者，将结束欧宝与通用80年来的姻缘。欧宝公司与通用分离后，将保留原来在德国的所有工厂和技术专利。

图3.23 欧宝标志

图3.24 欧宝（OPEL GT）汽车（2007年）

10. GMC商用车部

GMC（吉姆西）是通用集团旗下的商用车部门，其标志如图3.25所示，取自其英文名称General Motro Corporation。现有ENVOY、峡谷（CANYON）、西拉（SIERRA）、育空河（YUKON）、旅行（SAFARI）、SAVANA等一系列车型。电影《变形金刚》中铁皮即为GMC 4500 Topkick（图3.26），其用途十分广泛，常常被用作垃圾车，运输卡车等。4500搭载6.6L涡轮增压柴油发动机，采用四轮驱动，拥有结实的底盘，配备的5速自动变速器，换挡平顺而且快捷。

图3.25 GMC标志

图3.26 GMC 4500 Topkick与铁皮

11. 英国沃克斯豪尔（VAUXHALL）汽车

沃克斯豪尔汽车公司（Vauxhall Motors）的历史可以追溯到1857年。当时苏格兰工程师亚历山大·威尔逊在英国沃克斯豪尔地区建立了一家生产蒸汽机的工厂，最初的业务是制造船用发动机和铸件，这就是沃克斯豪尔车厂的前身。公司选用了13世纪这片土地的领主Fulkle Breant使用的怪兽Griffin徽标作为标志（图3.27）。

图3.27 沃克斯豪尔标志

沃克斯豪尔的造车历史开始于1903年。那一年公司老板Hodges在仔细研究了自己那辆戴姆勒汽车以后，决定生产一种比这更好的汽车，于是沃克斯豪尔汽车进入了研发阶段。第一辆沃克斯豪尔汽车的发动机功率只有5匹马力，但还是卖出了43辆，这让Hodges看到了希望，于是在此后的10多年时间里先后推出了多款新车型。

1925年美国通用汽车公司用250万美元的价格收购了沃克斯豪尔，这比欧宝被通用收购还要早4年。在通用旗下虽然沃克斯豪尔各种车型的销量不断增加，但在通用全球汽车战略调整下，沃克斯豪尔逐渐变成了欧宝在英国的制造工厂。现在英国的欧宝车，全都使用沃克斯豪尔公司的怪兽标志，而且具有相当大的市场占有率。在英国的大街小巷，VAUXHALL汽车也是一道不错的风景线。直到现在沃克斯豪尔依然是英国汽车产量较大的车厂之一。

12. 澳洲霍尔顿（HOLDEN）汽车

霍尔顿是美国通用汽车公司旗下的品牌之一，这个具有百年历史的公司，是大洋洲汽车工业的骄傲。霍尔顿的标志（图3.28）是一只狮子滚球的红色圆形浮雕，其设计灵感来自一则古老传说：埃及狮子滚石头的情景启迪人类发明了车轮。今天的霍尔顿不但称霸澳洲车坛，还以锻造强劲发动机而闻名于世。

图3.28 霍尔顿标志

霍尔顿汽车公司在澳洲历史上有着极其特别的地位，因为澳洲大陆上第一部由澳洲人自己生产的汽车，就是从霍尔顿的车间里开出来的。经营骑马用具起家的霍尔顿公司在1914年开始帮顾客生产定制的汽车车身，这迈出了它漫长汽车工业里程的第一步。经过10年的发展，它成为美国通用汽车的在澳洲的车身供应商，并于1931年与美国通用汽车澳洲分公司共同组建了"通用—霍尔顿汽车公司"（1994年起单独使用"霍尔顿汽车公司"的名称）。1948年起，霍尔顿开始生产自己的车型，澳洲历史上第一辆属于本土的轿车于当年下线，从此霍尔顿成为澳洲汽车工业的代名词。

除了少量生产美国通用旗下的车型，霍尔顿拥有很多属于自己成功开发的产品，其中包括连续8年蝉联澳洲最畅销中级房车的COMMODORE、一直在澳洲高档轿车销量中名列前5的STATESMAN、CAPRICE车型和澳洲本地最受欢迎的双门跑车MONARO（图3.29）。目前霍尔顿公司旗下共有20种车型，从两厢小型车到四轮驱动的SUV，从家用轿车到商用皮卡，应有尽有，完善的车型系列极大程度上满足了市场需求。

今天的霍尔顿拥有超过9000个员工，已经生产了总共超过600万辆汽车。它从一个本地的汽车品牌逐渐发展成为一个面向全球的汽车公司，出口国家包括美国、中东和韩国等地。历经风霜的霍尔顿汽车公司是澳洲人的骄傲，也是澳洲汽车工业里面最值得书写的篇章。

图3.29 霍尔顿（HOLDEN MONARO）汽车（2005年）

13. 韩国大宇（DAEWOO）汽车

大宇（DAEWOO）汽车公司使用形似地球并正在开放的花朵标志（图3.30），大宇汽车也使用这个标志。标志象征着高速公路大动脉向未来无限延伸，表现了大宇的未来和发展意志；向上展开的花朵体现了大宇家族的创造力和挑战意识；蓝色代表年青、活泼，而白色则代表同心协力和牺牲精神。整个标志表现了大宇家族的智慧、创造、挑战、牺牲的企业精神，表现出大宇集团的"儒家"风范。

韩国大宇汽车公司是韩国第二大汽车生产企业，年产汽车60多万辆。1967年，金宇中创建新韩公司，1983年改为大宇汽车公司，它是韩国大宇集团的骨干企业。大宇与美国通用汽车公司关系密切，在创业之初便与通用公司合作。大宇汽车公司总部设在韩国汉城，主要产品以轿车和货车为主。

然而，由于经营不善，资不抵债，大宇汽车公司自从大宇集团破产后，一直在巨额债务中挣扎，并且于2000年11月8日正式宣布破产。

2002年10月28日，通用大宇汽车科技公司（简称通用大宇）在韩国汉城正式宣布成立。通用大宇新公司总部位于韩国仁川，旗下拥有并管理3家分别位于韩国的昌原、群山及越南河内的生产厂。此外，位于韩国富平新命名的大宇仁川汽车公司，将为通用大宇提供整车。通用大宇还拥有位于欧洲和波多黎各的9家海外分公司。新公司的资产范围还包括位于韩国富平的汽车设计、工程、研发、销售、市场及行政部门。通用大宇生产的新车型有LACETTI、NUBIRA STATION WAGON、L4X（图3.31）等。

图3.30 大宇标志

图3.31 大宇（DAEWOO L4X）汽车（2007年）

3.2 福特汽车公司

3.2.1 公司概述

1．公司标志

福特汽车公司的商标是蓝底白字的英文"Ford"字样（图3.32），公司名称取自创始人亨利·福特的姓氏。福特生前十分喜爱动物，他经常忙里偷闲访问动物专家，读有关动物的书籍和报纸，他在这个领域也有较深的造诣。1911年，商标设计者为了迎合亨利·福特的嗜好，就将英文"Ford"设计成为形似奔跑的白兔形象，以博福特的欢心。被艺术化了的"Ford"犹如温馨的大自然中的一只可爱、温顺的小白兔，正在向前飞奔，象征福特汽车奔驰在世界各地，令人爱不释手。

图3.32 福特标志

2．公司简介

福特汽车公司是世界上第四大工业企业和第二大轿车和卡车生产商，大约在全世界有36万名职工服务于汽车、农业、金融和通信领域。福特公司经营范围分别包括电子、玻璃、塑料、汽车零部件、空间技术、卫星通信、国防工程、地基开发、设备租赁和汽车出租。它有3个战略经营单位——汽车集团、多样化产品集团和金融服务。

1903年，亨利·福特创建福特汽车公司。1908年，福特T型诞生，为"车轮上的美国"立下了不朽功勋。1913年，福特汽车公司又开发出了世界上第一条流水线，这一创举使T型车一共达到了1500万辆，缔造了一个至今仍未被打破的世界纪录。福特先生为此被尊为"为世界装上轮子"的人。因此，福特汽车公司名扬天下，福特本人也成为世纪名人。

福特汽车公司旗下拥有的汽车品牌有：

美国：福特（Ford）、林肯（LINCOLN）、水星（MERCURY）；

日本：马自达（MAZDA）；

欧洲：沃尔沃（VOLVO）。

此外，福特公司还拥有世界最大的汽车信贷企业——福特信贷（Ford Credit）、全球最大的汽车租赁公司——赫兹（Hertz）以及汽车服务品牌（Quality Care）。这些都是人们耳熟能详的品牌，同时，由于福特汽车公司多年的苦心经营，这些品牌本身都具有着巨大的价值。

今天福特汽车仍然是世界一流的汽车企业，仍然坚守着亨利·福特先生开创的企业理念："消费者是我们工作的中心所在。我们在工作中必须时刻想着我们的消费者，提供比竞争对手更好的产品和服务。"

3．福特在中国

福特汽车在中国的历史可追溯到1913年，当时第一批T型车销售到中国。1924年孙中山先生致信亨利·福特，请他帮助建立中国的汽车工业。作为首家在新中国开拓业务的外国汽车公司，福特汽车当时的董事长亨利·福特二世于1978年得到了邓小平先生的会见，表达了福特汽车公司与中国汽车工业合作的愿望。

福特汽车（中国）有限公司成立于1995年10月25日。目前，福特汽车拥有位于江西省南昌市的江铃汽车（股份）有限公司30%的股份。作为上市公司，江铃汽车（股份）有限公司于1997年底成功推出了全顺（Transit）商用汽车。到目前为止，已成功地推出了多达13种商务车型。2001年4月25日，福特汽车公司和长安汽车集团共同初期投资9800万美元成立了长安福特汽车有限公司，双方各拥有50%的股份，专业生产满足中国消费者需求的轿车。目前，已经成功推出了福特嘉年华和蒙迪欧、福克斯等轿车。2003年7月，福特汽车（中国）有限公司将其运动型多功能车（SUV）的杰出代表"翼虎"（Maverick）正式推向中国市场。"翼虎"是福特品牌在中国市场正式推出的第一款SUV。此外，福特汽车公司于1996年设立福特信贷北京代表处，开发在中国的汽车金融业务。2001年9月24日，福特汽车国际贸易（天津）有限公司成立，从事进口汽车贸易。2002年5月，福特汽车公司在上海成立中国采购中心。自2000年，福特汽车组织每年一度的"福特汽车环保奖"，以每年100万元人民币奖励为中国的环境保护作出突出贡献的环保英雄。

3.2.2　创始人亨利·福特

亨利·福特（Henry Ford，1863—1947年）（图3.33）是福特汽车公司的创始人。他推出了经济的福特T型车，创造了用流水线装配汽车的方式，促进了汽车在美国和世界的普及，是世界汽车工业史上具有划时代意义的伟大创举。福特也因此被誉为"汽车大王"。

亨利·福特出生于美国密歇根州韦恩郡的史普林威尔镇，1891年福特成为爱迪生照明公司的一个工程师。1896年他制造了自己的第一辆汽车，他将它命名为"四轮车"。1893年圣诞节，福特研制的汽油机试验成功，1896年造出了汽车。

福特与11位其他投资者用2.8万美元的资金于1903年建立了福特汽车公司。他新设计的车只用39.4秒就开过了一英里，当时的一个著名的赛车运动员将这辆车命名为"福特999"型，并带着它周游美国。福特汽车从此在美国扬名。

图3.33　亨利·福特（Henry Ford）

1908年，福特生产出T型车，1913年，创造了用流水线装配汽车的方式。大批量流水线生产方式的成功，不仅使T型车成为有史以来最普通的车种，而且，如同福特所说："在工业生产史上，它告诉人们新的时代已经来临。"

福特非常注意他与他的雇员的关系。他的雇员每天工作8小时。1913年时每天的薪金是5美元（对当时来说相当可观）。1918年T型车的顶峰时期薪金被提高到每天6美元。对当时的情况来说这是前所未闻的。此外福特还奖励雇员的发明创造，让他们分享自己的发明带来的赢利。

福特晚年时已不能跟上汽车时代的前进步伐，没能适应消费者需求的变化及时推出新车型。在用人上，排斥他的儿子——主张改革的埃塞尔·福特。1927年，福特汽车公司世界第一的位置被通用汽车公司占据，还一度被克莱斯勒汽车公司超过。1943年，福特的儿子埃塞尔·福特病故，围绕公司继承权的问题，公司和福特家族发生了一场激烈的斗争。1945年，福特在感到自己已无法控制局势之后，辞去了公司总经理的职务，将福特汽车公司交给长孙亨利·福特二世。1947年4月7日，福特因脑溢血死于底特律市。

1947年4月，《纽约时报》对福特这样评价："当他来到人世时，这个世界还是马车时代；当他离开人间时，这个世界已经成了汽车的世界。"形象地概括了福特与这个世界的联系。在1999年，《财富》杂志将他评为"20世纪商业巨人"，以表彰他和福特汽车公司对人类工业发展所作出的杰出贡献。

3.2.3 福特汽车公司品牌

1. 福特（Ford）汽车

福特（Ford）是福特汽车公司品牌家族的第一个成员，福特总部位于美国密执安州迪尔伯恩市。福特品牌的主要产品有福克斯（FOCUS）、野马（MUSTANG）、探险者（EXPLORER）、蒙迪欧（MONDEO）、翼虎（MAVERICK）、猎鹰（FALCON）等。

福特野马MUSTANG是美国汽车文化历史上最富传奇色彩的车型之一，自由、刺激、极具驾驶乐趣，并将象征自由的奔跑的野马作为其标志（图3.34）。从野马诞生的那一天起，它的精神就从来没有磨灭过。历经数十载的车型更替，无论车主的年龄和地域，无论COUPE或是敞篷，无论V6、V8甚至V10，无论MACH、BOSS、COBRA还是GT，每一款野马都带给它的拥有者一种精神的愉悦享受。全球各地20余个国家拥有超过450个野马车主俱乐部，会员超过10万人，即便在一些地方从来就没有正式销售过野马，这就是野马的魅力所在。

图3.34 福特野马标志

1964年，在世界车坛上如日中天的福特公司将眼睛瞄准了那些二战后成长起来的、喜欢标新立异、追求刺激的美国年轻人，为此，福特精心打造了外形大胆、发动机中置的两门跑车。1964年4月17日，在纽约弗拉兴（Flushing）牧场的世界博览会上，福特野马首次向世人亮相。后来福特汽车公司将第一辆野马车交给了亨利·福特博物馆。

刚硬简洁的车身、动力强劲的发动机、极富竞争力的性价比，40多年来野马在美国市场取得了巨大成功。作为好莱坞电影中硬汉座驾而频频出现的银幕形象，也使得野马成为美国流行文化的重要组成部分。自1964年以来，野马在全球的销售业绩已经超过了800万辆。2009年1月21日，福特在底特律举行的北美国际车展上推出了新款野马MUSTANG SHELBY GT500跑车（图3.35），与老款野马跑车相比，新款野马在造型设计上作了改变，以显得更有气势（注：车标为眼镜蛇，野马的高性能跑车专用标）。福特公司还表示，在汽车业受金融危机打击的背景下，新款野马的设计意在使福特公司的蓝色椭圆形标志得到更多的尊重。

图3.35 福特野马（Ford MUSTANG SHELBY GT500）跑车

2. 林肯（LINCOLN）汽车

林肯（LINCOLN）是福特汽车公司拥有的除"福特"外的第二个品牌，是由亨利·利兰德（还创造了凯迪拉克品牌）于1917年8月创建的，当时他已经74岁。1919年底林肯汽车公司造出样车，并以美国第16任总统林肯的名字给汽车命名。1922年2月4日，福特汽车公司收购下林肯汽车公司，成为福特汽车公司林肯分部。1936年福特汽车公司又成立水星部，生产普通轿车。1948年两部合并，成立林肯·水星部，专门生产高级豪华型轿车，加强了高级轿车生产基地。

林肯标志（图3.36）是一个矩形中含有一颗闪闪放光的星辰的图案，表示林肯总统是美国联邦统一和废除奴隶制度的启明星，也喻示林肯轿车光辉灿烂。

由于林肯车杰出的性能、高雅的造型和无与伦比的舒适，自1939年美国富兰克林·罗斯福总统以来一直被白宫选为总统专车。它最出名的一款车是肯尼迪总统乘用的检阅车。林肯品牌著名的产品有大陆（CONTINENTAL）、马克（MARK）（图3.37）、城市（TOWNCAR）和领航员（NAVIGATOR）等。

图3.36 林肯标志

图3.37 林肯马克（LINCOLN MKZ）汽车

3. 水星（MERCURY）汽车

水星（MERCURY）属于福特公司的汽车品牌，第一辆水星轿车是由福特公司在1937年设计的，其档次界于福特和林肯豪华轿车之间。福特水星车系用太阳系中的水星作为汽车的图形标志（图3.38），该标志是在一个圆中有3个行星运行轨迹的图案，很容易让人联想到福特汽车具有太空科技和超时空的创造力。

水星品牌的著名产品主要有卡普里（CAPRI）、美洲狮（COUGAR）、水貂（SABLE）、村民（VILLAGER）、登山者（MOUNTAINER）、环宇（MYSTIQUE）和大公爵（GRAND MARQUIS）等。

美洲狮是水星系列中的高级车型，因此特用凶猛的美洲狮头像作为标志（图3.39），表示该车像雄狮那样威武气派，像美洲狮一样与大自然共舞。

图3.38　水星标志　　　图3.39　水星美洲狮标志

4. 日本马自达（MAZDA）汽车

福特是马自达的最大的股东和主要业务合作伙伴。马自达汽车公司的原名为东洋工业公司，生产的汽车用公司创始人"松田"来命名，又因"松田"的拼音为"Mazda"（马自达），所以人们便习惯称为马自达。马自达起初使用的车标是在椭圆之中有双手捧着一个太阳的图案，寓意马自达公司将拥有明天，马自达汽车跑遍全球。马自达公司与福特公司合作之后，采用了新的标志（图3.40），椭圆中展翅飞翔的海鸥，同时又组成"M"字样。"M"是"Mazda"第一个大写字母，预示该公司将展翅高飞，以无穷的创意和真诚的服务迈向未来。

马自达汽车公司创立于1920年，1931年正式开始在广岛生产小型载货车，20世纪60年代初正式生产轿车，自1981年到2002年，马自达已累计生产了3500多万辆各种汽车。在20世纪90年代之前，马自达汽车公司在日本国内排名始终仅在丰田、日产之后，也是世界知名的日本汽车品牌之一。

马自达在日本有两个主要的生产基地，海外有15个生产厂。位于广岛的生产厂是世界上最大的单地汽车厂之一，生产能力接近40万辆。马自达汽车公司有着非常完备的产品线，涉及经济型轿车、越野车、跑车等各种车型，其中家庭用车一直占据其生产线的主导地位。马自达汽车公司的汽车设计理念在业界有着极高的认可度，其不落俗套的创新一直引领着日本甚至世界汽车设计的潮流与时尚。同时马自达汽车公司还以生产跑车而闻名于世。主要车型有Mazda2、3、5、6、RX-7、RX-8跑车等。

马自达汽车公司在汽车发动机方面的创新成就更加令业界瞩目。迄今为止，马自达汽车仍然是全球各大汽车厂商中唯一将三角转子发动机投入批量生产的汽车制造商。如应用在RX-8（图3.41）的转子发动机，原是由德国工程师汪克尔博士（Dr.Felix Wankel）在1956年发明的，是一种和常用的往复活塞式发动机完全不同的新型发动机，具有重量轻、功率大、宁静和灵敏等优点，至今只有马自达汽车公司在独家使用并将其发扬光大到很高水平。

马自达在中国的合作伙伴主要有海南汽车、一汽轿车和长安福特。

图3.40　马自达标志　　　　　　　　图3.41　马自达RX-8跑车

5.瑞典沃尔沃（VOLVO）汽车

"沃尔沃"又译为"富豪"，1924年由阿萨尔·加布里尔松和古斯塔夫·拉尔松创建，该品牌汽车是目前世界上最安全的汽车。

"VOLVO"为拉丁语，是滚动向前的意思。喻示着车轮滚滚向前、公司兴旺发达和前途无限。VOLVO标志（图3.42）由3部分图形和文字组成。第一部分的圆圈代表罗马战神玛尔斯，它同时也是瑞典钢铁工业的象征；第二部分对角线，其目的是将玛尔斯符号固定在格栅之上，也是VOLVO汽车最为明显的标志；第三部分是VOLVO公司名称注册商标，它采用古埃及字体。沃尔沃汽车就像它在拉丁语里"滚滚向前"的意思一样，不断前进，行驶在全球每一个角落，行驶在人类汽车工业的历史上，成为安全、豪华汽车品牌的经典。

沃尔沃汽车公司是北欧最大的汽车企业，也是瑞典最大的工业企业集团，世界20大汽车公司之一。创立于1924年，创始人是古斯塔夫·拉尔松和阿萨尔·加布里尔松。

沃尔沃集团是世界领先的卡车、客车、建筑设备、船舶、工业发动机、航空系统和元件等的制造商，同时还提供整体运输方案的融资及相关服务。

沃尔沃汽车以质量和性能优异在北欧享有很高声誉，特别是安全系统方面，沃尔沃汽车公司更有其独到之处。美国公路损失资料研究所曾评比过10种最安全的汽车，沃尔沃荣登榜首。到1937年，公司汽车年产量已达1万辆。随后，它的业务逐渐向生产资料和生活资料能源产品等多领域发展，一跃成为北欧最大的公司。1999年初，该公司被美国福特汽车公司买下。

沃尔沃汽车公司下设商用车部、载重车部、大客车部、零部件部、汽车销售部和小客车子公司等。沃尔沃公司生产的每款沃尔沃轿车，处处体现出北欧人高贵的品质，给人以朴实无华和富有棱角的印象。主要车型有VOLVO C70、C30、S40、S60、S80（图3.43）、V70、V50、V40等。

图3.42　沃尔沃标志　　　　　　　　图3.43　VOLVO S80汽车

沃尔沃集团在北京建立了沃尔沃（中国）投资有限公司，投资并管理集团旗下各主要业务，如卡车、建筑设备、客车、工业发动机等。沃尔沃在西安建立了生产豪华大客车的西安西沃客车有限公司；在上海合资建立了上海申沃客车有限公司；在无锡建立了无锡大豪动力有限公司，生产柴油发动机；在山东建立了济南华沃卡车有限公司；在北京建立了沃尔沃金融服务有限公司。

3.3　克莱斯勒汽车公司

3.3.1　公司概述

1．公司标志

克莱斯勒（CHRYSLER）公司原来采用五角星勋章标志，五角星的5个部分代表着五大洲都在使用克莱斯勒汽车公司的汽车。1995年，克莱斯勒重新设计了标志，采用飞翼标志（图3.44），由银色的飞翔标志和金色的印章组成，象征着克莱斯勒的欣欣向荣，体现了克莱斯勒家族和公司员工的远大理想和抱负，以及永无止境的追求和在竞争中的奋斗精神。

图3.44　克莱斯勒标志

2．公司简介

克莱斯勒（CHRYSLER）公司目前是美国第三大汽车公司，如今的克莱斯勒携手戴姆勒—奔驰，共同组建了戴姆勒—克莱斯勒集团。如果说奔驰代表着典型的德国文化，那么克莱斯勒则代表了纯正的美国文化，而且与奔驰一样，历经80年风云变换的克莱斯勒也可谓是一个传奇。

克莱斯勒公司的前身是1907年建立的马科斯维尔汽车公司。1925年沃特尔·克莱斯勒买下了该公司，更名为克莱斯勒汽车公司。1998年11月12日，与德国戴姆勒—奔驰汽车公司合并为戴姆勒—克莱斯勒汽车公司。

2007年5月14日，戴姆勒—克莱斯勒公司在其总部所在地德国南部城市斯图加特举行新闻发布会，宣布美国投资大亨Cerberus资金管理投资公司出资55亿欧元（1欧元约合1.36美元）购买克莱斯勒公司80.1%的股份，未来改名后的戴姆勒公司则拥有克莱斯勒公司19.9%的股份。这标志着在经历了9年的"婚姻"后，德国和美国两大汽车公司的合并正式宣告破裂。

克莱斯勒公司主要拥有克莱斯勒、Jeep、道奇品牌。克莱斯勒以制造具有创新意识、杰出工艺、设计新颖的汽车而闻名于世。诱人的浪漫情调，以人为本的精心设计且极富表现力的外观和细致入微的功能特性，长期以来不断为克莱斯勒品牌赢得业界的美誉以及汽车爱好者的关注和爱戴。

2007年8月由于美国次级贷款恶化在全球引起的金融风暴，导致全球性经济危机的爆发，其规模和危害是史无前例的，对汽车工业造成了重大的影响。2009年4月30日下午，克莱斯勒宣布申请破产保护，并将暂时停止绝大部分工厂的生产，直至完成与意大利汽车制造商菲亚特的联盟。克莱斯勒的墨西哥、加拿大和其他国际运营机构不在此次破产申请之列。克莱斯勒首席执行官纳德利称，从2009年5月4日起克莱斯勒的工厂将暂时停产，正常的生产计划将在30~60天内恢复，但克莱斯勒的经销商及产品售后服务仍将正常运营。

3. 克莱斯勒在中国

2005年9月，克莱斯勒（中国）汽车销售有限公司宣告成立。作为克莱斯勒有限责任公司的全资子公司，克莱斯勒（中国）汽车销售有限公司经营克莱斯勒有限责任公司在中国大陆地区进口产品的品牌、进口业务、分销、网络发展和售后服务。

克莱斯勒有限责任公司投放中国市场的产品中，克莱斯勒品牌包括国产克莱斯勒300C、国产克莱斯勒大捷龙、进口PT漫步者以及国产克莱斯勒铂锐；Jeep品牌包括进口全新Jeep指挥官、新款Jeep大切诺基以及进口Jeep指南者、全新Jeep大切诺基3.7L和Jeep牧马人两门款和四门款车型；道奇品牌包括道奇锋哲和道奇酷搏，以及国产道奇凯领。

3.3.2 创始人沃尔特·克莱斯勒

1875年4月2日，美国一位铁路工人的妻子生下了一个男孩，他为自己的儿子取名为沃尔特·克莱斯勒（Walter Chrysler，1875—1940）（图3.45）。当年的这位男孩就是今天克莱斯勒汽车公司的创始人。18岁时，他制造了一辆微型蒸汽车，虽然这辆车更像是一件玩具，但却"五脏俱全"，可以在后院里他专门铺设的轨道上行驶。20岁那年，他被一家工厂聘为机械师，可以拿到一份令人羡慕的薪金。但是，克莱斯靳具有一种对任何事情都十分好奇的天性，不愿意始终呆在一个岗位上，总想寻找其他发展自己的机会。年轻的克莱斯勒到底换过多少次工作，恐怕连他自己都无法记得清楚，直到33岁那年，才相对稳定地受聘担任了芝加哥西部铁路的动力总负责人。

1908年，他参观了芝加哥汽车展览会，会上展出的形态各异的汽车使他大开眼界，他决心投身于这一富有竞争性的事业当中。1910年，克莱斯勒辞掉了年薪1.2万美元的工作，受聘担任了通用汽车公司别克分部中一家工厂的技术经理，年薪只有6000美元。由于他精通机械、技术超群，在通用公司的作用越来越重要。1912年年薪增加到2.5万美元，

1915年增加到5万美元，通用一心一意想留下他为公司效力，但克莱斯勒本人却产生了离开通用，独自去干一番事业的想法。正在此时，杜兰特重返通用，他为了振兴通用，急于招揽一批人才，对其竭力挽留，不仅委任他担任了别克部的主要负责人和公司第一副总经理，而且还将其年薪一下子提高到50万美元。然而，由于克莱斯勒与杜兰特难以合作，他还是于1920年3月25日离开了通用。

图3.45　沃尔特·克莱斯勒

赋闲在家的克莱斯勒受聘担任了经营困难的威利斯·奥弗兰汽车公司和马克斯·威尔公司的顾问，同时经营起了两家公司。1921年，当马克斯·威尔即将倒闭时，他正式接管了公司的经营大权，名正言顺地对其进行了整改。

1924年，由克莱斯勒本人主持开发的第一个车型终于问世了，这种采用了高压缩比发动机的汽车在市场销售中很受欢迎，问世当年就销出了3.2万辆。利用这一难得的良机，克莱斯勒改组了公司，并于1925年6月6日正式宣布成立克莱斯勒汽车公司，自己就任总经理。

克莱斯勒汽车公司成立以后，发展极其迅速。相继推出的克莱斯勒4号和系列58两种新车为其发展作出了贡献。公司在1925年的国内排名只有第27位，1926年末升至第5位，1927年，则又上升至第4位。1928年通过股票交易的方式买下了道奇公司和普利茅斯汽车公司。道奇公司当时在美国排名第3，有良好的商誉和可靠的销售网，买下它之后，克莱斯勒在1929年即跃升为美国三大汽车公司之一，后来还曾有过超过福特位居第二位的辉煌。

1935年7月22日，克莱斯勒在过完60周岁生日后，辞掉了公司总经理职务改任董事长，直至1940年7月22日去世。

3.3.3　克莱斯勒汽车公司品牌

1. 克莱斯勒汽车

80年来，凭着不变的创新精神，在智慧与毅力的磨砺下，克莱斯勒坚持以"造大众买得起的好车"为宗旨，致力打造"四轮上的舒适生活"。从首创流线型轿车到全球第一辆MPV汽车，从垂直尾翼设计到风靡全球的克莱斯勒300C，无一不在世界车坛上独树一帜，赢得无数殊荣。

克莱斯勒主要生产克莱斯勒大捷龙（GRAND VOYAGER）（图3.46）、300C、PT漫步者（PT CRUISER）、交叉火力（CROSSFIRE）、城乡（TOWN & COUNTRY）等汽车。

图3.46　克莱斯勒大捷龙（GRAND VOYAGER）

2．Jeep汽车

1941年7月23日第二次世界大战期间，俄亥俄州托莱多市的威利斯·奥夫兰与美国军方签订合同生产威力ＭＢ车。从那时开始，在整个多用途车市场中JEEP这个名字成为最为人所知并最受人赞赏的品牌。虽然越来越多的汽车制造厂家在他们产品系列中增加多用途车，但Jeep仍然是美国唯一标志（图3.47）。传奇的Jeep汽车具有权威性的四轮驱动性能及战胜各种路面的性能，无人能及。

迄今为止，Jeep汽车已销售到近100个国家。自从1984年引进切诺基以来，全球已销售200多万辆Jeep汽车。Jeep的主要产品有大切诺基（Jeep CHEROKEE）（图3.48）、指南针（Jeep COMPASS）、牧马人（Jeep WRANGLER）、指挥官（Jeep COMMANDER）等汽车。

图3.47　Jeep标志　　　图3.48　Jeep大切诺基（Jeep CHEROKEE）汽车（2008年）

3.道奇（DODGE）汽车

道奇的标志（图3.49）是一支神气的羊头，既表示道奇车强壮彪悍，善于决斗，又表示道奇车朴实无华的平民倾向。现在注重内在豪华、舒适但外表朴实憨厚的道奇已经成为了各地富商名流的选择。

道奇兄弟出生在美国密植安洲，哥哥约翰·道奇（John Dodge）出生于1864年，弟弟霍瑞斯·道奇（Horade Dodge）出生于1868年。1886年，道奇全家移居底特律。

第一个道奇机械商店于1901年开张，共有12个雇员。在一年内，道奇兄弟公司得到了大量的定单。他们要制造3000套变速箱，但这需要在机器设备上花一大笔钱。如果说运气在道奇的成功里起一定作用的话，那就是在这个时候加拿大自行车公司倒闭了，道奇兄弟得到了它的机器设备，作为使用霍瑞斯的轴承专利的补偿。道奇兄弟公司实际上制造了福特汽车第一批汽车中的大部分，包括发动机、底盘和所有的传动部件，而福特也很少使用其他制造商提供的车身和底盘。多年来道奇兄弟和福特的关系一直很好，约翰还是福特汽车的副总裁。

然而1913年，道奇兄弟开始注意到福特有想要自给自足的倾向。那时道奇兄弟已在密执安州重开了一家大型工厂，后来成为著名的道奇总厂。霍瑞斯和约翰建造了世界上第一个汽车试验场，并于1914年设计出他们的第一辆车。

1928年，克莱斯勒公司收购了道奇兄弟公司，道奇兄弟公司（Dodge Brothers Co）成了克莱斯勒公司的一个分部。道奇轿车的主要车型有蝰蛇（VIPER）（图3.50）、无畏（INTERPID）、隐形（STEALTH）、小精灵（SPIRIT）、影子（SHADOW）、霓虹（NEON）、小马（COLT）等；SUV有DURANGO、DAKOTA、RAM TRUCK（公羊皮卡）、RAM SRT-10、Sprinter、小型货车有CARAVAN、CRAND CARAVAN。

图3.49 道奇标志

图3.50 道奇蝰蛇（DODGE VIPER）轿车（2008年）

3.4 戴姆勒—奔驰汽车公司

3.4.1 公司概述

1. 公司标志

奔驰的三角星徽（图3.51）作为品质卓越、性能安全可靠的一种汽车标志，早已家喻户晓，驰名世界。1886年是不寻常的一年，就在这一年卡尔·奔驰研制的0.9马力的三轮汽车取得了帝国专利证书。

图3.51 奔驰标志

同年，在德国西南部，与卡尔·奔驰互不相识的戴姆勒首次试驾了他自己制造的四轮汽车。1901年，戴姆勒公司将"梅赛德斯"作为产品名称正式注册，从此开创了"梅赛德斯"时代。1909年，公司将表达戴姆勒在陆、海、空3个领域实现机动化夙愿的三叉星徽作为公司商标正式注册。

1926年，世界汽车史上两颗耀眼夺目的巨星相会了。戴姆勒和奔驰两位汽车先驱在上一世纪所开创的公司终于合并到一起，成为戴姆勒—奔驰公司。从此，两颗巨星交相辉映，他们生产的所有汽车都命名为"梅赛德斯—奔驰"，汽车上使用的商标也综合了原来两家商标各自的风格，这一商标沿用至今。

2. 公司简介

梅赛德斯—奔驰是世界十大汽车公司之一，在德国按销售额为第一大汽车公司，按产量则居第二。奔驰公司总部设在德国斯图加特，雇员总数为18.5万人，年产汽车60万辆。

公司创立于1926年，创始人是卡尔·本茨和戈特利布·戴姆勒，它的前身是1886年成立的奔驰汽车厂和戴姆勒汽车厂。1926年两厂合并为戴姆勒—奔驰汽车公司，中文翻译简称奔驰汽车公司。现在，奔驰汽车公司除以高质量、高性能豪华汽车闻名外，它也是世界上最著名的大客车和重型载重汽车的生产厂家。

奔驰公司是世界上资格最老的厂家，也是经营风格始终如一的厂家。从1926年至今，公司不追求汽车产量的扩大，而只追求生产出高质量、高性能的高级别汽车产品。在世界十大汽车公司中，奔驰公司产量最小，不到100万辆，但它的利润和销售额却名列前5名。奔驰的最低级别汽车售价也有1.5万美元以上，而豪华汽车则在10万美元以上，中间车型也在4万美元左右。

奔驰的载重汽车、专用汽车、大客车品种繁多，仅载重汽车一种，就有110多种基本型，奔驰也是世界上最大的重型车生产厂家，其全轮驱动3850AS载重汽车最大功率可达368kW，拖载能力达220t，1984年奔驰公司投放市场的6.5~11t新型载重汽车，采用空气制动、伺服转向器、电子防刹车抱死装置，使各大载重汽车公司为之震惊。

奔驰公司在国内有6个子公司，国外有23个子公司，在全世界范围内都设有联络处、销售点以及装配厂。

戴姆勒—奔驰公司主要品牌有梅赛德斯—奔驰、迈巴赫、SMART。

3. 戴姆勒—奔驰在中国

戴姆勒—奔驰在中国建立的合资公司有戴姆勒东北亚投资有限公司、梅赛德斯—奔驰（中国）汽车销售有限公司、梅赛德斯—奔驰汽车金融有限公司、戴姆勒东北亚零部件贸易服务有限公司、北京奔驰—戴姆勒·克莱斯勒汽车有限公司、上海梅赛德斯—奔驰车辆技术有限公司、梅赛德斯—奔驰香港有限公司。

3.4.2 创始人

历史上没有梅赛德斯·奔驰这样一个人，但说起梅赛德斯—奔驰汽车公司的历史，就不能不提及这样4个人：戴姆勒（Gottlieb Daimler）（图3.52）、本茨（Karl Benz）（图3.53）、迈巴赫（Wihelm Maybach）（图3.54）以及杰里耐克（Email Jellinek）（图3.55）。

图3.52 戴姆勒（Gottlieb Daimler）

图3.53 本茨（Karl Benz）

出生于1834年的戴姆勒曾是一间孤儿院的机械工厂督导员，他在这家工厂巧遇了汽车设计天才迈巴赫。迈巴赫在汽车设计事业上一直追随戴姆勒，此前他曾经担任一家公司的技术绘图员及蒸汽发动机厂的设计总管。

图3.54 迈巴赫（Wihelm Maybach）

图3.55 杰里耐克（Email Jellinek）

1882年，迈巴赫把发动机装在Viktoria的前轴上，使它成为首辆前置发动机的汽车，使汽车设计跨越了一大步。1890年，戴姆勒创办了自己的汽车公司DMG。他与迈巴赫共同开发了第一辆戴姆勒汽车，他们生产的汽车开始吸引人们的目光。一位叫杰里耐克的商人在1897年拜访了DMG，他定购了一辆6马力的戴姆勒汽车。这位迷恋汽车运动的商人很快要求戴姆勒再为他生产两辆车速超过40 km/h的高性能汽车。1898年9月，两辆名叫"戴姆勒·凤凰"的汽车被交到了杰里耐克那里，这是世界上首款装备4缸发动机的汽车。

1898年,杰里耐克开始与DMG签订销售合同,在他销售DMG汽车的同时,也积极参加欧洲的汽车比赛,他参赛的车辆被称为"梅赛德斯",这是他女儿的教名。他的梅赛德斯赛车在赛场上的好成绩为戴姆勒汽车赢得了声誉。1900年,杰里耐克又向DMG公司订购了36辆汽车,这个订单的价值高达55万马克,就购买力来说,这相当于今天的550万德国马克,即使放在今天也是一个大订单,但这个订单有两个附加条件:第一,杰里耐克必须是奥匈、法国和美国的唯一代理商;第二,这种车的名字必须以他女儿"梅赛德斯"的名字命名。DMG接受了这个订单,而杰里耐克也向DMG的设计师迈巴赫提出了一些汽车设计建议,并推荐了一些有才华的汽车设计者。在杰里耐克的努力下,梅赛德斯轿车销量大增,梅赛德斯的名字很快被大家接受并流行起来。1902年,戴姆勒汽车公司将"梅赛德斯"进行了商标注册。有趣的是,1903年,在杰里耐克的请求下,他获准改名叫Jellinek-Mercedes,杰里耐克先生成为了梅赛德斯先生,这或许也是父亲从女儿那里获得姓氏的先例。

在戴姆勒、迈巴赫以及杰里耐克为戴姆勒的梅赛德斯汽车忙碌的同时,商业和汽车设计天才卡尔·本茨与几位合作伙伴在1883年率先注册了自己的汽车公司。1886年1月29日,世界上第一辆汽车的专利由柏林皇家专利局授予了卡尔·本茨,这项专利被称为"安装有汽油发动机的交通工具",这是人类历史上首次制造出以内燃机为动力的汽车,这一天也被认为是汽车诞生日。随后卡尔·本茨又发明了一套全新的转向系统,这奠定了今天四轮汽车蓝图。而第一款量产的"Velo"也很快被推向市场,到1901年,共生产了1200辆这种类型的车。与此同时,戴姆勒公司则推出了新的梅赛德斯汽车,它更灵巧,功率更强大,更受欢迎。

遗憾的是,虽然戴姆勒和卡尔·本茨居住的两个城市相距仅80km,但他们从来没有见过面。他们的公司在他们去世后都由他们的继承人掌控着。在第一次世界大战之后的通货膨胀时期,汽车的销售陷入了困境。只有财力雄厚并具有卓越产品的公司才能够生存下来。为了生存下去,这两家著名的公司组成了集团公司,从而实现设计、生产、采购、销售和广告的合并。

1926年6月29日,这两家历史最悠久的汽车制造商终于合并为戴姆勒—奔驰公司,这家公司开始生产梅赛德斯—奔驰品牌的汽车。此时,戴姆勒—奔驰公司也开始设计新商标。今天,这个商标已经被装备在了2000多万辆梅赛德斯—奔驰汽车上。

3.4.3 戴姆勒—奔驰汽车公司品牌

1.梅赛德斯—奔驰(MERCEDES-BENZ)汽车

梅赛德斯—奔驰创立于1926年,创始人是卡尔·本茨和戈特利布·戴姆勒。它的前身是1886年成立的奔驰汽车厂和戴姆勒汽车厂。1926年两厂合并后,叫戴姆勒—奔驰汽车公司。现在奔驰除以高质量、高性能豪华汽车闻名外,也是世界上最著名的大客车和重型载重汽车的生产厂家。主要车型有A、B、CLK、CLS、E、F、M、R、S(图3.56)级及各种AMG等车型。

汽车文化

图3.56 奔驰S600（MERCEDES-BENZ S600 GUARD PULLMAN）汽车（2008年）

2. 迈巴赫（MAYBACH）汽车

威廉·迈巴赫一生最大的传奇在于创造了两个举世闻名的豪华品牌：梅赛德斯与迈巴赫，分别在豪华车的不同领域演绎着各自的辉煌。

1919年，威廉·迈巴赫与卡尔·迈巴赫一起再次缔造了汽车史的另一传奇品牌迈巴赫——一个象征着完美和昂贵的轿车。截至1941年，这种高级轿车生产了1800辆左右，其车身完全按照顾客的要求精心设计和装备而成。精益的质量、优异的设计和完美的工艺造就了迈巴赫轿车的卓越品质，来自一流制造商的车身被镶装于精心打造的底盘之上，进一步完善了车辆的整体性能。除非受限于想象力和财力，客户能够完全按照个人需求和偏好定制轿车。迈巴赫以无与伦比的典雅风范和动力性能征服了世界。

1941年，迈巴赫由于战争原因而被迫停产，从此进入到一个长达60年的沉睡期。德国迈巴赫（MAYBACH）豪华汽车品牌在沉寂了60年后，在第72届日内瓦国际车展初次登场。而相应的MAYBACH轿车在2002秋与众人见面。

MAYBACH品牌展示将使人们重新想起其传奇色彩的汽车及它的年代，连同奔驰的型号，成为当时德国汽车制造商中的绝对经典。精湛的技术，至高的品质，独特的风格，使得他们成为全世界瞩目的焦点。每辆车都按照用户定制规格进行独立的制作，发动机及底盘周围，全为手工打造。旗舰型号为MAYBACH ZEPPELIN（图3.57），采用惊人的V12发动机，全长大约5.5m，在当时，绝对是德国最大的轿车。具有传奇色彩的品牌标志由两个交叉的"M"围绕在一个球面三角形里组成，新的轿车仍采用这个经典的标志（图3.58）。

3. 精灵（SMART）汽车

SMART中的"S"代表了"斯沃奇"（SWATCH），"M"代表了戴姆勒集团（Mercedes-Benz），而"ART"则是英文中"艺术"的意思，合起来可以理解为，代表了斯沃奇和戴姆勒合作的艺术，而SMART车名本身在英文中也有"聪明伶俐"的意思，这也契合了Smart公司的设计理念（图3.59）。

图3.57　MAYBACH ZEPPELIN

图3.58　迈巴赫标志

　　Smart的创意来自瑞士制表大王Swatch公司，梅赛德斯一直是传统老牌汽车的象征，20世纪90年代正处于更新换代时期，Swatch的设想正好一拍即合。为了减少风险，梅赛德斯没有让Swatch的设想在自己品牌范围内实施，而与Swatch公司成立了一个独立的合资企业MCC（Micro Compact Car）微型车公司。

　　Swatch公司提供设计和销售思路，由梅赛得斯提供车辆制造技术来生产设计新颖，制作精良的微型轿车。尽管Smart的管理和开发总部在奔驰公司所在的斯图加特，但是生产基地却在法国的汉巴赫（Hambach）。

　　MCC成为戴—克集团全资子公司之后，SMART车的销路一直看好。SMART的主要产品有SMART FORTWO 系列（图3.60）、SMART CROSSTOWN SHOWCAR、SMART ROADSTER等车型。

图3.59　精灵标志　　　　图3.60　精灵（SMART FORTWO CABRIO）汽车（2007年）

　　SMART是为城市用车而设计的，它驾驶灵活，泊车方便，可作为家庭主妇进城购物，接送孩子上学用车，也可作为上下班的代步工具。由于SMART车的创新与技术含量较高，所以价格也不便宜，销售对象一般是那些收入稳定的中产家庭，可作为家庭用的第二，甚至第三辆车。

3.5 大众汽车公司

3.5.1 公司概述

1. 公司标志

大众汽车公司的德文Volkswagenwerk，意为"大众使用的汽车"。其图形标志（图3.61）是德文Volkswagenwerk单词中的两个字母"V"和"W"的叠合，并镶嵌在一个大圆圈内，然后整个商标又镶嵌在发动机散热器前面格栅的中间。图形商标形似3个"V"字，像是用中指和食指作出的V形，表示大众公司及其产品"必胜"。大众商标简洁、鲜明、令人过目不忘。

图3.61 大众汽车标志

2. 公司简介

大众汽车公司1938年创建于德国的沃尔斯堡，创始人是世界著名的汽车设计大师波尔舍。大众汽车公司是德国最大也是最年轻的汽车公司，是一个在全世界许多国家都有生产厂的跨国汽车集团，名列世界十大汽车公司之一。公司总部曾迁往柏林，现在仍设在沃尔斯堡。目前有雇员26.5万人，整个汽车集团产销能力在300万辆左右。

1934年1月17日，波尔舍向德国政府提出一份为大众设计生产汽车的建议书，此项建议得到了希特勒政府的批准和支持。波尔舍随后组建了一个由34万人入股的大众汽车股份公司。在沃尔斯堡的"大众汽车城"里，第一批甲壳虫汽车问世，但仅仅生产了630辆就因第二次世界大战而停产。

第二次世界大战后，大众公司划归西德政府，汽车生产逐步恢复。由于甲壳虫车价格低廉，很快风靡德国和欧洲，1955年甲壳虫汽车出口到100多个国家，并一直生产至今。随着甲壳虫汽车的畅销，大众汽车公司也成长为一个强大的世界汽车生产集团，它在西班牙和墨西哥等许多国家都建立起汽车生产厂和销售公司。继甲壳虫汽车后，大众公司在1980年实现四轮连续驱动小客车大批量生产，推出了20世纪80年代世界最畅销的高尔夫汽车，从而成为欧洲最大的汽车商。现在大众公司又推出了新型甲壳虫车，预备重新刮起一股甲壳虫旋风。

大众汽车公司在全世界有13家生产性子公司，海外有7个销售公司，23个其他公司。国内子公司主要是大众和奥迪公司，国外有西班牙、墨西哥、斯柯达和上海大众公司等。

大众公司旗下著名品牌有：

德国：大众、奥迪；

英国：宾利；

意大利：布加迪、兰博基尼；

捷克：斯柯达；

西班牙：西亚特。

3. 大众在中国

大众汽车在中国有两个合资厂，上海大众汽车有限公司和一汽大众汽车有限公司。另外，还包括大众进口汽车销售有限公司，专营大众汽车进口车型。

从1984年起，大众汽车就开始进入中国市场，目前在中国全国范围内已拥有14家企业，除了生产轿车外，还向消费者和行业提供零部件和服务。大众汽车是第一批在中国开展业务的国际汽车制造厂商之一。1984年，上海大众汽车开始它辉煌的历史篇章，1990年又在长春签署了一汽大众成立合资企业的协议。2003年1月，大众汽车上海变速器合资企业建立投产，2004年又建立了两家生产最先进技术发动机的合资企业。2007年7月大众汽车品牌捷达车型在成都一汽集团公司的生产基地投产。上海大众汽车有限公司生产的车型有桑塔纳、桑塔纳3000、帕萨特领驭、途安、POLO、CROSS POLO。一汽—大众汽车有限公司生产的车型有迈腾、速腾、高尔夫、新宝来、宝来经典、捷达、奥迪A4、奥迪A6。

自1984年以来，大众汽车在中国的总投资额已超过60亿欧元，目前在中国共拥有14家企业。大众在华的其他企业有大众汽车（中国）投资有限公司、大众汽车变速器（上海）有限公司、大众汽车自动变速器（大连）有限公司、大众汽车一汽平台有限公司、上海大众汽车动力总成（发动机）有限公司、大众汽车一汽集团发动机（大连）有限公司、上海上汽大众汽车销售有限公司、一汽—大众销售有限责任公司、大众进口汽车销售有限公司、大众汽车金融（中国）有限公司、中国西泰克东昌座椅技术有限公司、大众汽车（北京）中心。

3.5.2 创始人费迪南德·波尔舍

1875年9月3日，费迪南德·波尔舍（Ferdinand Porsche）（图3.62）出生于捷克北部波西米亚省的一个小村子里。当时的捷克仍属于奥匈帝国，所以波尔舍一直拥有奥地利国籍。波尔舍一家是村里的铁匠，而费迪南德从小就表现出电工和机械方面的天才，16岁时他就为家里制造了一套照明装置。

1894年，19岁的波尔舍来到了维也纳，在一家电力工业大学进修，并在1897年担任了这家电力公司实验部门的经理。这时他开始接触汽车。1906年，波尔舍转入奥地利戴姆勒公司（由一批奥地利商人购入戴姆勒的专利权建立的汽车厂），出任总工程师。

1914年第一次世界大战爆发，波尔舍积极参加了奥匈帝国的军工动员，被任命为斯科达军工厂的技术总监。1917年，波尔舍得到了维也纳工业大学颁发的荣誉博士学位，从此人们叫他波尔舍博士。

图3.62 费迪南德·波尔舍（Ferdinand Porsche）

1923年他转入汽车技术的领头羊——德国戴姆勒公司，担任首席工程师和公司董事。在位于斯图加特的德国戴姆勒公司，波尔舍设计了经典的S系列大型赛车。从1925年到1927年，S系列赛车参赛27场，拿走21个冠军。1926年，戴姆勒公司与德国奔驰公司合并。波尔舍出任合并后的梅赛德斯—奔驰汽车的首席工程师和董事。在奔驰公司的董事会上，波尔舍力主开发小型轿车，但得不到任何支持。1928年底，极度失望的波尔舍愤而辞职。

1929年初，他回到奥地利，短期就职于斯泰尔公司。在发现没有任何大企业对小轿车感兴趣之后，波尔舍决心创办自己的公司，完成个人的梦想。第二年，他又回到斯图加特，并带来了一批德、奥汽车界的精英。1933年1月，当时的德国总理阿道夫·希特勒上台不久，就召集内阁和顾问们开会，专门讨论轿车普及问题。经过这次会面，希特勒把"国民轿车"的设计全权委托给了波尔舍，对于波尔舍来讲，一生的梦想终于有了实现的

机会。

1933年12月16日,保时捷(PORSCHE)设计公司正式宣告成立("保时捷"、"波尔舍"本是一词,为照顾公司惯例,公司名译作"保时捷",人名仍保留"波尔舍"的音译法)。

早在1931年,波尔舍的小型轿车设计就已初具雏形。保时捷公司编号为Type12的小型轿车设计,在1932年由NSU公司出资,生产了3辆样车。后由于NSU公司感到风险太大,停止了投资而夭折。新的"国民轿车"设计仍延用了Type12思想,只是体积缩小,价钱更低。

1936年10月,3辆样车终于按时完成,交给德国汽车协会负责测试。经过5万公里的严酷测试,汽车协会给出了详细报告:"在5万公里的测试中,新车坚固可靠,结构良好,出现的故障都不是设计上的问题,很容易修改;汽油与机油箱耗量都达到标准;驾驶操纵性能良好。总之,这辆车值得进一步发展。"这份报告极大地鼓舞了波尔舍和同事们的士气。

1937年2月,波尔舍借助奔驰公司车身厂打造出了30辆原型车,这批车被称作"国民轿车",并完成了前所未有的200万公里测试,测试结果让整个德国兴奋不已。这台发动机排量不足1L,最大功率仅23.5马力的小车,平均车速达98km/h,乡间土路上的平均车速也有82 km/h。但这些车实在太丑陋了,于是一个绰号被加在了它们身上——"甲壳虫"。可是人们发现"甲壳虫"一词具有惊人的公关效应,简单易记,朗朗上口。战后大众公司干脆把"甲壳虫"作为"国民轿车"的正式名称。

不久,第二次世界大战爆发,大众公司开始大量生产军用汽车。1945年,战争结束,在同盟国的监督下,大众公司开始重新生产民用汽车。从此,甲壳虫汽车进入了快速、平稳的发展时期。1972年2月17日,第15007034辆甲壳虫汽车出厂,打破了福特公司T型车保持的生产纪录。

第二次世界大战结束后,波尔舍疾病缠身,不再进行汽车设计工作。但他仍然看到了保时捷公司生产自己品牌的汽车,也算了却了毕生的心愿。1951年1月30日,汽车史上一代宗师费迪南德·波尔舍去世了,他的杰作,特别是不朽的"甲壳虫",永远留在车迷的心中。

1999年底,费迪南德·波尔舍被世界著名《财富》杂志评选为"20世纪最佳汽车工程师"。

3.5.3 大众汽车公司品牌

1.大众汽车

大众品牌其主要产品有:捷达(JETTA)、宝来(BORA)、途欢(TIGUAN)、高尔夫(GOLF)、桑塔纳(SANTANA)、帕萨特(PASSAT)、菠萝(POLO)、FOX、辉腾(PHAETON)、甲壳虫(NEW BEETLE)、途锐(TOUAREG)等。

大众的众多品牌中,最具传奇色彩的当属甲壳虫汽车。这是一款叫人一见倾心的车型;这是一款享誉世界60余年的车型;这是一款当今世界上最为个性化的车型。历史悠久的甲壳虫汽车,以其简洁的设计、朴实的风格,在不断地推陈出新中一直受到各界的欢迎和赞誉,虽然随着岁月的流逝,很多车型已经淡出了人们的记忆,但是有一个美妙动听的名字却一直响起在我们的耳边——甲壳虫。

1981年5月15日,第2000万辆甲壳虫汽车在大众汽车公司位于墨西哥的Peubla工厂下线。这是汽车工业史上的一个奇迹,同时也标志着一个新世界纪录的诞生。

甲壳虫汽车能在全球范围内取得成功的原因在于其商标式的品质:独具匠心的设计、精致的加工工艺、完善的装备和众所周知的可靠性。1998年,大众公司推出了其全新打造的最新款甲壳虫汽车。这款车在1998年底特律国际车展上露面时,即受到了公众和传媒的极度关注。新甲壳虫汽车(图3.63)的外形设计仍颇具当年甲壳虫的风采,同时拥有靓丽的色彩和动感的线条,整体造型还是秉承半个世纪前的款式,但是加入了更多现代化的设计元素,再加上现代化的机械性能,新甲壳虫汽车无疑将成为21世纪的现代车型。

图3.63 大众新甲壳虫(NEW BEETLE)汽车

2.奥迪(AUDI)汽车

奥迪是整个汽车历史中最具神话色彩的传奇之一,其历史可以追溯到100多年以前,是历史最悠久的德国汽车制造商之一,从1932年起,奥迪开始采用四环徽标(图3.64),它象征着奥迪(AUDI)与小奇迹(DKW)、霍希(HORCH)和漫游者(WANDERER)合并为汽车联盟公司。

奥迪汽车公司现为大众汽车公司的子公司,总部设在德国的英戈尔施塔特,年产轿车45万辆左右。主要产品有A3、A4、A5、A6、A8系列和TT、Q7、R8、S Range车型。奥迪TT(图3.65)是1995年推出的跑车系列,该车型成功地将独特的设计与现代时尚特征和成熟技术结合在一起,在国际评比中屡获殊荣。

图3.64 奥迪标志

图3.65 奥迪(AUDI TT COUPE)汽车(2007年)

3. 英国宾利（BENTLEY）汽车

宾利轿车标志（图3.66）以公司名的第一个字母"B"为主体，生出一对翅膀，似凌空翱翔的雄鹰。一直以来，宾利在汽车制造业中代表着千锤百炼的工艺与优越显赫的地位。由于每辆车均以手工制作、装嵌而成，工艺精雕细琢，巧夺天工，处处秉承着英国的传统优良造车艺术，享有极崇高的地位。

宾利的创始人是Waltar&Owen Bentley，公司创建于1919年，以制造跑车起家，尤其在1923年开始的法国勒芒锦标赛中作为唯一的英国跑车成绩卓著。然而两人不善经营，宾利公司于1931年被劳斯莱斯收归旗下。

之后宾利仍然是独立品牌，有了劳斯莱斯的支持，宾利在汽车制造上也开始了一系列成功。这个品牌致力于制造豪华轿车，"雅致"是其最著名的豪华车品牌，同时它也没有停止在跑车制造方面的脚步，它生产的豪华跑车不同于意大利的产品，致力于给人追求速度的快感的同时，给乘员最佳的乘坐享受。

但市场无情，耗油太大，出产太慢，而且其他品牌在性能上已经赶了上来，价格上又更有优势，劳斯莱斯与宾利最终无法持续担当时代的英雄。人们心中对其"设施最豪华、品牌最名贵"的观念仍然存在，可后生贵族并不只认劳斯莱斯和宾利。无奈之下，公司只好寻求买主再等待机会。

1998年6月，宝马有意接收劳斯莱斯汽车，却在总投标中败给了大众。而后，这两家公司协定：宝马花4000万英镑购买莱斯莱斯的商标，从2003年起可以开始生产劳斯莱斯牌轿车，而宾利收归大众。大众从2003年起在英国克鲁厂区生产宾利豪华轿车。

宾利生产的主要车型有AMAGE系列、CONTINENTAL系列、EXP、AZURE、GTZ ZAGATO CONCEPT（图3.67）等。

图3.66 宾利汽车标志

图3.67 宾利GTZ ZAGATO CONCEPT汽车

宾利汽车以其独有的性能表现建立起自己的品牌，这种传统一直延续到现在。它深深地渗透到汽车的手工艺设计当中，至今宾利的绝妙之处仍是大扭矩小转速以及豪华、奢侈、放松、自如的感觉。宾利除了与劳斯莱斯一样，具有巧夺天工的造车工艺及完美无暇的品质外，最重要的区别是宾利代表着优良的赛车传统，其出类拔萃的性能表现、精练而雷霆万钧的发动机动力，能缔造出真正无与伦比的英式豪华驾驶乐趣。

4.意大利兰博基尼（LAMBORGINI）汽车

兰博基尼的标志（图3.68）是一头充满力量，正向对方进攻的公牛，斗牛代表着奋进和勇气，是敏捷和力量的完美结合，体现着一往无前的精神，兰博基尼旗下的所有型号跑车都具有这样的特征。

在意大利乃至全世界，兰博基尼是诡异的，它神秘地诞生，出人意料地推出一款又一款让人咋舌的超级跑车。兰博基尼生来是法拉利的敌人，也注定是世界所有超级跑车的强劲对手。它是举世难得的艺术品，意大利最具声望的设计大师甘迪尼为其倾注一生的心血。每一个棱角、每一道线条都是如此完美，都在默默诠释兰博基尼近乎无暇的美。

兰博基尼超级跑车的缔造者——费鲁吉欧·兰博基尼（Ferruccio Lamborghini），1916年4月28日出生在意大利北部重镇博罗尼亚邻近的费拉拉市。费鲁吉欧·兰博基尼的童年是在乡村度过的，在乡间随处可见的农机器械强烈的吸引下，他立志成为机械师。在进入意大利空军之前，兰博基尼先进入了博罗尼亚的机械学院，在这里他受到最正规和最严酷的培训，这段时间的学习日后被证明是无价的。

费鲁吉欧·兰博基尼在意大利战后制造了一系列的拖拉机、燃油燃烧器及空调系统，从而为自己的品牌树立了声望，并于1963年在意大利Sant Agata成立了自己的车厂。一年后首款兰博基尼跑车——兰博基尼350GTV面世了，它标志着一段令人称奇的成功之路的开始。

奥迪公司在1998年收购的这个顶级跑车品牌，不但在品牌精神上与奥迪有共同之处，在科技上都是不断进取，追求激情动感。奥迪有能力提供大量的技术支持，而大众集团的资金支持也允许兰博基尼追求新产品的发展。

兰博基尼的主要车型有DIABLO系列、MURCIELAGE系列、GALLARDOLP系列等经典炫目的车型。MURCIELAGO，西班牙文的意思是"蜘蛛"，它是在奥迪公司的技术援助和财政支持下开发的，是目前兰博基尼技术上有史以来最好的跑车（图3.69）。MURCIELAGO超级车型配备了6.2L12缸发动机，最大功率高达580马力，最高时速超过337km/h，从0到100km/h的加速时间仅需3.8s。

图3.68　兰博基尼标志　　　　图3.69　兰博基尼（LAMBORGINI MURCIELAGO）跑车

5.意大利布加迪（BUGATTI）汽车

大众集团下属意大利布加迪汽车公司，主要生产布加迪跑车。

布加迪汽车的创始人埃托尔·布加迪，1881年生于意大利的米兰，其父亲是画家，也是著名的家具设计师。埃托尔·布加迪自幼在美术学校学习，他特别爱好驾驶汽车，从17岁起就参加赛车活动。幼年时期，他就建造了布加迪T1～T5车型，并参加了许多赛事。

1904年开始他和当地的一家汽车公司合作，为其研发生产汽车。随后埃托尔·布加迪携妻儿迁至Alsace的Molsheim，建立了布加迪汽车工厂，在这里，成熟的T13车型开始大规模生产。直到今天，Molsheim依旧作为布加迪总部所在地。直到1987年，身为金融家的汽车经销商Romano Artioli购买了布加迪品牌，并将布加迪总部由Molsheim迁至意大利。

1998年，布加迪品牌被大众收购。随后大众品牌并没有像其他超级跑车那样对现有车型进行改进，而是破天荒地订立了1000马力、400km极速的标准，然后雇用大量工程师夜以继日为达到这个标准而不断克服各种技术难题。这也是布加迪与研发其他超级跑车最不同的地方。最后的成果，就是现今叱咤车坛的布加迪威龙16.4（图3.70）。布加迪威龙（VEYRON）这个名字源自曾经驾驶布加迪57赢得1939利曼桂冠的Pierre Veyron。这款车配备了大众专门研发的W型16缸发动机，配备了4个涡轮增压器，排量达到了7993cc。可以迸发出1001匹的最大马力，同时，在极低的1000r/min时即可输出730N.m的庞大扭矩，在2200r/min时就可以迸发出1250N.m的峰值扭矩，这种扭力会一直持续到5500r/min，最高车速可达407km/h，这辆车具有梦一般的性能和价格，备受世人关注。

图3.70 布加迪威龙（BUGATTI VEYRON）跑车

6.捷克斯柯达（SKODA）汽车

有着百年历史的斯柯达汽车公司，总部位于捷克首都布拉格北部的一个小镇姆拉达·博雷斯拉夫，公司拥有近2.2万名雇员，有数百家国内外供应商，年产汽车已经达到45万辆，其中欧雅（OCTAVIA）和法比亚（FABIA）的产量都已经超过100万台，其中捷克国内销售占20%左右，其余80%全部出口到全球83个国家。斯柯达公司的收入占捷克国内生产总值的4%，出口额占捷克出口总额的10%以上，雇员人数大约占捷克总劳动力的

4%，斯柯达公司已成为捷克共和国最成功的公司之一。

斯柯达标志（图3.71）的含义是：巨大的圆环象征着斯柯达为全世界无可挑剔的产品；鸟翼象征着技术进步的产品行销全世界；向右飞行着的箭头，则象征着先进的工艺；中央铺着的绿色，则表达了斯柯达人对资源再生和环境保护的重视。

图3.71 斯柯达标志

1991年4月16日，斯柯达公司成为德国大众集团公司的一个子公司，大众集团购买了斯柯达公司70%的股份，其余30%股份在2000年收购，斯柯达进而成为德国大众旗下继VW（大众）、AUDI（奥迪）、SEAT（西雅特）后的第四大品牌。

斯柯达汽车以高性价比、坚实耐用、高安全性、优良的操控性及舒适性而成功地打入了欧洲、亚洲、中东、南美洲、非洲等地区，倍受广大消费者的青睐。除了在本国高居50%以上的市场份额外，在西欧的德国、英国及波兰市场也很受欢迎，都有不错的市场表现。

7. 西班牙西亚特（Seat）公司

西亚特是西班牙最大的汽车公司，1950年成立于巴塞罗那，现在属于德国大众汽车公司子公司。其标志如图3.72所示。

西亚特汽车公司成立之初，以生产意大利菲亚特汽车公司的车型为主，在西班牙汽车市场占有率曾达到60%，到20世纪70年代其市场占有率下降到33%，亏损严重。1983年德国大众汽车公司买下了西亚特的大部分股份，与另一合资者——西班牙政府共同经营西亚特汽车公司，使西亚特成为了大众汽车公司的子公司。

西亚特归属大众麾下后，得到大众资金与技术的支持，它采用大众的零部件，有些车型的底盘、转向及悬挂系统由大众设计，经营状态日趋好转。到20世纪90年代初，西亚特汽车的年产量已达36万辆以上，成为西班牙效益最好的汽车公司。

目前西亚特多是以中、小型轿车为主。比较知名的品牌轿车有科多巴（CORDOBA）、依比萨（IBIZA）等。其中CORDOBA轿车对中国人并不陌生，一汽大众"都市高尔夫"（CITY GOLF）车型就是引进CORDOBA生产的。Ibiza（图3.73）是西亚特成功的车型，它的重要特征就是后立柱（C柱）比较细小，但车身高大，车厢宽敞。

图3.72 西亚特标志

图3.73 西亚特（SEAT IBIZA）汽车

3.6 宝马汽车公司

3.6.1 公司概述

1. 公司标志

宝马（BMW）是驰名世界的汽车企业，也被认为是高档汽车生产业的先导。宝马公司创建于1916年，总部设在慕尼黑。80年来，它由最初的一家飞机发动机生产厂发展成为今天以高级轿车为主导，并生产享誉全球的飞机发动机、越野车和摩托车的企业集团，名列世界汽车公司前20名。宝马公司的全称是"Bayerische Motoren Werhe AG"，"BMW"就是其全称的缩写。

宝马标志（图3.74）中间的蓝白相间图案代表蓝天、白云和旋转不停的螺旋桨，喻示宝马公司渊源悠久的历史，象征该公司过去在航空发动机技术方面的领先地位，又象征公司一贯宗旨和目标：在广阔的时空中，以先进的精湛技术、最新的观念，满足顾客的最大愿望，反映了公司蓬勃向上的气势和日新月异的新面貌。

图3.74 宝马标志

2. 公司简介

宝马集团的悠久历史始于1916年，总部位于德国慕尼黑，在全球拥有22个生产和组装厂，员工总数超过10.3万人。是当今世界最成功和效益最好的高档汽车及摩托车生产商。2005年，宝马集团的汽车销量达1 328 000辆，其中BMW汽车的销量首次突破110万辆。MINI品牌销量首次突破20万辆，达到200 400辆。此外，还售出超过9.75万辆摩托车。2005年，集团的总收入达466.56亿欧元。

宝马集团拥有BMW（宝马）、MINI（迷你）和ROLLS-ROYCE（劳斯莱斯）三大品牌。宝马集团是当今世界唯一全面执行高档品牌策略的汽车厂商，从小型到顶级车型的每个细分市场中，宝马集团的产品都定位于高端市场。宝马产品的表现和内涵，包括美学设计、动力性能和尖端技术等方面都体现了宝马集团在技术开发和创新能力方面处于世界领先地位。

3. 宝马在中国

华晨宝马汽车有限公司是宝马集团和华晨中国汽车控股有限公司共同投资成立的合资企业，从事BMW品牌汽车的制造、销售和售后服务。

2003年5月，华晨宝马汽车有限公司注册成立，其注册地和生产厂设在辽宁省沈阳市。2005年，华晨宝马汽车有限公司在中国共向客户交付15 300辆BMW 3系和5系，同比增长76.7%。2006年前3季度，由华晨宝马汽车有限公司生产的BMW 3系和5系销量已超过2005年总销量。

3.6.2 创始人吉斯坦·奥托

BMW（宝马）在1916年3月7日成立，最初以制造流线型的双翼侦察机闻名于世，这家公司的名字叫BFW（Bayerische Flug Zeug-Worke）——巴伐尼亚飞机制造厂，公司始创人吉斯坦·奥托（Gustan Otto），其父是鼎鼎大名的四冲程内燃机的发明家。

吉斯坦在航空的高度成就，使他怀着很大的野心开始制造汽车，他的这一决定，为汽车历史写下光辉的一页。

1922年，BMW研制了第一台摩托车发动机，之后在纽伦堡的Victoria-Worke厂房重新制造了摩托车发动机和R32摩托车，正式展开了他们的业务。1925年，BMW开始研制汽车。1929年7月，BMW推出首辆汽车。

1933年，在德国的柏林车展上，BMW展示了他们最新的303型汽车，它是由工程师费迪拿（Fritz Peidler）协助完成的，配用一台并列6气缸、双化油器，气缸容积1173mL，制动功率可发出22kW的高性能双门4座位轿车，车头盖占了车身的一半，两边通风隔设计相同，以中线分开，前后轮距2365mm，车厢空间充足、舒适。

到1963年末，宝马在经营上有了利润。1966年销售量上升较大，20世纪70年代宝马在经营上很成功，即使1973—1974年的石油危机对其影响也不大。从20世纪60年代初宝马陆续推出新车型，此后30多年就没有亏损过，还相继收购了英国的罗孚和劳斯莱斯，成为一个跨国大公司。但近两年公司增长乏力，2000年春，罗孚集团被一分为三，已回天无力的罗孚汽车及MG跑车被英国私人投资商凤凰集团象征性地以10英镑"领回"了英国，略有起色的陆虎越野车被以30亿美元的价格卖给了美国福特汽车，只有MINI小车留在了宝马。

3.6.3 宝马汽车公司品牌

1.BMW汽车

宝马公司产品系列有新3、新5、新7和新8系列豪华小轿车，此外还有Z3、Z4（图3.75）跑车和X3、X5、X6多功能车。另外宝马的摩托车在国际市场上也享誉盛名，最为昂贵，甚至超过了豪华汽车。

图3.75 宝马Z4（BMW Z4）跑车

宝马轿车车身造型具有鲜明的特色，圆形灯配以双肾形水箱通风栅架，形成与众不同的风格。同是生产高级轿车的公司，和奔驰相比，宝马的产品以其更小巧、动力性更好、具有跑车特色以及更具驾驶乐趣，受到有购买力的知识阶层和年轻人的青睐。车坛上有"开宝马，坐奔驰"之说，宝马主要吸引中、青年买家。

宝马以生产豪华轿车著名，其豪华轿车注重操控性和运动性。宝马旗下的任何一款车无论在造型还是内饰上都有一定的运动风格，操控性在豪华车中也是屈指可数。

2. 劳斯莱斯（ROLLS-ROYCE）汽车

劳斯莱斯也有着两个颇为著名的标志（图3.76）：双"R"以及"飞翔女神"。双"R"图案采用了两个"R"重叠在一起，象征着你中有我，我中有你，体现了公司创始人劳斯（Rolls，也译作"罗尔斯"）和莱斯（Royce，也译作"罗依斯"）两人融洽和谐的关系。重叠的"R"也代表了两者真诚、永久的联合。

至于另一标识劳斯莱斯"飞翔女神"的由来，还有着一段神奇的故事：1911年，劳斯经朋友蒙塔古爵士的介绍，认识了德国知名杂志《汽车画报》的画家兼雕刻家查理士·赛克斯，他恳请查理士·赛克斯为劳斯莱斯设计一尊雕塑商标。经过一番苦思冥想，巴黎卢浮宫艺术品走廊的一尊有两千年历史的胜利女神雕像赛克斯的形

图3.76 劳斯莱斯标志

象不时出现在雕刻家查理士的脑海中。查理士就以胜利女神为创作基础，以本社的莎恩顿小姐为模特，设计出了"飞翔女神"，意为速度之魂。1911年2月6日，"飞翔女神"降临到劳斯莱斯身上，其启用典礼的隆重、热烈程度不亚于第一辆劳斯莱斯的下线。

劳斯莱斯的创始人之一亨利·莱斯1863年出生于英国的彼得伯勒，9岁时父亲因病逝世，他被迫在大街上卖报纸，养活母亲和姑妈。由于家境艰苦，像当时大多穷人家的孩子一样，小亨利十几岁就在一家铁路公司做学徒工。经过多年的努力，半工半学的亨利19岁那年就在一家电气公司当上了工程师，这多半得益于他对任何事都精益求精的态度。同多数机械天才一样，亨利在造车方面具有着惊人的天赋。1902年，他买了一辆名为"DECAUVILLE"（德科维尔）的汽车。在当时，德科维尔算是不错的品牌了。但这辆法国车并不怎么听它主人的话，总是会出些小毛病，这让亨利非常失望，他发誓要自己设计出一辆2缸发动机汽车。1904年，经过反复修改、磨合，第一辆完全由亨利·莱斯自己设计制造的汽车驶出他自己工厂的大门。

相比于平民出身的亨利，劳斯莱斯的另一个创始人查利·劳斯则多了几分上流社会的绅士风度。生于1877年，出身贵族世家的查利是英国洛德·兰加特克勋爵的第三子，其家族可谓名副其实的英伦旺族。1902年查利开始做汽车生意，他的"劳斯公司"很快成为英国最有实力的汽车经销商之一。但劳斯一直有两大心愿：一是他希望自己的名字能够与高质量的汽车联系在一起；二是希望能够找到一种英国本土产的汽车，其质量与他当时销售的外国车辆一样好，甚至是更好。为此，查利一直在寻找机会。直到1904年他在曼彻斯特看到莱斯生产出的2缸发动机汽车，受到极大震撼。这辆车用按钮启动，运行十分平稳、流畅，噪音很小，而且不像当时的汽车那样经常出现故障。劳斯一下子就意识到这就是他想要的高质量汽车。他立即把莱斯的这辆车借到伦敦，并介绍给他的合伙人克劳德·约翰逊。

1904年12月，第一辆莱斯汽车在巴黎车展上展出，引起巨大轰动。随后，一项历史性协议在英国签署，劳斯公司成为唯一有权在英国销售莱斯汽车的公司，莱斯汽车也正式更名为"劳斯莱斯"。

一直到今天，劳斯莱斯的发动机还是完全由手工来制造的。令人称奇的是，劳斯莱斯车头散热器的格栅完全是由熟练工人用手和眼来完成的，不用任何丈量工具。而一台散热器需要一个工人一整天时间才能制造出来，然后还需要5个小时对它进行加工打磨。更令人称奇的是，自1904年以来，劳斯莱斯汽车公司在一百多年来只生产了11.5万辆车。由于每一辆车在材料、技术、管理、检验等各方面都堪称一流，因此经久耐用，安全可靠。

查利·劳斯曾就说过："劳斯莱斯永远不能退而求其次，劳斯莱斯汽车从来没有、将来也不会大批量生产。"每一辆具有很多传统特性的劳斯莱斯要投入260多个工时，最后仍由手工完成。而创造出这些"杰作"的能工巧匠，他们中的大多数人工龄都在30年以上，娴熟地掌握了祖传的造车技术，极少数年轻的专家级手工艺人也是在英国汽车工业协会内部招聘的。而劳斯莱斯的昂贵之处也就是这些全部用手工打造的艺术品，全部是独一无二的。

如今，劳斯莱斯轿车已经成为地位的象征，车主都是有一定身份的人。针对不同地位的销售对象，劳斯莱斯汽车公司开发出三大系列轿车。其中黑蓝色的"银灵"系列（图3.77）是为政府首脑、国家高级官员、有爵位的贵族准备的；中性颜色的"银羽"系列供给绅士名流；白色、浅灰色的"银影"系列卖给大富翁、企业家等。

图3.77 劳斯莱斯（ROLLS-ROYCE）汽车

3.迷你（MINI）汽车

在BMW的集团范围内，诞生于1959年的迷你是个独特、独立的品牌。1961年赛车工程师John Cooper将赛车血统注入汽车性能内，使这个实用别致的小车摇身变成赛车场上的传奇，自此成为英国车坛之宝。

第一部迷你出生在1959年的8月26日，是成立于1952年的英国汽车公司（BMC）的作品。由于1959年苏伊士运河危机使英国的汽油紧张，BMC决定生产一种比较经济省油的小型汽车，当时的设计目的很简单，就是用尺寸最小的汽车轻松搭载4个成人和一些行李物品。最终设计出了长3.05m，宽1.41m，高1.35m的样车。迷你的卓越底盘设计使其成为一款有出色稳定性的车，在发掘了迷你在汽车竞技方面的潜能之后，经过试验，在1961年10月，MINI COOPER诞生了。

为了吸引不同的客户，迷你还衍生出多种不同的车型，种类开发最多的是在1960年到1964年之间，从旅行车、微型客车到皮卡车，各种车型应有尽有。1965年，迷你车的产量首次突破100万辆，1969年则达到200万辆。

20世纪70年代,种种因素使迷你的生产大受影响,其中包括英国国家汽车公司和罗孚集团之间的种种合作,差点使得迷你这个品牌成为历史。

80年代,英国国家汽车公司更名为奥斯丁·莫里斯集团,迷你更名为"奥斯汀Mini",到1986年为止迷你共生产了500万辆,虽然做出了种种努力,但经营管理上的问题使得谁也无法改变迷你的命运。1988年罗孚集团入主Austin Morris集团使迷你的生产得以延续,迷你又更名为"罗孚Mini",从罗孚入主后到2000年期间,迷你衍生出40多种不同的版本,从救护车、皮卡到军用汽车等。

1994年,宝马控股罗孚集团,在宝马的大力支持下,1996年英国全新迷你车产量再破百万。2000年12月24日,John Cooper也离开人世,就像命中注定一样,老迷你和John Cooper同时离去。

宝马汽车公司收购罗孚后背上了沉重的包袱,在2000年初将陆虎转卖给福特,却将迷你留了下来。欧洲各国流行小车热,迷你是许多人迷恋的对象,为此宝马为迷你注入近3.6亿欧元重建在英国的迷你车厂。2001年宝马重新设计了全新迷你(图3.78)。

图3.78 迷你(MINI)汽车

3.7 标致—雪铁龙汽车公司

3.7.1 公司概述

1.公司简介

标致—雪铁龙汽车公司(PEUGEOT SOCIETE ANONYMe)是世界十大汽车公司之一,也是法国最大的汽车集团公司。公司历史悠久,堪称百年老号,其生产汽车的历史仅次于汽车鼻祖戴姆勒—奔驰。

标致公司创立于1890年,创始之初以生产自行车和三轮车为主,1891年开始涉足汽车领域并取得成功。由于不断采用新技术,公司的产量与日俱增。到第一次世界大战前,产量已超过法国所有的汽车生产厂家,达到1200辆。第一次世界大战中,标致公司在战争中发展起来，1939年，年产汽车即达4.8万辆。标致公司的第二次大发展时期是二战后的20世纪50、60年代，汽车产量在20年间猛增十几倍，一跃成为法国第二大汽车公司。

雪铁龙汽车公司是法国第三大汽车公司，创立于1915年，创始人是安德列·雪铁龙。主要产品是小客车和轻型载货车。雪铁龙公司总部设在法国巴黎。

1976年标致公司吞并了法国历史悠久的雪铁龙公司，"PSA标致—雪铁龙集团"诞生了。自集团成立以来，就明确了其内部"共用平台，品牌分营"的策略。从而成为世界上一家以生产汽车为主，兼营机械加工、运输、金融和服务业的跨国工业集团。标致汽车公司的总部在法国巴黎，汽车厂多在弗南修昆蒂省，雇员总数为11万人左右，年产汽车220万辆。汽车总产量超过雷诺汽车公司而居法国第一。

标致公司拥有92家国内公司和84家海外公司，海外公司以商业公司为主，工业公司不多，其中最大的海外工业公司有英国塔尔伯特和西班牙塔尔伯特汽车公司。

标致—雪铁龙汽车公司旗下品牌有标致和雪铁龙两大汽车品牌，除了汽车工业外，标致—雪铁龙集团还涉及其他领域的业务，如下所述：

佛吉亚公司：欧洲排名领先的汽车零部件设备制造商，世界排名第二，主要生产坐椅，排气系统等。

捷富凯公司：物流运输公司，法国排名第二。

标致—雪铁龙集团融资银行加盟的金融公司。

标致摩托车公司：生产50~125cc级别的轻型摩托车

2. 标致—雪铁龙在中国

东风标致和东风雪铁龙是法国标致及雪铁龙集团与中国第二汽车集团合资建立的工厂，总部设在武汉，生产标致和雪铁龙系列轿车和商务车。

东风标致属神龙汽车有限公司旗下品牌。2002年10月，东风汽车公司与法国PSA标致—雪铁龙集团签订扩大合作的合资合同，两大集团强强联手，全面展开将标致品牌引入中国的新蓝图，东风标致由此诞生。主要生产标致307、标致206。截至2008年11月底，标致307在中国销售了近23万辆，206累计销售7万量。

雪铁龙自1992年起与东风汽车集团建立了合作关系，生产和销售多款性能出众、深受用户好评的车型，如富康、爱丽舍、毕加索、以及最近的凯旋、C2和世嘉，同时作为补充，雪铁龙还向中国用户提供法国原装进口车型C4轿跑车、C5和顶级车型C6。

3.7.2 创始人

1. 阿尔芒·标致

法国标致公司创立于1890年，创始人是阿尔芒·标致（ARMAND PEUGEOT）（图3.79）。标致家族的起家是做锯条和小弹簧的作坊，后来生意越做越大，成了当时法国及附属殖民地著名的厂家。

标致走上汽车之路的关键人物是阿尔芒，他在巴黎中央高等工艺制造学校学习工程技术后又到英国深造，在那里接触了还处于萌芽状态的自行车工业。1871年，22岁的阿尔芒回国，认定公司应当发展自行车。后来阿尔芒关注起内燃机，并购买了德国人戴姆勒发明的单缸内燃发动机，并在1890将它装置在改装的四轮自行车架上。1891年9月6日，标致3型四轮车正式向公众露面，还参加了全程2045公里的越野行驶。这辆装置了内燃机的四轮车以139小时跑完了全程，轰动了世界，人们才确信汽车已经可以实用了。

在汽车刚诞生的时期，轿车都是以马车为蓝本设计的，外形也和马车相近，车身高大，发动机后置。标致在1901年推出的"型号36"轿车具有创新的意义。他采用了前置发动机，有了今天轿车结构的影子。1903年，标致顶级轿车的产品由原先的两缸发动机升级到4缸发动机，性能也有很大进步。

20世纪90年代初的赛车场上，标致汽车取得非凡的成功：装备双顶置凸轮轴发动机的标致赛车赢得了AFC大奖赛胜利，最高车速达到了令人惊叹的171km／h。这些赛场上的胜利为标致汽车赢得了广泛的声誉和市场。

第二次世界大战开始不久法国即被德国占领，标致家族表现出强烈的爱国主义精神，拒绝为占领军服务。德国纳粹随即强占了标致汽车厂，让它为德国军队生产军用物资，标致汽车厂也因此成为盟军飞机轰炸的目标，位于桑克豪克斯的工厂在英国空军的一次空袭中被严重毁坏。

法国解放后，标致汽车公司在缺乏资金和设备的情况下开始了艰难的恢复生产过程，1946年工厂重新开始运转，生产战前设计的标致202轿车，当年就生产了1.4万辆。

1976年，标致公司进行了扩充，和米其林公司签订协议，通过换股取得了米其林公司所掌握的雪铁龙汽车公司股份，使标致汽车公司成为了雪铁龙汽车公司的新主人。合并后的公司在1979年改称为"标致股份公司"（Peugeot Societe Anonyme，PSA）。

2．安德列·雪铁龙

1878年，安德列·雪铁龙（Andre Citroen）（图3.80）出生在一个巴黎商人家里。他从小酷爱科学，沉溺于凡尔纳的科幻小说。1900年雪铁龙从巴黎综合工科学校毕业，在朋友的工厂中工作。1913年他在巴黎创建了一家齿轮工厂，并天才地设计出人字形齿轮。这种齿轮工作平稳，传递动力效率高，很快在汽车工业得到应用。雪铁龙一直渴望建立自己的汽车公司，他十分欣赏福特T型车的大批量流水线生产方式，决定将这种生产方式引入法国。但一战打破了他的计划，雪铁龙新建的工厂被用来生产迫击炮弹。

图3.79　阿尔芒·标致（Armand Peugeot）　　图3.80　安德列·雪铁龙（Andre Citroen）

1919年一战结束，雪铁龙立即开始改造自己的工厂，并于1919年6月制造出第一辆雪铁龙牌汽车——A型车，他选用"人"字形图案作汽车的商标，以标榜自己发明人字形齿轮的成就。A型车是欧洲第一辆采用流水线方式生产的汽车，最初的流水线是以日产30辆车的速度生产，当年出车2810辆。

A型车由于油耗低，1920年在勒芒获得最佳经济性能奖，这一名声很快为雪铁龙带来好运，其销量大增。1925年雪铁龙建成欧洲最大的锻压厂，这一年雪铁龙的名字也被高高地悬挂在巴黎埃弗尔铁塔上，他成为法国人的骄傲。夜晚，用600km长的电线连接起来的

25万只装饰灯,将塔身上30m高的雪铁龙字体打扮得流光溢彩。

1929年世界性的经济危机使法国的汽车工业日渐萎缩,雪铁龙公司产量逐年下降,1933年的产量仅为70012辆,公司不得不大量裁员。为了抵御经济危机,雪铁龙决心不惜冒险开发新产品。他支持下属设计出发动机前置前轮驱动的汽车,这一简单结构的创新,在汽车发展史上具有里程碑的意义。

1934年4月18日,雪铁龙向新闻界掀起了他的第一辆用流水线生产的前驱动7A型轿车的面纱,使世界感到惊奇。第二天的法国报纸这样报道:"它是这么新,这么大胆,这么有创意,这么与众不同,称其具有轰动性再恰当不过了。"

前轮驱动雪铁龙的成功,并没有抵御住经济危机的影响,公司的债务状况恶化了。贪婪的银行家决定牺牲雪铁龙本人,控制雪铁龙公司。1934年由于一家小配件厂不肯延期付款,雪铁龙公司被迫申请破产保护。作为雪铁龙的主要债权人,轮胎制造商米其林公司按政府要求控制了雪铁龙公司。埃弗尔铁塔上荣耀了10年的"雪铁龙"消失了。1935年5月3日年仅57岁的安德烈·雪铁龙与世长辞。

3.7.3 标致—雪铁龙汽车公司品牌

1.标致汽车

标致汽车的标志是一头狮子(图3.81),150年来,这只呈现在汽车发动机罩与散热栅板上的狮子,一直是标致的标识,无论是过去或是现在出产的产品,都配有这个标记。狮子的历史起始于1847年,儒勒和艾弥尔标致两兄弟一起委托蒙特博利地方最好的铸铁匠为自己制造的工具设计一个标识,使之成为以钢锯为首的工具产品的品牌。他们要设计一个狮形,因为在他们的理念中,这代表了标致刀片的主要质量:锯齿的坚固像狮子牙齿,刀片的灵活性像狮子的脊柱,刀片的速度像狮子腾跃。1850年,狮形首次出现于标致牌锯条产品上。1858年11月20日,狮形标识被陈列于法国皇家艺术与技能博物馆。

标致公司主要品牌有107、206、207、406、307、407、308、608、607、807、908(图3.82)等车型。标致品牌以其车辆的风格、质量及其性能而著称。

图3.81 标致的标志

图3.82 标致908 RC汽车

在标致的历史上,曾经有着众多世界首创的车型及领先技术:比如,2000年标致成为世界首家推出粒子过滤器(FAP)的汽车厂商,首先用于607 Hdi高压直喷柴油发动机,又先后用于406、307和807。标致还积极开发智能化汽车,通过电子稳定程序、多路调制及自动报警指示灯等功能,提高轻松驾驶的乐趣。标致的新设计"市内驾驶系统"专门为缓解由于塞车引起的高油耗、高事故率和对驾驶者造成的不良情绪反应。它通过对市内交通信息的联网以及专门的自动控制系统,使驾驶者在最快的时间内通过最多的路口。

2. 雪铁龙汽车

雪铁龙汽车公司是法国第三大汽车公司,主要产品是小客车和轻型载货车。雪铁龙公司总部设在法国巴黎。雇员总数为5万人左右,可年产汽车90万辆。

雪铁龙公司的前身为雪铁龙齿轮公司,所以用人字齿轮的两对齿轮作为该公司标志和车型商标(图3.83)。

雪铁龙公司创立之初,正是第一次世界大战最酣之时,因而其产品主要是炮弹和军事设备。直到一战结束之后,公司才开始从事汽车制造活动。1934年生产出法国第一辆前轮驱动汽车。雪铁龙公司是法国最早采用流水线生产的公司,因而在它成立仅仅6年之时,年产量即突破100万辆。

在1924年和1931—1932年安德列·雪铁龙组织了雪铁龙汽车"亚洲之行"和"非洲之行",又称"黄色旅行"和"黑色旅行",使雪铁龙汽车名噪世界,销量也随之大增。1928年日产汽车达到400辆,占法国汽车产量的1/3。1975年,雪铁龙汽车公司年产量已达70万辆。

1976年雪铁龙公司加入标致集团,成为法国标致—雪铁龙集团成员之一,但它仍然有很大的独立性,其经营活动仍然由自己把握。雪铁龙公司有13个生产厂家和一个研究中心。其中阿尔内色布瓦是欧洲最先进的汽车厂,该厂采用计算机控制,机器人操作,可日产汽车900辆。近几年来,雪铁龙公司的产品有雪铁龙 C1、C2、C3、C4、C5(图3.84)、AX、BX、CX系列,还有雪铁龙TDR等。

图3.83 雪铁龙标志

图3.84 雪铁龙C5汽车

3.8 雷诺—日产汽车公司

3.8.1 公司概述

1. 公司简介

雷诺—日产联盟是一个独一无二的集团,它以交叉持股的方式凝聚了两家世界级大公司。主要品牌有雷诺和日产两大品牌。

创立于1898年的法国雷诺汽车公司是法国第二大汽车公司,由于二战中向德国军队提供了不少武器,战后即被法国政府接管。公司利用国家资本,兼并了许多小汽车公司,并发挥了雷诺公司的技术潜力,开发出许多汽车新产品。作为当今世界上(除中国外)唯一的由政府资产占支配地位的汽车公司,雷诺公司的发展与政府这个强硬后盾息息相关。而与此同时,雷诺公司一直在努力避免国有企业的弊病,在激烈的市场竞争中不断进行自我调整、革新和完善,最终位列世界十大汽车集团之一。

日产汽车公司创立于1933年,是日本三大汽车制造商之一,它在全世界17个国家有21个制造中心,年产总量约240万辆汽车,在全世界191个国家和地区销售汽车。日产拥有堪称世界一流的技术和研发中心,被车界称作"技术日产"。

但正如许多日本大型企业拥有的通病一样,日产公司内充斥着严重的官僚主义,内部成本控制极为不利,虽然公司经历着规模上的高速扩张,盈利能力却没有得到有效的提升。从1991年起,日产公司的经营状况更是每况愈下,到1999年连续7年亏损,背负债务高达21000亿日元,市场份额由6.6%下降到不足5%,整个日产公司濒临破产。

1999年5月28日,雷诺以52亿美元入股日产。雷诺的卡洛斯·戈恩进入日产董事会,日产汽车的主席进入雷诺公司的董事会。2001年10月,雷诺计划以每股400日元的价格,对日产再投20亿欧元,日产向其定向增发5.4亿股新股,使雷诺最终获得日产44.4%的股权。

雷诺—日产有限公司(Renault-Nissan BV)成立于2002年3月28日,以路易·施韦泽(Louis Schweitzer)为总裁。雷诺和日产采取了平台共享这一特殊的策略,充分地考虑到企业战略的三大因素:每个平台的产量、对地区差异的考虑和模块化生产的灵活性。联盟的生产平台很实用,充分地考虑到以上3个因素。它的内容包括3点:使用共同的组件、建立一个可供同一平台车型使用的"动力传动配件库"、工业生产流程趋同以共享生产能力(一辆平台共享的车型,根据目标市场所处的地理位置,可以选择在雷诺或日产中的任何一家的车厂生产)。

雷诺—日产联盟协议签署5年后,联盟取得了有目共睹的成功,在销量上成为全球第四大汽车制造商,联盟继续从双方互补性中受益。

2.雷诺—日产在中国

1993年11月6日,与中国三江航天集团签订了在湖北省孝感市组装和生产轻型商用车"塔菲克"的合资协议。12月,三江雷诺汽车有限公司成立,三江持股55%,雷诺持股45%。1995年,三江雷诺汽车有限公司开始投产。

1993年,郑州日产汽车有限公司成立,生产工厂位于郑州中牟,主要生产NISSAN皮卡及其改装车、PALADIN多功能车、锐骐、御轩MPV等。2003年6月,东风日产乘用车公司成立,主要生产骐达、天籁、轩逸、颐达、骊威、逍客、奇骏、骏逸等车型。

3.8.2 创始人路易·雷诺

路易·雷诺(法语:Louis Renault,1877年2月15日—1944年10月24日),法国实业家,汽车工业先驱之一,雷诺汽车创始人之一(图3.85)。

1877年,路易·雷诺出生在巴黎一个富商家庭。少年时路易·雷诺就迷上了汽艇,为此他在家里设计出一种高效蒸汽机,并申请到了专利。1898年,21岁的路易·雷诺将自己的德·迪翁牌拖斗摩托车改装成了当时还很少见的汽车,并开着它去巴黎艾尔德路参加一个朋友的圣诞夜聚会,从此雷诺作为汽车发明家名满巴黎社交界(图3.86)。在两个哥哥的帮助下,1899年,雷诺兄弟汽车厂在巴黎郊外成立。路易·雷诺雇了6个工人,生产最早的雷诺A型汽车。

汽车文化

图3.85 路易·雷诺

图3.86 1898年生产的雷诺牌汽车

1899—1903年，在巴黎的几次汽车赛上，路易·雷诺和他的哥哥包揽了第一、第二名，60多辆A型车被一抢而空。从1900年开始，雷诺推出了技术质量更可靠的B型、C型、以至L型车，还争取到了军方订货。1903年有9种型号的1600多辆汽车售出，超过以前产量的总和，雷诺公司称为法国第一大汽车公司。第一次世界大战中，法国军队购买大量的雷诺牌汽车作为军车，使雷诺公司在规模、资金、技术等各方面都雄居法国汽车业的首位。

1919年6月4日，荷兰军火商安德烈·雪铁龙以比同类产品便宜一半的价格，推出雪铁龙A型车。从此，雷诺汽车公司失去了统治地位。紧跟而来的进口车冲击，以及20世纪二三十年代世界性的经济动荡，使路易·雷诺受到沉重打击，患了失语症，几乎丧失了说话的能力。第二次世界大战德国占领法国期间，雷诺为保住他的汽车公司，替德军大量生产飞机、坦克和军车，使雷诺工厂成了盟军的轰炸目标，大半厂房和设备在数年之久的轰炸中化为灰烬。1944年9月23日，第二次世界大战快要结束的时候，路易·雷诺向法院自首，10月24日，雷诺汽车公司创立45周年之际，等候审判的路易·雷诺突然去世。1945年11月6日，雷诺汽车公司被收归国有，成了世界上最大的一家国营汽车公司。

3.8.3 雷诺—日产汽车公司品牌

1.雷诺（RENAULT）汽车

公司以创始人路易斯·雷诺（Louis Renault）的姓氏而命名，图形商标是4个菱形拼成的图案（图3.87），象征雷诺三兄弟与汽车工业融为一体，表示"雷诺"能在无限的（四维）空间中竞争、生存、发展。

雷诺汽车公司是世界十大汽车公司之一，是法国第二大汽车公司。公司创立于1898年，创始人是路易·雷诺。它是法国最大的国营企业，也是世界上以生产各型汽车为主，涉足发动机、农业机械、自动化设备、机床、电子业、塑料橡胶业的垄断工业集团。

雷诺汽车公司汽车产品十分齐全，除小客车和载货车外，各种改装车、特种车应有尽有，在十大汽车公司也是独此一家。雷诺公司下分小客车、商用车、自动化设备以及工业产品4个部，统管国内外所有的子公司。公司总部设在法国比杨古，雇员总数为22万人，全年可生产汽车205万辆。雷诺汽车是出口德国最多的车种之一，它的质量及可靠性也被认为是第一流的。

雷诺公司注重创新，汽车产品十分齐全，主要品牌有梅甘娜（MEGANE）、克丽欧（CLIO）、拉古娜（LAGUNA）、丽人行（TWINGO）、太空车（ESPACE）等。其中梅甘娜是紧凑车中款式最多的品牌车，所有竞争对手均无法匹敌，梅甘娜单厢轿车SCENIC（图3.88）还被评为1997年欧洲最佳车。雷诺车款式很多，但底盘类别较少，许多车款都是在同一底盘的基础上分化出来，再配置不同规格的发动机，以适应不同人士的需求。

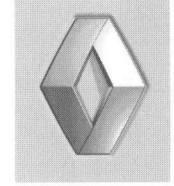
图3.87　雷诺标志

图3.88　雷诺Scenic（2009年）

2. 日产（NISSAN）汽车

"NISSAN"是日语"日产"两个字的拼音形式，是日本产业的简称，其含义是"以人和汽车的明天为目标"。其图形标志（图3.89）是将NISSAN放在一个太阳上，简明扼要地表明了公司名称，突出了所在国家的形象，这在汽车商标文化中独树一帜。

日产汽车公司创立于1933年，是日本的第二大汽车公司，是日本三大汽车制造商之一，也是世界十大汽车公司之一。该公司除生产各型汽车外，还涉足机床、工程机械、造船和航天技术等领域，是一个庞大的跨国集团公司。日产公司创立于1933年，1934年开始使用现名"日产汽车公司"。日产公司的总部现设在日本东京市，雇员总数近13万人。

公司可年产汽车320万辆。日产最早的汽车名叫"达特桑"，只有货车。1952年日产从英国奥斯汀引进A40小客车制造技术，开始了技术引进和吸收的艰难创业。20世纪60年代里，日产汽车公司已经消化吸收了英国技术，设计出了自己的达特桑小汽车并进入美国市场。整个20世纪60年代，日产全身心投入产品质量和新技术开发之中，不仅获得权威的"戴明质量奖"，而且在海外建立了第一家分厂——墨西哥分厂，此时日产汽车产品已经达到相当高的技术质量水平。20世纪70年代，日产汽车大量涌入美国市场，日产汽车公司进入飞速发展期，并在70年代和80年代初成为世界十大汽车公司之一。

经过几十年的发展，日产公司成为日本第二大汽车公司，汽车年产量居世界第4位，日产同时还是世界顶级的汽车发动机制造商之一，它的VG和VQV6发动机连续14年当选世界十大最佳发动机。

日产公司的汽车产品分实用型（即货车、小型客货车和四轮驱动车）、豪华型轿车和普通型轿车。客车的品牌有巴宁、佳碧、碧莲等，越野车品牌有奇骏（X-TRAIL）、途乐（PATROL）等；豪华型有公爵、无限（INFINITI）（标志如图3.90所示）、光荣、桂冠、总统（PRESIDENT）和名声卓越的Z系列（图3.91）等；普通型有骐达（TIDIA）、阳光（SUNNY）、天籁（TEANA）、西玛（CIMA）、蓝鸟（BLUEBRID）、风雅（FUGA）等。几十年来，日产汽车公司的技术与产品受到全世界消费者的喜爱。

图3.89　日产标志

图3.90　日产无限标志（又译为"英菲尼迪"）

图3.91　日产350Z汽车（2006年）

3.9　丰田汽车公司

3.9.1　公司概述

1.公司标志

丰田（TOYOTA）是世界十大汽车工业公司之一，创立于1933年，现在已发展成为以汽车生产为主，业务涉及机械、电子、金融等行业的庞大工业集团。2008年丰田汽车公司全球汽车销量排名世界第一，超越美国通用汽车公司，成为全球最大的汽车公司。

丰田公司的3个椭圆（图3.92）的标志是从1990年初开始使用的。新商标是将3个外形近似的椭圆环巧妙地组合在一起，标志中的大椭圆代表地球，每个椭圆都是以两点为圆心绘制的曲线，它象征用户的心与汽车厂家的心是连在一起的，具有相互信赖感。中间由两个椭圆垂直组合成一个"T"字，代

图3.92　丰田标志

第3章 著名汽车厂商及品牌

表丰田公司。它象征丰田公司立足于未来，表现出对未来的信心和雄心。

2．公司简介

丰田汽车公司总部在日本东京，年产汽车近500万辆，出口比例接近50%。丰田公司早期以制造纺织机械为主，创始人是丰田喜一郎。1933年在纺织机械制作所设立汽车部，从而开始了丰田汽车公司制造汽车的历史。1935年，丰田AI型汽车试制成功，第二年即正式成立汽车工业公司。

但在整个20世纪30年代和40年代该公司发展缓慢，只是到了二战之后，丰田汽车公司才加快了发展步伐。它通过引进欧美技术，在美国的汽车技术专家和管理专家的指导下，很快掌握了先进的汽车生产和管理技术，并根据日本民族的特点，创造了著名的丰田生产管理模式，并不断加以完善、提高，大大提高了工厂生产效率。1972年，该公司累计生产汽车1000万辆。

20世纪60、70年代是丰田汽车公司在日本国内的自我成长期，20世纪80年代之后，开始了它全面走向世界的国际战略。它先后在美国、英国以及东南亚建立独资或合资企业，并将汽车研究发展中心合建在当地，实施当地研究开发设计生产的国际化战略。到20世纪90年代初，它年产汽车已经超过了400万辆接近500万辆，击败福特汽车公司，汽车产量名列世界第二。2008年，丰田汽车公司勇夺全球第一销售冠军。

丰田汽车公司有很强的技术开发能力，而且十分注重研究顾客对汽车的需求。因而它在各个不同的发展历史阶段创出不同的名牌产品，而且以快速的产品换型击败美欧竞争对手。早期的丰田牌、皇冠、光冠、花冠汽车名噪一时，近来的克雷西达、雷克萨斯等豪华汽车也极负盛名。

2000年，丰田公司作为一只独立的车队进入了F1赛事，这是世界上除了法拉利车队之外仅有的一家发动机和底盘全部自己生产的车队，并且作为一只F1的新军，也取得了不错的成绩。

丰田已经发展成为拥有数个车系，数十个车型和车款的庞大家族。它所涵盖的车型从最低端的民用经济小汽车一直到最高级的豪华轿车和SUV。主要品牌有丰田、雷克萨斯、大发、富士重工。

3．丰田在中国

丰田已在中国的6个省和直辖市设立了7家独资公司、11家合资公司和7家代表处。丰田在华的独资公司有丰田汽车投资有限公司、丰田汽车金融有限公司、丰田汽车技术中心、丰田汽车仓储贸易有限公司、丰田汽车技术研发有限公司、丰田汽车技术研究交流有限公司、天津丰田汽车锻造部件有限公司。

丰田在华合资企业有天津一汽丰田有限公司、四川一汽丰田汽车有限公司、四川一汽丰田有限公司、一汽丰田汽车销售有限公司、天津一汽丰田发动机有限公司、一汽丰田发动机（长春）有限公司、丰田一汽天津模具有限公司、天津丰津汽车传动部件有限公司、天津津丰汽车底盘部件有限公司、广州丰田汽车有限公司、广汽丰田发动机有限公司。

3.9.2 创始人丰田喜一郎

丰田喜一郎（Kiichiro Toyoda）出生于1895年，其父亲丰田佐吉（图3.93）是日本有名的纺织大王，潜心于发明的佐吉在他一生中取得了84项专利并创造出35项最新实用方案，被人们誉为"日本的发明王"。他的一生可以说就是日本近代化进程的一个缩影。佐吉一生中最重要的、堪称是具有划时代意义的发明是他在1896年完成的"丰田式气动织机"。直到今天，这种装置仍然被大型织机所沿用，足以看出佐吉这项发明影响的深远程度。而正是这种"一旦发生次品机器立即停止转动，以确保百分之百的品质"的思考方式，形成了今天丰田的生产思想根基。

丰田喜一郎（图3.94）曾是个体质虚弱的孩子，是在父亲工厂的地板上长大的，他勤奋好学、性格内向、不苟言笑，曾就读于最有声望的东京帝国大学，学习机械工程。喜一郎的脚步像他父亲一样粗犷、有力，但头脑里有着更加丰富的科技知识。

丰田喜一郎颇有战略家的眼光，他自一开始组织汽车生产就注意到了从基础工业入手，着眼于整体素质的提高，使材料工业、机械制造、汽车零部件业与汽车工业同步发展，为汽车的大批量生产创造了必要的条件，因此，日本人称他是"日本大批量汽车生产之父"。

丰田喜一郎对汽车工业的另一项重大贡献在于对生产过程的科学管理方面。为了确保产品质量，实现大批量生产，他在自己的企业中进行了一系列试点。首先，他将全公司的工厂结构进行了调整，以汽车总装厂为中心，把社会上零散的零部件厂组织起来，有计划地把自己的生产需要同他们的技术结合起来，利用外部订货的方法，实行零部件生产的扩散。再次，他创出了后来风靡全球的"丰田生产方式"。按照传统做法，汽车生产从铸件、半成品都要先入库，需要时再取货、加工，加工好的零部件每天也要依工厂生产需要办理入库、出库。按照这一程序动作，无形之中加大了库存。

丰田喜一郎的创新之处在于将传统的整批生产方式改为弹性生产方式。按照他的模式组织生产，工人和工厂都可得到好处：工人"每天只做必要的工作量"即可，早做完者早下班，做不完者可加班；工厂无需设置存货仓库，无需占用大量周转资金，许多外购零部件在付款之前就已被装车卖出了。他为推广这一生产方式而喊出的"恰好赶上"（In Just Time）口号，经后来的公司副总裁大野耐一进一步发展之后，成为完善的"丰田生产方式"。今天，"丰田生产方式"已超越国别、行业而成为世界许多国家争相学习的先进经验。

1952年3月27日，丰田喜一郎患脑溢血去世，终年57岁。

图3.93　丰田佐吉（丰田喜一郎之父）

图3.94　丰田喜一郎

3.9.3　丰田汽车公司品牌

1.丰田（TOYOTA）汽车

丰田品牌的主要车型有雅力士（YARIS）、卡罗拉（COROLLA）、凯美瑞

（CAMRY）、兰德酷路泽（LANDCRUISER）、普瑞维亚（PREVIA）、皇冠（CROWN）、汉兰达（HIGHLANDER）、RAV4、普拉多（LANDCRUISER PRADO）等车型。

2008年美国《福布斯》报道，丰田凯美瑞（图3.95）以436617辆的总销量排在2008年最畅销车型第三位。福特F-150（卡车）位居第一位，雪佛兰Silverado（卡车）位居销量第二位，丰田凯美瑞第三位，本田雅阁位居第四位，丰田卡罗拉以351007的总销量位居第五位，第六位为本田思域。

图3.95　丰田凯美瑞

2.雷克萨斯（LEXUS）汽车

LEXUS（早期称为"凌志"）是一个从丰田分离出来的针对北美市场的豪华车品牌，仅仅20多年的品牌历史，让它在众多百年老厂面前显得过于年轻。这个品牌名是丰田花了3.5万美元请美国一家取名公司命名的，因为"雷克萨斯"（LEXUS）的读音与英文"豪华"（Lexu）一词相近，使人联想到该车是豪华轿车的印象。雷克萨斯汽车的标志是一个椭圆包围的车名"Lexus"中首字母"L"图案（图3.96）。椭圆代表着地球，表示雷克萨斯轿车遍布全世界。

到今天，LEXUS已经席卷顶级买家的市场，成为全美最畅销的高级轿车。LEXUS现已拥有LS、GS、IS、RX等不同系列的庞大车系，其中雷克萨斯LS600hL（图3.97）混合动力豪华型轿车是世界首款V8混合动力全轮驱动产品，集豪华舒适、强劲动力、高科技含量及独特性于一身，该车型将雷克萨斯LS系列的水平提升到了一个新的高度，使雷克萨斯品牌在竞争日益激烈的市场中更加深入人心。

图3.96　雷克萨斯标志

图3.97　雷克萨斯LS600hL（LEXUS LS600HL）

3. 大发（DAIHATSU）汽车

所谓大发汽车是大阪发动机的简称，大发汽车公司始于1907年3月，以生产和销售内燃机为目的创建了"发动机制造株式会社"，1951年更名为"大发汽车工业株式会社"。1998年，大发汽车公司被丰田收购，成为丰田汽车集团的一员，负责生产小型车，丰田持股比例为51.2%。目前大发汽车工业株式会社的总部在日本大阪府池田市，在池田、京都、九州等地有6家工厂。现在大发汽车公司在世界上的130个国家销售小型车。轿车标志将大发汽车拼音的"D"图案化，象征着企业大发汽车，永葆青春（图3.98）。

大发公司的主要车型有特锐（TERIOS）、MATERIA、CHARADE、YRV、COPEN（图3.99）等。

图3.98 大发标志

图3.99 大发（DAIHATSU COPEN）汽车

4. 富士重工

富士重工公司（Fuji Heavy Industries LTD，FHI）是日本十大汽车公司之一。它的前身是中岛飞行机株式会社，是二战期间主要的日本军队战斗机生产商。1953年7月15日由5家日本公司共同成立并且更名为"富士重工业股份有限公司"。1955年它合并富士工业、富士汽车、大宫富士工业、宇都宫车辆、东京富士重工业而形成现今的多元化集团，主要生产汽车，兼制飞机、铁路车辆、发动机等。

富士重工公司一直致力于开发具有独特性的四轮驱动系统和高性能的水平对置式发动机，旗下斯巴鲁（SUBARU）品牌汽车畅销全球，标志为6颗星连在一起的牡牛星座（图3.100）。

斯巴鲁主要产品有四驱动轿车、微型车、轻型汽车和大客车，其中以四驱动轿车畅销世界，著名品牌有力狮（LEGACY）、翼豹（IMPREZA）、驰鹏（TRIBECA）、傲虎（OUTBACK）、森林人（FORESTER）（图3.101）。富士重工在中国内地有合作项目，与中国贵航集团合资生产云雀微型轿车。

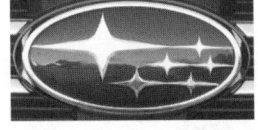

图3.100 斯巴鲁标志　　图3.101 斯巴鲁森林人（SUBARU FORESTER）汽车

3.10 本田汽车公司

3.10.1 公司概述

1. 公司标志

本田（HONDA）汽车公司是本田集团的主要成员，也是世界最大的摩托车生产厂之一。1948年，本田宗一郎在东京成立了本田技术研究所，起家于建筑机械和工具。后来逐渐发展使它成为知名的汽车公司。1948年更名为"本田汽车公司"，本田在1959年进入美国，在Los Angeles销售摩托车，10年后第一辆汽车在美国销售，1982年本田成为第一家进入美国本土进行生产的日本公司，1988年开始推出美规车。本田公司在20世纪80年代成立了商标设计研究组，从来自世界各地的2500多件设计图稿中，确定了现在的三弦音箱式商标，也就是带框的"H"，（图3.102）。这个标志体现出技术创新，职工完美和经营坚实的特点。

图3.102 本田标志

2. 公司简介

本田汽车公司全称为"本田技研工业股份有限公司"，其前身是本田技术研究所，建于1948年9月，创始人是传奇式人物——本田宗一郎。目前除日本之外，本田在全世界29个国家拥有120个以上的生产基地，通过摩托车、汽车和通用产品，每年惠顾的客户多达1700万以上。VTEC是本田开发的先进发动机技术，也是世界上第一个能同时控制气门开闭时间及升程两种不同情况的气门控制系统。

"人和车，车和环境的协调一致"是本田公司的发展方向；动感、豪华、流畅是本田公司的一贯风格；设计动力澎湃、低耗油、低公害的发动机是本田公司的技术目标；靠先进而实用的设计、卓越的制造质量和相对低廉的价格，吸引更多顾客是本田公司的宗旨。

本田公司的主要品牌有本田、讴歌（阿库拉）。

3. 本田在中国

1998年7月1日，广州本田汽车有限公司（简称广州本田）成立，它是由广州汽车集团公司与日本本田技研工业株式会社共同出资组建的合资公司，双方各占50%股份，合作年限为30年。广州本田目前有黄埔工厂和增城工厂两个厂区，生产能力合计达到年产36万辆。广州本田目前生产的主要产品有雅阁系列轿车、奥德赛多功能系列轿车、飞度系列轿车和City锋范系列轿车共四大系列21种车型。

本田汽车由此开始了其在中国的战略。在经过一段时间的合作后，本田与东风汽车公司成立了东风本田，生产CR-V系列、思域等车型。

本田汽车在中国的两家合资公司基本奠定了本田汽车在中国的战略，完成这一步本田汽车总共用了10年左右的时间。凭借在车型方面的优势，本田汽车在中国的诸多车型很快获得市场认可，特别是其雅阁、Civic、CR-V系列产品备受市场追捧。

3.10.2 创始人本田宗一郎

本田宗一郎（Soichiro Honda）（图3.103）于1906年11月7日出生在日本静冈县的一个穷苦家庭，他自幼便对机械表现出了一种特殊的偏好。高小毕业后，16岁的他不顾父亲坚决反对，毅然来到东京一家汽车修理厂当学徒。6年学徒生涯结束后，他回到家乡在滨松市开设了一家汽车修理厂。由于他技艺高超，待人诚恳，生意非常兴隆。然而，目光远大的他在修车店生意十分兴旺的时刻毅然关闭了自己的修理厂，因为他觉得修理汽车不会有太大出息，自己应该从事更富创造性的制造业。

图3.103 本田宗一郎

1934年，宗一郎创建了东海精机公司，虽然初出茅庐，但在他的苦心经营下，公司总算生存了下来。二战以后，作为战败国的日本，经济上同样受到了毁灭性的打击，本田公司处境艰难，加之在此以前丰田公司已持东海较多股分，个性较强的宗一郎不甘受制于人，于是，他在1945年将自己拥有的股份以45万日元的价格转让给丰田，自己彻底撤出了东海精机公司。

1946年10月，宗一郎在滨松设立了"本田技术研究所"，主要生产纺织机械，这是他人生旅途中的一个重大转折点。1947年，当旧通讯机用尽以后，本田宗一郎又亲自动手研制了50mL双缸A型自行车马达，这就是最早的本田摩托发动机，也是本田A型摩托批量生产的开始。他的成功引起了人们的注意，许多人都在仿制本田式的机器脚踏车。为在摩托车领域站稳脚跟，本田宗一郎决定生产真正意义上的摩托车。1948年9月，他正式组建了本田技术研究工业总公司，并自任社长，从此揭开了本田大发展的序幕。

作为一个技术员出身的实业家，本田宗一郎不仅有着极其旺盛的创造热情和能力，而且还有一种与众不同的超凡预见能力及冒险精神。他明白只有使发动机有力、耐用、廉价，才能使所产摩托销量增加，于是，他于1948年9月亲自主持研制了双缸98mL、1.7kw（2.3马力）的D型发动机，并以此为基础推出了本田—梦幻D型摩托车。1951年又主持研制了性能更好的四冲程E型发动机及本田—梦幻E型摩托车。这两种摩托的销售都获得了成功，为公司赢得了利润。

在经营摩托车获得成功以后,本田于1962年开始涉足汽车生产。他们利用在摩托车开发、经营中获得的丰富经验及大量资金,不顾一切地投入汽车开发,结果获得极大成功。先后推出过T360型卡车、S500型轿车、N360型轿车等汽车产品,其中N360型轿车成为过全球畅销车;设计开发的CVCC发动机以及安装此种发动机的汽车,因其控制排污效果好而于1975年在世界汽车界引起极大轰动,为公司赢得了不可计数的利润及崇高的商业声誉。

1991年8月5日,为世界汽车业留下了光辉一笔的本田宗一郎去世了。但他"三个喜悦"(购买的喜悦、销售的喜悦、制造的喜悦)的企业口号和"三个尊重"(尊重理论、尊重创造、尊重时间)的经营经验还会继续发挥其应有的作用。

美国机械工程师学会设有一种荷利奖,专门用于奖励那些在机械工程领域作出了杰出贡献的人。迄今为止,该奖项一共颁发过两次:1936年奖励了有"汽车大王"之美称的美国人亨利·福特;1980年奖励了日本人本田宗一郎。据此,人称本田宗一郎为"日本的福特"。

3.10.3 本田汽车公司品牌

1. 本田汽车

本田主要车型有CITY、FIT(飞度)、ACCORD(雅阁)、ODYSSEY(奥德赛)、时韵(小型MPV)、CIVIC(思域)、CRV、STEPWGN(7座MPV)、ELEMENT、PILOT(SUV)、RIDGELINE(皮卡)、S2000(跑车)、INTEGRA等。

据J.D.Power and Associates 2007年发布的"汽车性能、操控和外形"(Automotive Performance, Execution and Layout)调查,本田有4款车型获奖,在数量上位居各品牌榜首。4款获奖车型是:飞度(Fit)(并列)、CR-V、RIDGELINE 和奥德赛(ODYSSEY)(图3.104)。该调查迄今已进行了12年,主要衡量车主对自己新车设计、内置、外观和性能的满意度(J.D.Power是全球最权威的专业消费者调研机构,近年来该机构每年都对众多的汽车用户进行调查,以评出各细分市场的优胜车型和排名)。

图3.104 本田奥德赛(ODYSSEY)汽车(2009年)

2. 讴歌（ACURA）汽车

讴歌（ACURA）汽车（也译为阿库拉）是本田的高端品牌，创立于1986年，是本田为了进入包括美国、加拿大、墨西哥的北美高级轿车市场，创立的针对其消费者特性和喜好的全新品牌，并以独立的第二销售网络展开销售。经过将近20年的发展，蕴涵尖端技术和超强动感的Acura开始在北美市场大获成功。目前Acura品牌已成为北美市场销售状况最好的高档品牌之一，产品包括3.5L旗舰RL、全美地区销量最高的高级轿车TL等。

为了体现事业部名称中精确的主题，讴歌标志中的"A"转化为一个传统的卡钳样式（图3.105）。讴歌这个词是拼构出来的，在几种语言中"acu"都意味着"精确"，在早期的几年，讴歌有名字，但还没有品牌标志。就像"H"作为HONDA标志一样，公司的奠基人和精神领袖本田宗一郎认为，讴歌需要用"A"表示，因此在卡钳的钳把之间加了一个很小的横杠。

在最新一期的IIHS（美国高速公路安全保险协会）所进行的安全碰撞测试结果中，Acura旗下所有车型——RL、TL、MDX、TSX、RDX，全部获得"最安全汽车"（Top Safety Pick）的最高评价，成为历史上第一个全系车型均获得最高安全评价的豪华车品牌。（IIHS（美国高速公路安全保险协会）作为美国车辆碰撞安全测试方面的非营利性研究机构，是与美国国家公路安全管理局齐名的权威组织，该组织致力于最大限度地减少高速公路上因汽车车祸而造成的死亡、受伤和财产损失等。）

讴歌NSX（图3.106）是世界知名超级跑车品牌，其卓越的性能和绚丽的外形征服了无数车迷，在北美是法拉利等超级跑车的强劲对手，本田公司计划在2010年生产的NSX，将搭载V10发动机，将成为跑车中高性能和豪华的代表。

图3.105 讴歌标志（也译为"阿库拉"）

图3.106 讴歌NSX跑车

3.11 菲亚特汽车公司

3.11.1 公司概述

1.公司标志

1899年,阿涅利在意大利西北城市都灵创建菲亚特(FIAT)公司,开始采用盾型标志。1906年,开始采用公司的全称4个单词的第一个大写字母"FIAT"为标志。"FIAT"在英语中具有"法令、许可"的含义。因此在客户的心目中,菲亚特轿车具有较高的合法性与可靠性,深得用户的信赖。1931年,开始使用在方形中含有"FIAT"字样的标志。1980年开始使用5根短柱斜置平行排列的新标志(图3.107)。

图3.107 菲亚特标志

2.公司简介

菲亚特汽车公司1899年7月始建于意大利都灵市,创始人是乔瓦尼·阿涅利。它是世界上第一个生产微型车的汽车生产厂家。这家公司的全称是"意大利都灵汽车制造厂","菲亚特"是该公司全称缩写的译音,"FIAT"也是该公司产品的商标。

菲亚特集团总部设在意大利都灵市,现任董事长是创始人的长孙,和他同名,也叫乔瓦尼·阿涅利。汽车部雇员27万左右,在100多个国家有子公司和销售机构。其轿车部门主要有菲亚特、法拉利、阿尔法和兰西亚等公司。工程车辆公司有伊维柯公司。

菲亚特汽车集团是意大利最大的综合工商金融企业集团,它是所有汽车公司中涉足其他领域最多的汽车集团。在意大利它几乎垄断了汽车、拖拉机、工程机械、飞机制造、生物工程、土木工程、能源工程等许多技术生产领域,并在全世界开办了许多分支机构。

菲亚特垄断着意大利全国年总产量的90%以上的汽车生产量,这在世界汽车工业中是罕见的。因此,菲亚特被称为"意大利汽车工业寒暑表",菲亚特牌汽车被喻为"意大利车"。菲亚特轿车的紧凑楔形造型、线条简练、优雅精巧、极富动感、充满活力,处处显现拉丁民族那热情、浪漫、机敏、灵活的风格。所以,菲亚特轿车造型总是引导世界汽车造型的潮流。

菲亚特汽车公司的主要品牌有法拉利、玛莎拉蒂、蓝旗亚、阿尔法·罗密欧和菲亚特5个品牌。

3.菲亚特在中国

1999年4月菲亚特汽车股份公司与南京菲亚特汽车有限公司共同组建了大型合资企业,双方各持股50%,总资产达30亿元。主要生产派力奥、派朗、周末风、西耶那。

2006年10月奇瑞与意大利菲亚特汽车公司达成发动机协议后,据业内人士透露双方正在商讨进一步合作的可能。一种可能性是双方组建一家合资公司,在中国境内组装生产菲亚特轿车。

3.11.2 创始人乔瓦尼·阿涅利

阿涅利的家族世代经商,祖父是菲亚特公司的创建人之一,而到了乔瓦尼·阿涅利时代,家族的商业成就到了登峰造极的地步。

1921年，乔瓦尼·阿涅利（Giovanni Agnelli）（图3.108）出生于意大利都灵市，在他14岁时父亲因飞机失事去世后，祖父便开始培养他做家族事业的接班人了。在都灵大学取得博士学位后，1939年，年仅18岁的阿涅利被祖父送往美国汽车城底特律观察研究美国的汽车工业，从此开始了他一生中将汽车作为事业的奋斗历程。

作为军人，参加二战锻炼了他不畏艰险的坚强性格，为其日后取得巨大成就奠定了基础。1966年，他被正式任命为菲亚特公司董事长。在30年的事业生涯中，阿涅利以其独具特色的方式及高超的谋略领导菲亚特公司，迅速发展成为著名的跨国集团，不仅对意大利，也对世界经济产生了巨大的影响。

图3.108　乔瓦尼·阿涅利（Giovanni Agnelli）

这位法学博士具有过人的韬略，这主要表现在他的敏锐的观察力，他能及时洞察到市场变化及其潜在的商机与危机，并在逆境中找到解决方法，抓住契机扭转颓势。20世纪70年代，在美日颇具实力的国际市场竞争中，菲亚特集团陷入困境，亏损严重。但是在20世纪70年代后期至80年代初，阿涅利比其他企业领导人较早预测到汽车工业的危机，并及时采取措施，如增加借贷、改进技术、缩减成本、提高产品质量、加强国际交流等，经过改革调整，菲亚特集团不但没有被危机吞没，反而获得了突飞猛进的发展，它的小轿车迅速占据意大利全国总产量的80%，占领国内市场的一半以上，在拖拉机的生产和销售方面雄踞欧洲第一。

阿涅利的经营理念是永远开拓进取，绝不局限于某一国度或地域。因此在传统的贸易伙伴之外，他根据国际政治经济形势的变化，积极寻求新的合作伙伴。20世纪70年代阿涅利同前苏联、罗马尼亚、南斯拉夫等东欧国家广泛签署协议，联合生产汽车、摩托车、挖掘机等重型机械，这样大大加强了菲亚特集团的经济实力，增强了其与欧美先进国家的竞争能力。阿涅利还是一位积极的国际活动家，他认为国际经济合作是加强各国人民相互了解、和平共处的重要途径。

从一个仅有50人的家庭作坊到如今享誉世界的跨国大集团，菲亚特受到了人们的高度评价。正如一位西方外交官所说："若想了解意大利的混合经济体制，就得了解菲亚特的动向。"无疑，阿涅利的功绩已将其成就为20世纪意大利乃至世界经济舞台上的领袖人物。

3.11.3　菲亚特汽车公司品牌

1.菲亚特（FIAT）汽车

菲亚特的历史要追溯到意大利工业革命之前，在这个伟大的进程当中，菲亚特始终扮演了一个领导者的角色。从此以后，菲亚特品牌在世界范围内得到了传播和发展。菲亚特的标识意义深远，不仅仅代表了它所生产的汽车，更重要的是其中蕴涵着它的历史和传统，这一精髓始终伴随着这个经典的品牌。

菲亚特的主要车型有FIAT 500、PUNTO、IDEA、STILO、PALIO、DOBLO等车型。其中NEW PANDA（熊猫）（图3.109）曾获"2004年度轿车"的殊荣，这是首款A级（小型车）获此殊荣。同年，它还荣获了由意大利汽车媒体联合会在Riccione评选的"2004年欧洲之车"的荣誉称号。

图3.109 菲亚特 Panda汽车

2. 法拉利（Ferrari）汽车

法拉利是世界上最闻名的赛车和运动跑车的生产厂家。它创建于1929年，公司总部在意大利的摩德纳，创始人是世界赛车冠军、划时代的汽车设计大师——恩佐·法拉利。菲亚特公司拥有该公司50%的股权，但该公司却能独立于菲亚特公司运营。法拉利汽车大部分采用手工制造，因而产量很低，年产量只有4000辆左右。

法拉利车的标志（图3.110）是一匹跃起的马。法拉利标志中骏马表示法拉利赛车勇往直前的英勇性格，商标上部的绿、白、红三色是意大利的国旗色，下面是法利法的名字，背景是黄色的。

法拉利厂徽"跃马"的标志有着一段传奇色彩的经历。这"跃马"是第一次世界大战的意大利空战英雄Francesco Baracca家族赠与恩佐·法拉利的礼物，而恩佐则将这荣耀的"跃马"作为了法拉利厂徽。在第一次世界大战中，意大利的这位表现非常出色的飞行员的飞机上就有这样一匹会给他带来好运气的跃马。在法拉利最初的比赛获胜后，飞行员的父母亲—康蒂丝·白丽查伯爵夫妇建议法拉利也应在车上印上这匹带来好运气的跃马。后来这位飞行员战死了，马就变成了黑颜色。

法拉利公司在世界车坛有崇高的地位，甚至有的汽车评论家说任何跑车都无法和法拉利汽车相比。法拉利跑车和赛车的最大特点是马力大，每辆跑车都装有一部赛车发动机，发动机最高转速可达7000至10000r/min，功率超过500匹马力，最高车速可达300km/h以上。与其他汽车的区别还有，每一辆法拉利汽车都可以说是一件绝妙的艺术品。

法拉利是赛车比赛中的长胜将军，截止至2008年年底，法拉利获得的锦标赛冠军包括：15次一级方程式车手总冠军、15次一级方程式车队总冠军、14次制造商世界冠军、9次勒芒24小时耐力赛冠军、8次MILLE MIGLIA比赛冠军、7次TARGA FLORIO比赛冠军以及不下192次一级方程式大奖赛分站赛冠军。

法拉利的主要车型有599 GTB、612、F430、430、575、550等车型。法拉利599 GTB（图3.111）作为旗舰级量产车型，其车身由汽车设计大师乔治·亚罗设计，这款双门车备有最富创新精神的科技，采用中置发动机设定，并且将法拉利品牌的设计、驾驶感受以及优良的性能都提升到了一个新的高度。

图3.110 法拉利标志

图3.111 法拉利599 GTB

3.阿尔法·罗密欧（ALFA ROMEO）汽车

阿尔法·罗密欧公司建于1910年，从1946年起使用"阿尔法·罗密欧"的名称，公司总部设在意大利米兰。该公司一开始就专门生产运动车和赛车，这些车是由意大利著名设计师设计的，有浓烈的意大利风采。优雅的造型和超群的性能使其在世界车坛上一直享有很高的声誉，是意大利名车之一。现虽为菲亚特的子公司，但仍保留它的商标。

1910年，当阿尔法·罗密欧创立的时候，创立者综合两种米兰市的标识而创造了一个徽标（图3.112）：红色的十字是这个城市的盾形徽章的一部分，用来纪念古代东征的十字军骑士，吃人的龙形蛇（BISCOINE）的图案则是当地一个古老贵族家族的徽标，两个代表米兰传统并且在意义上没有关联的标识组合成为一体。

阿尔法·罗密欧车型有GT、GTV、147、156、Brera、166、146等。阿尔法·罗密欧166（图3.113）是一个来自意大利的运动贵族、无数热血青年的梦中车型，同时也是阿尔法·罗密欧家族的旗舰产品。意大利人长期以来一直领导着跑车潮流，像法拉利、兰博基尼、玛莎拉蒂都是意大利人的杰作，阿尔法·罗密欧虽然不能与上述跑车相比，但是却是离普通人最近的、有着意大利血统的轿跑车。在它的身上，意大利人的艺术设计品位、内饰做工的细致以及良好的驾驶操控性都是那样的令人兴奋和神往。

图3.112 阿尔法·罗密欧标志

图3.113 阿尔法·罗密欧166（ALFA ROMEO 166）

4. 玛莎拉蒂（Maserati）汽车

玛莎拉蒂汽车公司最早是由玛莎拉蒂家族创建于1926年，是专门生产运动车的公司，长期以来就是优秀和高贵的象征，在欧洲具有很高的知名度，是意大利赛车史上毫无争议的明星。玛莎拉蒂运动车在造型设计上，将自己的传统风格与流行款式相结合，其外观造型、机械性能、舒适安全性等各方面在运动车中都是一流的。1975年曾与德托马索轿车公司联合，但仍保持各自的独立。1989年几经周折，最终成为菲亚特汽车公司的子公司，品牌仍然保留。

玛莎拉蒂汽车的标志（图3.114）是在树叶形的底座上放置的一件三叉戟，这是公司所在地意大利博洛尼亚市的市徽，相传是罗马神话中的海神纳普秋手中的武器，显示出海神巨大无比的威力。

玛莎萨拉蒂主要车型有Quattroporte、GranTurismo、GranSport、MC等。

图3.114 玛莎拉蒂汽车及标志

5. 蓝旗亚（Lancia）汽车

蓝旗亚（Lancia）是菲亚特集团旗下的品牌之一，以生产豪华轿车为主。蓝旗亚是个赫赫有名的响亮招牌，其品牌有超过60年的历史。在欧洲，它也是非常少见的高档汽车品牌，是菲亚特高档轿车的烫金标志。虽然目前蓝旗亚车在中国并不多见，但作为意大利一个历史悠久的著名品牌，它在世界豪华车市场占有重要的一席之地。

蓝旗亚标志（图3.115）有双重意义，一是取自公司创始人——维琴佐·蓝旗亚的姓氏；二是"蓝旗亚"在意大利语中解释为"长矛"。骑着高头大马，手持挂旗子的长矛者，便是中世纪意大利骑士的主要特征。商标以长矛画面为主题，代表了企业不畏艰难的拼搏精神，加上旗帜上的"LANCIA"，简洁地体现了"蓝旗亚"的全部意义。

蓝旗亚一直是意大利政府的官车，意大利总统、总理的坐驾用的也是蓝旗亚。"卓越，有品味，从不过分华丽"，这是众多驾车人对蓝旗亚车的评价。Thesis是蓝旗亚品牌的新旗舰（图3.116），高贵气质与非凡价值完美体现，反映了典型的意大利工艺技能，表现了独特而闻名的意大利生活艺术。近5米长的车身洋溢着蓝旗亚品牌的传统与荣耀，全新的造型语言毫不犹豫地抛弃了理性主义和视觉贫乏的设计，雕琢出富含感情的艺术魅力，体现了意大利菲亚特对豪华轿车的独到理解。

图3.115 蓝旗亚标志

图3.116 蓝旗亚THESIS（LANCIA THESIS）汽车（2004年）

3.12 印度塔塔汽车公司

3.12.1 公司简介

塔塔（TATA）汽车公司成立于1945年，在全球商用汽车制造商中排名十甲之内，年营业额高达20亿美元，占有印度市场59%的份额。其在1954年的时候与德国戴姆勒奔驰进行合作，1969年能够独立设计出自己的产品。1999年，塔塔进入乘用车领域，在这一市场的占有率在16%左右，最知名的是其自主开发设计的Indica和Indigo系列产品。

从20世纪60年代起汽车已出口到欧洲、非洲和亚洲等一些国家和地区。TATA的轿车也有较高的知名度，小型轿车印迪卡（INDICA）外形优雅、时尚、价格低，曾在上市短时间内接到超过11万订单，产品供不应求，创造印度汽车销售的最高纪录。塔塔商用车是印度塔塔集团下属知名度最高的品牌，印度的公路上每10辆卡车里就有7辆来自塔塔。

2008年3月26日，美国福特汽车公司与印度塔塔汽车公司正式签约，福特将以23亿美元的价格将旗下大名鼎鼎的捷豹和陆虎两大汽车制造厂出售给塔塔公司。当塔塔集团将捷豹、陆虎揽入怀中的时候，一并从福特汽车取得了罗孚品牌的所有权。

3.12.2 塔塔公司汽车品牌

1. 捷豹（JAGUAR）汽车

捷豹汽车业已成为世界领先的豪华汽车和跑车设计制造厂商。捷豹这个名字十分贴切地代表了卓越性能、优异质量、精湛技术和独特风格。捷豹的用户永远追寻卓越，而捷豹品牌哲学的核心则是成为一家提供有生命力产品的公司，完美地将人类智慧、先进技术、品牌价值和具有时代感的豪华结合在一起。

捷豹汽车标志（图3.117）被设计成一只纵身跳跃的豹子，造型生动、形象简练、动感强烈，蕴涵着力量、节奏与勇猛。捷豹汽车格栅处的标志如图3.118所示。

图3.117 捷豹标志

图3.118 捷豹车头标志

捷豹汽车的产品线包括全新捷豹全铝XJ、S型（图3.119）、X型以及XK。现在的捷豹凭借它个性化的外形，豪华的内饰和设备以及卓越的性能在整个世界的汽车中重新拓据了重要的地位。

图3.119 捷豹S型汽车

2．罗孚（ROVER）汽车

罗孚（ROVER）汽车公司是英国企业。它由多家英国的汽车公司辗转合并而成，于1948年成立，总部设在伦敦。原名叫"利兰汽车公司"，属英国国有企业。

罗孚集团原是英国一家古老的汽车公司，罗孚（ROVER）是北欧的一个民族，生产自行车时就使用"罗孚"作商标名。1904年生产汽车，仍以"罗孚"为车牌名，由于罗孚民族是一个勇敢善战的海盗民族，所以罗孚汽车商标（图3.120）采用了一艘海盗船，张开红帆象征着公司乘风破浪、所向披靡的大无畏精神。

图3.120 罗孚标志

当时的罗孚汽车集团由4大业务板块组成，即罗孚（ROVER）汽车，MG名爵汽车，陆虎越野车和Mini迷你（现隶属于宝马）小车。

1）罗孚（ROVER）汽车

从1904年第一辆罗孚汽车诞生到今天的100多年的时间里，罗孚品牌一度是英国汽车工业的旗帜，也是世界汽车品牌阵营中"皇冠上的珠宝"。在1977年，导入本田汽车先进的工业标准、质量管理和开发流程体系，并在1994年导入宝马领先的汽车技术后，百年罗孚与时俱进地凝聚了世界汽车工业发展的经验和精华。

ROVER品牌不仅是英国的豪华轿车典范，更是英国汽车工业的象征，因为ROVER品牌一直代表着英国在发动机和汽车设计上的最高水平。从生产汽车至今，罗孚品牌所获奖项不胜枚举。1999年度获得世界最佳车型，2000年度获得欧洲最佳车型，2002年获得J.D.Power最佳可靠性大奖，罗孚的历程总是与荣耀相伴。

然而，罗孚汽车也像英国的其他工业一样，工艺设备老化，产品质量不稳定，开发费用昂贵，网络服务不配套以及缺乏创新意识，这使得罗孚汽车在几经易手之后，再度走向暮途。2005年4月，罗孚宣布破产，其最有价值的ROVER 75、ROVER 25以及全系列发动机的知识产权被我国上汽买走，生产荣威轿车；而生产设备则被我国南汽所得。

2）MG名爵汽车

MG是莫里斯车库（Morris Garages）的简称。MG之父是威廉·莫里斯（William Morris）。1923年，MG上市了第一辆汽车。采用八角形的MG标志（图3.121），八角形象征着热情、忠诚，大大强化了MG对爱车一族的吸引力，英国乃至世界的汽车运动也迅速提升了MG品牌的声誉和威望，这个标志沿用至今。

图3.121　MG标志

1994年1月，宝马公司出资13亿美元收购了英国Rover集团。1995年3月MG在日内瓦车展上展出了MGF车型。1995年8月，新车型在ROVER的长桥（LONGBRIDGE）工厂进行批量生产，很快就在国外市场获得很大成功。1996年到2001年，拥有现代内饰和无级变速的MGF是英国最好的量产跑车之一。

2000年5月9日，凤凰财团购得了ROVER。这一次车坛重组后，原奥斯丁旗下的MINI被宝马留下，陆虎越野车被宝马卖给了福特公司，被凤凰领回英国的是ROVER品牌和MG品牌。凤凰集团试图利用MG品牌的光辉来拯救整个集团，从此MG和ROVER所有汽车产品都集中在了一起，这时凤凰财团主要拥有9个可以量产的车型，分别是ROVER 25、ROVER 45、ROVER 75（房车版和旅行车版）、MG ZR、MG ZS、MG ZT、MG ZT-T和MG TF。

3）陆虎（LAND ROVER）汽车

陆虎公司以生产越野车为主，其标志如图3.122所示。1986年实行私有化，改组并改名为"兰德·陆虎（Range Rover）汽车公司"，一般简称"陆虎"。1994年被德国宝马汽车公司收购。

图3.122　陆虎标志

2000年3月，福特汽车公司向德国宝马汽车公司支付30亿欧元（27亿美元），以购买其旗下所有四轮驱动系列产品，包括RANGE ROVER、DISCOVERY、FREELANDER和DEFENDER。福特汽车公司购买的内容还包括陆虎品牌、陆虎在英国伯明瀚的装配厂、GAYDON研究中心、陆虎经销商网络、英国汽车工业遗产中心以及大约1万多名企业员工。

陆虎公司以四驱车而举世闻名。自创始以来就始终致力于为其驾驶者提供不断完善的四驱车驾驶体验。在四驱车领域中，陆虎公司不仅拥有先进的核心技术，而且充满了对四驱车的热情，它是举世公认的权威四驱车革新者。尽管陆虎在不断改进产品，但它始终秉承的优良传统就是将公司价值与精益设计完美结合。

今天，陆虎公司是世界上唯一专门生产四驱车的公司。陆虎销售于140多个国家，它已经从1948年的实用性车型发展成为今天的多功能四驱车，面向的是那些不断追求全新生活体验的人士。陆虎得到了普遍的认可和尊敬，这是其他制造商的汽车无法与之相媲美的。

2000年福特斥资27亿美元将陆虎品牌收归旗下。如加上产品研发等方面的开支，福特在"一豹一虎"两大品牌上已砸进逾100亿美元。但由于在这两个品牌上的经营业绩长期低于预期，加之近年来福特汽车公司整体经营状况恶化，连年遭受巨亏，在美加市场上的地位也相继被丰田和克莱斯勒取代，这使它不得不收缩战线，将这两个品牌低价出手，以便聚焦主力。

2008年3月26日印度企业界的巨人塔塔集团旗下的塔塔汽车公司和美国福特汽车公司发表联合声明，塔塔以23亿美元的价格将福特旗下"捷豹"和"陆虎"两大知名汽车品牌收于麾下。

3.13 其他著名跑车公司

3.13.1 英国莲花汽车公司

莲花（LOTUS）汽车公司是世界上著名的运动汽车生产厂家。成立于1951年，曾为美国通用汽车公司所有，1996年被马来西亚宝腾汽车公司收购。公司总部设在英国诺里奇市，年产汽车600辆左右。

莲花汽车公司的标志（图3.123）是由几个英文字母重叠在一起组成的，分解开是CABC，这是公司创始人查普曼（COLIN ANTHONY BRUCE CHAPMAN）名字的缩写。莲花汽车公司的汽车重心很低，造型具有良好的流线型，风阻系数在0.3左右。发动机功率大，最低为160马力，车速高达300km/h。莲花汽车是世界汽车赛场上一个十分有力的竞争者，多次荣获世界冠军。1963—1978年莲花汽车曾经7次蝉联世界最佳小客车优胜奖。1991年，莲花伊兰汽车获世界汽车最佳设计奖。

莲花汽车公司是率先在汽车上使用高强化塑料车身的厂家之一。它们采用的制模工艺——真空助力树脂喷射工艺能将车身模制成上下两个整体，最后再合二为一，不仅生产效率高，而且车身强度大大增强，在世界上独树一帜。

莲花汽车公司主要产品有精灵、伊兰、卓越牌运动跑车（图3.124）等。

图3.123　莲花标志

图3.124　莲花跑车

3.13.2 阿斯顿·马丁汽车公司

阿斯顿·马丁（ASTON MARTIN）原是英国豪华轿车、跑车生产厂，建于1913年，创始人是莱昂内尔马丁和罗伯特班福德。公司设在英国新港市，阿斯顿·马丁·拉宫达公司是由奥斯顿、马丁、拉宫达3家公司合并而成的，以生产敞篷旅行车、赛车和限量生产的跑车而闻名世界。

阿斯顿·马丁汽车标志为一只展翅飞翔的大鹏（图3.125），上面注有"奥斯顿·马丁"英文字样，喻示该公司像大鹏一样，具有从天而降的冲刺速度和远大的志向。

英国的阿斯顿·马丁一直是传奇的车厂，他几乎从来没有盈利，而且几经转手，不断靠大财团支持。原因之一就是他从不生产大众化的廉价汽车、而且产量不高。虽然英国车总是带有保守和固执的绅士风格，但阿斯顿·马丁的每一种款式却总是久负盛名，毫无过时之感。自1971年与007联系在一起的DB6停产以后，公司于1993年推出了全新的DB7（图3.126），它的独特魅力吸引了众多的车迷。

图3.125 阿斯顿·马丁标志

图3.126 阿斯顿·马丁DB7

1987年被美国福特公司收购了75%的股份，1994年7月又收购了其余的股份，从此阿斯顿·马丁成为福特汽车的品牌之一。

2007年，福特汽车公司以9.25亿美元出售了阿斯顿·马丁公司。买主是以英国高性能汽车改装公司PRODRIVE老板大卫·理查兹（David Richards）为代表的一个投资团队，该人士同时是英美赛车的老板。从此，阿斯顿·马丁重新回到了英国人的掌控之下。

3.13.3 科尼赛克汽车公司

科尼赛克（Koenigsegg）汽车公司是一家成立于1994年的瑞典小型手工打造超级跑车制造厂，是由现任的执行总裁克里斯·冯·科尼赛克（Christian von Koenigsegg）发起创立的。

科尼赛克，以制造出全世界最快的汽车为主要宗旨。2003年11月24日，一款名为KOENIGSEGG CCX（图3.127）的超级跑车被美国吉尼斯大全认可为人类有史以来速度最快的量产跑车，它的速度为390km/h。

第3章 著名汽车厂商及品牌

图3.127 KOENIGSEGG CCX

科尼赛克制造的车数量并不多，比起其他的跑车厂，规模也小了许多。但是对于每一辆车都用毫不妥协的态度打造，也让这一间车厂在车坛上一直享有盛名。科尼赛克针对少数消费族群所打造的超跑，不但兼具性能与质感，其独特性更是让其少数的精英分子深深着迷。

有30个全职和一些兼职人员的科尼赛克公司，可以同时进行7辆车的装配，科尼赛克预计每年设计出15种汽车。公司有一个巨大的供应商和合作商网络，多数都在瑞典境内，由许多的小公司和手工业者生产出少量的高品质配件。

目前用来生产科尼赛克跑车的工厂原本是瑞典空军第一飞行中队的基地，为了表示对该飞行中队的敬意，所有的CCR与未来科尼赛克所生产的顶级性能车型都会在车身上绘上该中队的队徽——在圆圈中的幽灵图样。

3.13.4 德国保时捷公司（PORSCHE）

保时捷又称波尔舍，是德国著名汽车公司。1930年由费迪南德·波尔舍教授建于斯图加特。费迪南德·波尔舍是一位享誉世界车坛的著名设计师。20世纪30年代中叶曾为德国大众汽车公司设计过风靡全球的甲壳虫轿车的先行车。其子费里·波尔舍继承父业，继续发扬光大。

保时捷以生产高级跑车而著名于世界车坛。该公司的标志采用斯图加特市的标志（图3.128）。纹章中央是一匹马，上部标有STUTTGART（斯图加特）字样。在历史上斯图加特早在16世纪就是名马产地，保时捷标志的左上方和右下方是鹿角的图案，表明该地也曾是狩猎的场所。右上方和左下方的黄色条纹是成熟麦穗的颜色，意味着肥沃的土地和带给人们的幸福，红色则象征着人们的智慧。

图3.128 保时捷标志

保时捷公司的创始人费蒂南·波尔舍在24岁时（1899年）已经发明了电动轮套马达，在第二年的巴黎国际展览会上，波尔舍已经名扬四海。1915年他把电动轮套马达装上了火车，美国有一列超过一百米长的火车至今还装着这种电动马达。自1923年起，费蒂南·波尔舍就在戴姆勒汽车厂做技术经理。1928年，他在那里发展了美采德丝·奔驰压缩机运动车SSK和SSKL型。1936年，贝嗯德·罗色美耶用波尔舍设计的汽车联盟赛车22型，取得了比赛的胜利。1931年，在斯图加特创立了"波尔舍博士股份公司"，是为发动机和制造进行设计的办公室，简称"波尔舍办公室"，那一年他的扭棒悬挂技术注册了专利。

到1940年，他的研究项目就不少于104项，这些项目主要是关于底盘、悬挂装置、操纵系统、传动系统、废气涡轮和拖拉机等。第二次世界大战以后，1948年，按照费蒂南·波尔舍的儿子飞利·波尔舍的计划，在肯屯制造了第一部以波尔舍命名的汽车的样车356型。

1951年近代汽车大师费蒂南·波尔舍逝世。

保时捷汽车厂坐落在德国的斯图加特市。保时捷跑车的装配大都是由手工操作来完成的，在整个装配过程中不使用一台自动装置。一道工序以四五人为一组进行操作，每工作二小时小憩十分钟，六七道工序完成后由检验员进行严格的检验，合格后才能转入下一道工序。保时捷汽车具有鲜明的特色，甲壳虫式的车型、后置式发动机和优异的性能，令它很快成为知名的汽车。

1963年法兰克福国际汽车展览会上，展示了保时捷911型，这个设计直到现在还有广泛的市场。它的车体设计者是飞利·波尔舍的大儿子—费蒂南·阿乐桑德·波尔舍。带后齿轮箱底盘和V—8发动机的928型、新技术955型，以及带电子调整的四轮驱动系统和无升力车身的911Carrera 4型，是近几年来最重要的发展。此外，还有一大批委托发展项目。

保时捷911（图3.129）是世界上著名的跑车品牌之一，1963年亮相至今已有三十多年历史。甲壳虫式的车身配以两盏圆形大灯，波尔舍跑车一贯保持自己的风格。首次坐进它的驾驶座，不需花费太多时间就能适应，发动机怠速流畅，六挡手动变速轻巧准确，如果选择自动变速器，其变速杆"D"挡位下不设1、2、3挡位，换挡直接通过方向盘上的"十"和"—"按钮进行，极其方便。当时速达到80公里以上，扰流板会升起，令跑车更加平稳，停车时会自动收回。经历数载改进，新一代的波尔舍911 CARRERA从静止启动加速至100公里/小时的时速仅需5.2秒，极速达280公里/小时，其优异的性能使它成为众多车迷的偶像。

图3.129　保时捷911

3.14 日本其他著名汽车公司

3.14.1 三菱汽车公司

图3.130 三菱汽车标志

三菱（Mitsubishi）的标志是岩崎家族的家族标志和土佐藩主山内家族的家族标志的结合，后来逐渐演变成今天的三菱标志（图3.130）。日本三菱汽车以3枚菱形钻石为标志，正为突显其蕴涵在雅致的单纯性中的深邃灿烂光华——菱钻式的造车艺术。

三菱汽车工业公司是日本三菱集团成员之一。1970年在三菱重工业公司和美国克莱斯勒公司共同出资下，成立了三菱汽车工业股份有限公司。公司总部设在东京，目前公司汽车年产量在100万辆以上。三菱生产的轿车有华丽、扶桑、海市蜃楼、米尼卡、蓝鸟枪骑兵和枪骑兵等。

2002年6月4日，三菱汽车公司与北京吉普汽车有限公司（BJC）签署了协议，根据这份协议，北京吉普汽车有限公司获准生产三菱帕杰罗（PAJERO SPORT）。三菱还与东南汽车公司合作生产富利卡和得利卡。

3.14.2 五十铃汽车公司

日本五十铃汽车（Isuzu Motors）公司成立于1937年，是世界上最具规模且历史最悠久的商用汽车制造企业之一，其产品在世界各地都备受用户爱戴。目前，五十铃商用车及柴油发动机的产量位居世界前列，其标志如图3.131所示。

图3.131 五十铃标志

五十铃造船工程公司成立于1910年，1918年制造了日本第一辆卡车，1949年公司正式成立五十铃自动车公司，1971年和美国通用合作供给美国卡车底盘和相关零部件，1975年开始成立了美国五十铃公司，也正式纳入通用的版图。ISUZU以重卡起家，旗下的四驱车也以坚固、耐用、负载大而出名，而其柴油发动机更是供给不少其他车厂，所以国内厂家的很多皮卡和SUV都是用其底盘或车身制造的。

但是因为日本市场的经营状况恶化，通用公司将持有的日本富士重工的股份出售给了丰田，并将绝大部分铃木股票转让给了铃木公司。虽然与五十铃有多年合作关系，通用仍不断减持该公司股份。现在，通用汽车决定将剩余的五十铃股票转让，完全撤离日本汽车市场，把与日本汽车同行决胜负的战场转移到中国等亚洲新兴汽车市场。

3.14.3 铃木汽车公司

铃木（SUZUKI MOTOR）公司是作为织布机制造商于1920年成立的，1952年生产首辆摩托车，1955年生产首台SUZULIGHT系列汽车。

铃木标志图案（图3.132）中的"S"是"SUZUKI"的第一个大写字母"S"变形而来，据该公司解释，这种设计给人以力量的感觉，象征着发展中的铃木。

图3.132 铃木标志

该公司以生产小型轿车和轻型越野车为主，同时还生产整装外销发动机，公司产品已销往世界127个国家和地区。主要车型有雨燕（SWIFT）、XL7、SX4、维特拉（WAGON R）、吉姆尼（JIMNY）等。

3.15 韩国著名汽车公司

3.15.1 起亚—现代汽车公司

1947年，郑周永创建现代汽车公司，经过50多年的发展，它已成为韩国最大的汽车生产厂家，并进入世界著名汽车大公司行列。其标志是在椭圆中采用斜体字"H"，"H"是现代汽车公司英文名"HYUNDAI"的第一个大写字母（图3.133）。

图3.133 现代标志

现代拥有世界最大规模之一的汽车生产基地蔚山工厂、全州车厂、牙山工厂，8个研究中心，拥有韩国唯一的具有国际水平的汽车综合试验场等。主要产品有ACCENT、SONATA等轿车以及各类大中小型客车、载货汽车、牵引车、自卸车和各种专用汽车等，各类型汽车年产能力145万辆。在全世界190多个国家和地区拥有近4000家销售商，今天现代汽车公司每年可出口50万辆以上轿车，同时在北美、亚洲、非洲和欧洲等地区建立了汽车生产基地。

起亚（KIA）汽车是韩国最老牌的汽车公司。起亚的前身名为京城精密工业，成立于1944年，位于汉城永登浦区，是一家手工制作自行车零部件的小厂。1952年3月，起亚制造出韩国第一辆自行车，公司改名起亚工业公司。

图3.134 起亚标志

起亚汽车现行的标志（图3.134）是由白色的椭圆、红色的背景和黑体的"KIA"3个字母构成的，形似一只飞鹰，象征公司如腾空飞翔的雄鹰。

1998年，起亚汽车公司与韩国最大的汽车公司——现代公司签定了股权转让协定，并且在2000年，与现代汽车公司一起成为起亚—现代汽车集团。起亚汽车目前拥有年产115万辆汽车的生产能力，起亚汽车华城工厂拥有尖端的技术设备，生产代表起亚的各种车型。除了高尖端生产设备外，还具备着最高尖端的环保设施和世界级试车场。

起亚—现代汽车公司在中国设立了江苏悦达起亚汽车有限公司，主要生产狮跑、嘉华、远舰、赛拉图、RIO锐欧系列车型。2002年现代汽车公司与北京汽车工业控股公司成立合资企业，在中国建立第二家汽车工厂，主要生产领翔、伊兰特、悦动、御翔、索纳塔、途胜、雅绅特车型。

3.15.2 双龙汽车公司

双龙汽车公司（SSANG YONG Motor Company）是韩国第四大汽车公司，主要生产中高档越野车和房车，具有年产21万辆汽车的生产能力。其前身为创立于1954年的东亚汽车公司，1986年10月并入双龙集团，1988年3月更名为双龙汽车公司。以犀牛牌四轮驱动吉普车和克兰多牌家用型吉普车为代表的双龙汽车，已出口到欧洲、亚洲、中南美洲及非洲等60多个国家和地区。双龙汽车从专门生产四轮驱动越野车和特种车起家，后与德国奔驰汽车公司合资，引进先进技术，发展成为综合性的汽车制造企业。

1983年接收东亚汽车公司后，双龙迅速崛起，成为最可靠的专业四轮驱动运动型多用途车的制造商，改名为"双龙汽车"。

双龙公司用"双龙"来命名,其车标将"SSANG YONG"中的"S"抽象成"8"字,形似双龙飞舞,表示"双龙"情深意重(图3.135)。

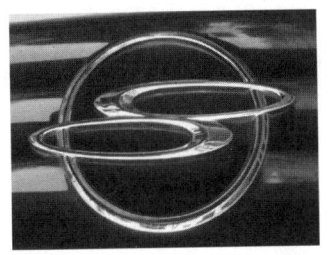

图3.135　双龙标志

上海汽车集团股份有限公司持有双龙汽车公司51.3%的股权。2009年1月,韩国双龙汽车公司因现金严重短缺向法院提出破产保护申请,法院于1月12日冻结了韩国双龙汽车公司的资产。

3.16　中国汽车公司

3.16.1　第一汽车集团公司

中国第一汽车集团公司(FAW,原第一汽车制造厂)简称"第一汽车"。一汽集团汽车公司的标志(图3.136)取"第一汽车"中"一汽"为核心元素,经组合、演变,构成"雄鹰"。

图3.136　一汽标志

1953年7月15日,一汽破土动工,中国汽车工业从这里起步。第一汽车肩负中国汽车工业发展重任,经历了建厂创业、产品换型和工厂改造、上轻型车和轿车3次大规模发展阶段,产品生产由单一卡车向轻型车和轿车方面发展。1991年,与德国大众汽车公司合资建立15万辆轿车基地;2002年,与天津汽车工业(集团)有限公司联合重组,与日本丰田汽车公司实现合作。目前,产品结构已形成以轿车为主的新格局。

第一汽车拥有全资子公司32家,控股子公司17家,其中包括一汽解放汽车有限公司、富奥汽车零部件有限公司等全资子公司和一汽轿车股份有限公司、天津一汽夏利汽车股份有限公司、一汽四环股份有限公司等上市公司及一汽大众汽车有限公司、天津一汽丰田汽车有限公司等中外合资企业。在东北、华北和胶东、西南形成布局合理的三大生产基地,以及在国内汽车行业具有产品开发和工艺材料开发领先水平的技术中心。资产总额1058亿元,员工13.33万人。拥有的自主轿车品牌包括红旗、奔腾。

3.16.2　东风汽车公司

东风(DONGFENG)汽车公司始建于1969年,是中国汽车行业的骨干企业,公司标志为双飞燕(图3.137)。经过30多年的建设,已陆续建成了十堰(主要以中、重型商用车、零部件、汽车装备事业为主)、襄樊(以轻型商用车、乘用车为主)、武汉(以乘用车为主)、广州(以乘用车为主)等主要生产基地,公司运营中心于2003年9月28日由十堰迁至武汉。主营业务包括全系列商用车、乘用车、汽车零部件和汽车装备。目前,整车业务产品结构基本形成商用车、乘用车各占一半的格局。

图3.137　东风标志

公司总股本20亿股，现主要由汽车、铸造两个分公司，皮卡、工程车、海外等3个事业部，东风康明斯发动机有限公司、东风标志汽车有限公司、郑州日产汽车有限公司、东风裕隆汽车销售有限公司、东风襄樊旅行车有限公司等控股公司组成。

2009年2月，东风公司东风决定用"东风风神"作为自主品牌轿车的品牌名称，并启用"双飞燕"标志。

3.16.3 上海汽车工业（集团）总公司

上海汽车工业（集团）总公司（Saicgroup）简称"上汽集团"是中国三大汽车集团之一，主要从事乘用车、商用车和汽车零部件的生产、销售、开发、投资及相关的汽车服务贸易和金融业务。上汽集团2006年整车销售超过134万辆，位居全国汽车大集团销量第一位。2006年，上汽集团以143.65亿美元的销售收入进入《财富》杂志世界500强企业排名。

上汽集团坚持自主开发与对外合作并举，一方面通过加强与德国大众、美国通用汽车等全球著名汽车公司的战略合作，形成上海通用、上海大众、上汽双龙、上汽通用五菱、上海申沃等系列产品；另一方面集成全球资源，加快技术创新，推进自主品牌建设，相继推出了荣威（ROEWE）品牌（图3.138）和750产品，逐步形成了合资品牌和自主品牌共同发展的格局。

图3.138 上汽荣威标志

上汽集团除在上海当地发展外，还在柳州、烟台、沈阳、青岛、仪征等地建立了自己的生产基地；直接管理持股51.16%的韩国双龙汽车公司，拥有韩国通用大宇10%的股份；在美国、欧洲、香港、日本和韩国设有公司。上汽集团除直接经营管理汽车零部件、服务贸易等业务外，其核心的整车业务已于2006年10月注入持股83.83%的上海汽车股份有限公司（简称"上海汽车"），目前上海汽车已成为国内A股市场规模最大的汽车公司。

3.16.4 奇瑞汽车股份有限公司

奇瑞（CHERY）公司是一家国有股份制企业，于1997年由5家安徽地方国有投资公司投资17.52亿元注册成立。1999年12月18日，第一辆奇瑞轿车成功下线；2001年，奇瑞轿车正式上市的第一年，便以单一品牌在市场销售2.8万辆；2002年，奇瑞轿车产销量突破5万辆，成功跻身国内轿车行业"八强"之列，成为行业内公认的"车坛黑马"；2003年3月，第10万辆奇瑞轿车成功下线，其间只经历了短短的3年零3个月的时间；2004年8月，第20万辆奇瑞轿车成功下线。2005年销售18.9万辆，比上年增长118%，全国轿车市场占有率达6.7%，在我国轿车行业排名第7。2006年3月28日，第50万辆奇瑞轿车成功下线。2006年完成销售30.52万辆，位居全国乘用车行业第4名，强势挺进以往被合资品牌所垄断的中国汽车行业第一阵营，在自主品牌汽车企业中遥遥领先。

奇瑞公司的"CAC"标志（图3.139）的组合为"CAAC"4字母的变形重叠形式，即为英文"Chery Automobile Corporate Limited"的缩写，中文意思为"奇瑞汽车有限公司"。

奇瑞主要车型有开瑞、奇瑞A6、奇瑞悍虎、奇瑞M14、奇瑞S18、奇瑞QQ6 V5、奇瑞QQme、奇瑞QQ3、东方之子Cross、

图3.139 奇瑞标志

旗云、奇瑞A1、奇瑞五娃、奇瑞瑞虎、奇瑞A5、瑞麒2、东方之子、奇瑞A3。

3.16.5 吉利汽车公司

浙江吉利（Geely）控股集团有限公司是一家以汽车及汽车零部件生产经营为主要产业的大型民营企业集团，始建于1986年，经过18年的建设和发展，在汽车、摩托车、汽车发动机、变速箱、汽车零部件、高等教育、装潢材料制造、旅游和房地产等方面都取得了辉煌业绩，资产总额已经超过50亿元；特别是1997年进入汽车制造领域以来，凭借灵活的经营机制和不断的观念创新，快速成长为中国经济型轿车的主力品牌，2003年企业经营规模列全国500强第331位，列"浙江省百强企业"第25位，被评为"中国汽车工业50年发展速度最快、成长最好"的企业之一。

吉利集团旧标志和2007年11月6日确定的"吉利神鸟"新标志如图3.140所示。浙江吉利控股集团有限公司现生产吉利、中国龙、美人豹、熊猫帝豪等品牌的各系列轿车。

图3.140　吉利标志

3.16.6 华晨汽车集团

华晨（BRILLIANCE）汽车是中国一个著名的汽车集团。它的主要业务是生产和销售面包车、轿车。该业务由华晨中国的51%控股子公司沈阳华晨金杯汽车有限公司承担。沈阳汽车是中国领先的面包车制造商和分销商，也是中国唯一拥有Toyota技术许可的面包车制造商。2002年8月，沈阳汽车在中国成功推出中华牌轿车。沈阳汽车位于辽宁省的省会和中国东北地区的经济中心沈阳市。此外，华晨汽车在中国还拥有数家生产发动机及其他汽车零部件生产厂。

华晨汽车主要品牌有华晨宝马、华晨金杯、华晨中华。华晨宝马汽车有限公司是宝马集团和华晨中国汽车控股有限公司共同投资成立的合资企业，从事BMW品牌汽车的制造、销售和售后服务，主要生产宝马3系、5系汽车。华晨金杯主要生产锐驰、海狮、阁瑞斯、金典、雷龙品牌客车。华晨中华轿车标志（图3.141）由汉字"中"演变而来，主要生产尊驰、酷宝、骏捷车型。

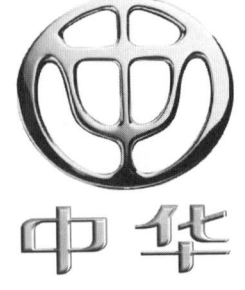

图3.141　中华标志

3.16.7 比亚迪汽车公司

比亚迪汽车（BYD Company Limited）是香港上市公司——比亚迪股份的直属子公司。比亚迪股份创立于1995年，由20多人的规模起步，短短10年时间内迅速成长为IT

及电子零部件的世界级制造企业。2003年比亚迪跻身为全球第二大充电电池生产商，同年组建比亚迪汽车。今天，比亚迪股份在全球拥有员工40000余人，公司市值已超过150亿港币。主要产品有BYDF0、F3、F6等车型。

比亚迪标志（图3.142）由两个同心的内外椭圆构成，象征比亚迪与合作伙伴一路同驰骋。内椭圆等分为蓝天白云两部分，突出比亚迪打造节能环保汽车的意志。两个椭圆间的黑色椭圆带中镶嵌的"BYD"，展现比亚迪立足科技的理念。整体的椭圆形结构，彰显比亚迪既是勇立潮头的大船，更是孕育自主品牌的摇篮。

图3.142　比亚迪标志

3.16.8　南京汽车集团有限公司

南京汽车集团有限公司是我国特大型汽车骨干生产企业。南汽现有资产总额120亿元，占地面积340余万平方米，1.46余万名职工，拥有25家控股子公司（其中7家为中外合资），7家参股公司（其中2家为中外合资），400余家关联企业。2005年7月23日，南京汽车集团有限公司签署有关合同收购了MG罗孚的资产。

南汽目前拥有4个整车生产公司，即南汽跃进、南京菲亚特、南京依维柯、南汽新雅途，生产跃进、依维柯、菲亚特、新雅途4大品牌系列400多个品种汽车，年综合生产能力20万辆。除整车生产公司外，南汽还拥有铸、锻、装备和一批汽车零部件企业，有7个专业研究所以及技术中心和国家级汽车质量监督检验鉴定试验所。南汽拥有外贸进出口权，中德合办的职业教育中心，博士后科研工作站及与东南大学、南京理工大学、江苏大学、南京工业大学、无锡轻工大学联合组建的跃进汽车工程研究院，具有较完善的科研和生产经营体系。

第2篇 汽车物化文化

第4章 汽车概论

教学目标

掌握汽车的分类，我国汽车产品的编号规则，VIN识别规律；熟知汽车的总体结构，了解汽车行驶过程中阻力的组成及行驶原理，了解汽车使用性能指标。

教学要求

能力目标	知识要点	权重	自测分数
会根据汽车的产品型号进行分类	汽车的编号规则（国内编号规则及VIN码的大致含义），汽车的不同种分类	20%	
能掌握汽车的总体构造	汽车总体组成及各部分的作用	30%	
会描述汽车的行驶原理	汽车行驶中的阻力及行驶原理	20%	
能看懂汽车的使用性能及其评价指标	汽车动力性、燃料经济性、操纵稳定性、平顺性、安全性、通过性等	30%	

引例

什么样的车才能称作一款好车？也许每个人心里都有自己的答案。随着这几年国内车市的高速发展，每年都有差不多几十款新车上市，几乎同价格、同档次的车随便一数都有数十款之多，如此丰富的车型一方面让消费者有了更多的选择，另一方面也面临着车多无从下手的困惑，眼下正值金融危机肆虐的时候，消费者出手买车比以往会更慎重，既然打定了购车的心思，就一定要考虑好自己该买什么样的车。那么买车时哪些因素最先值得考虑呢？

第4章 汽车概论

4.1 汽车分类与编号

汽车是机动车的一种,通常指借助于自身的动力装置驱动,具有4个(或4个以上)车轮的非轨道无架线车辆。汽车的主要用途是运输,即载人和载货或者牵引货物。汽车区别于沿铺设的轨道或电力架线行驶的火车、有轨电车和无轨电车,进行农田作业的拖拉机以及自走式工程机械等。

4.1.1 汽车分类

1. 根据GB/T 3730.1—2001分类

根据GB/T 3730.1—2001汽车可分为乘用车和商用车两种,新标准已从2002年3月1日开始实施。

(1)乘用车指在其设计和技术特性上主要用于载运乘客及其随身行李或临时物品的汽车,包括驾驶员座位在内最多不超过9个座位。它也可以牵引一辆挂车。而乘用车具体划分为普通乘用车、活顶乘用车、高级乘用车、小型乘用车、敞篷车、仓背乘用车、旅行车、多用途乘用车、短头乘用车、越野乘用车、专用乘用车共11种。其中,专用乘用车包括旅居车、防弹车、救护车、殡仪车几种。

(2)商用车指在设计和技术特性上用于运送人员和货物的汽车,并可以牵引挂车。商用车包括3部分:客车、半挂牵引车、货车。其中客车又分为小型客车、城市客车、长途客车、旅游客车、铰接客车、无轨电车、越野客车、专用客车8种。货车包括普通货车、多用途货车、全挂牵引车、越野货车、专用作业车、专用货车6种。

2. 根据汽车的动力装置分类

(1)内燃机汽车:用内燃机作为动力装置的汽车。一般有汽油机汽车、柴油机汽车、气体燃料发动机汽车。气体燃料主要有液化石油气(LPG)、压缩天然气(CNG)、甲醇、乙醇以及它们的衍生产品等。内燃机按其活塞的运动方式分为往复活塞式(图4.1)和旋转活塞式(图4.2)。

(2)电动汽车:用电能作为动力装置的汽车。电动汽车的优点是无废气排出、不产生污染、噪声小、能量转换效率高、易实现操纵自动化(图4.3)。

(3)燃气涡轮机汽车:用燃气涡轮机作为动力装置的汽车。燃气轮机功率大、质量小、转矩特性好,所使用的燃油无严格限制,但其耗油量大、噪声较大、制造成本也较高(图4.4)。

图4.1 往复活塞式发动机

图4.2 旋转活塞式发动机

汽车文化

图4.3 燃料电池汽车

图4.4 燃气轮机

3. 按发动机位置和驱动方式分类

（1）发动机前置前驱（Front Engine Front Drive, FF）为前置发动机、前轮驱动。很多乘用车采用这种驱动方式。优点是汽车结构紧凑、整车质量小、节省燃油、发动机散热条件好、底盘低、高速操纵稳定性好。缺点是前轮必须负责转向和驱动，使得转向时所负担的作用力较大，转弯时容易转弯不足。上坡时驱动轮容易打滑，下坡制动时前轮负荷大，易翻车（图4.5）。

图4.5 发动机前置前轮驱动（FF）

（2）发动机前置后驱FR（Front Engine Rear Drive, FR）为前置发动机，后轮驱动。发动机产生的动力由变速箱与传动轴传至后轮，这样布置驱动的力量由后向前推，使得汽车启动、加速和爬坡时，驱动轮的附着压力增大，牵引性明显优于前驱形式。但这样的设计会使座舱底板中央必须隆起较高的高度，以便于传动轴的布置，会导致后座中央的腿部空间局促和后座空间较小。而且后驱布置在转弯时，由于汽车前轮直接受转向系统支配，已经改变了行驶方向，而后面的驱动轮仍有往前的惯性，所以容易出现转向过度，俗称"甩尾"。一般高性能、高级车款较普遍采用此方式（图4.6）。

第4章 汽车概论

图4.6 发动机前置后轮驱动（FR）

（3）发动机后置后驱（Rear Engine Rear Drive, RR）为后置发动机，后轮驱动。轿车很少采用RR方式，多数是大客车采用。这种方式也可以使车重在前后轴的分布均衡，但是发动机的冷却条件相对较差，发动机和变速器、离合器的操纵机构都较复杂。RR方式也利于动力的发挥和在操控中的良好表现，但是由于发动机和驱动轮都在车后，RR轿车在弯道中虽然有可能通过极限更高，却也更容易失控，极其容易甩尾（转向过度的极致表现）（图4.7）。

图4.7 发动机后置后轮驱动（RR）

（4）发动机前置四轮驱动（Four Wheels Drive, 4WD）可以简写为4×4，代表4个车轮都是驱动轮。四轮驱动则是更平衡的驱动方式，能有效避免转向不足和转向过度等状况。4WD方式在路面通过性方面和普通两驱车相比具有不可比拟的优势，所以现在的越野车和城市SUV车型都是大量使用4WD。当然，随着技术的进步，很多是加入了电子控制系统的实时自动四驱或者半自动四驱，车载电脑可以根据路况和车轮打滑情况自动决定是否使用四驱。总体来说，四驱车比起两驱车，油耗更大，相同排量发动机，油耗可能增加50%乃至更高。而且四驱车因为车体相对较大、较高，其在道路上的主动安全性也相对较低（图4.8）。

图4.8 四轮驱动（4WD）

四轮驱动又分为4种模式：全时四驱（Full-Time）、兼时四驱（Part-Time）、适时四驱（Real-Time）和兼时、适时混合四驱。比如，奥迪A43.0和A6L4.2采用的qua-tro就是全时四驱；而一般越野车和SUV最常用的是兼时四驱，可以根据路面状况，通过操纵杆或按钮在两驱和四驱之间切换；适时四驱则由电脑控制，在正常路面为两驱，异常路面或驱动轮打滑时变为四驱；兼时、适时四驱则可以根据驾驶者的喜好自由选择。

（5）发动机中置后轮驱动（Middle engine rear diver, MR）是将发动机放置在前后轴之间，后轮驱动，基本上目前的赛车和超级跑车，都是使用的方式，例如F1、法拉利等。使用这种布局有利于平衡前后重量，具有很好的控制特性，可获得最佳的运动性能。缺点是驾驶员离发动机较近，噪声大（图4.9）。

图4.9 发动机中置后轮驱动（MR）

4.按汽车用途分类

（1）载货汽车：载货汽车（图4.10）用于运载各种货物，在驾驶室内还可以容纳2~6个成员，俗称为卡车。载货汽车按厂定最大总质量可分为微型货车（总质量小于1.8t）、轻型货车（总质量为1.8~6t）、中型货车（总质量为6~14t）、重型货车（总质量大于14t）。

（2）越野汽车：越野汽车（图4.11）是一种能在复杂的无路地面上行驶的高通过性汽车。常见的越野车通常采用四轮驱动方式。

图4.10 载货汽车

图4.11 越野汽车

（3）自卸汽车：自卸汽车（图4.12）用于运输沙土、石块、矿物等货物。它具有自卸机构，能自动倾卸货物。按货箱的倾卸方式分为后倾卸、三面倾卸和两侧倾卸3种。

（4）牵引汽车：牵引汽车是专门用于牵引挂车的汽车，通常可分为半挂牵引汽车和全挂牵引汽车。半牵引车（图4.13）后部设有牵引座，用来牵引和支撑半挂车前端。全挂牵引车本身带有车厢，其外形虽与货车相似，但其车辆长度和轴距较短，尾部设有拖钩。

图4.12 自卸汽车

图4.13 半牵引车通用Peterbilt 389（电影《变形金刚》擎天柱原型）

（5）专用汽车：专用汽车是指装置专用设备，具有专用功能，用于承担专门运输任务或特种作业的汽车。主要包括娱乐汽车、竞赛汽车、特种作业汽车。

（6）客车：客车（图4.14）可乘坐9人以上的成员，主要用于公共服务。按照服务方式不同，客车的构造亦不同，客车按照长度划分等级，分为微型客车（长度3.5m以下）、轻型客车（长度3.5～7m）、中型客车（长度7～10m）、大型客车（长度10～12m）、特大型客车（长度大于12m）。

（7）轿车：轿车（图4.15）可乘坐2～9个乘客。我国按轿车发动机工作容积（排量）分类，分为微型轿车（发动机排量1L以下）、普通级轿车（发动机排量为1.0～1.6L）、中级轿车（发动机排量为1.6～2.5L）、中高级轿车（发动机排量为2.5～4L）、高级轿车（发动机排量4L以上）。

汽车文化

图4.14 客车

图4.15 轿车

　　欧洲车系将轿车按照A、B、C、D级分类，其中A级车又可分为A00、A0和A等三级，相当于我国微型轿车和普通型轿车；B级和C级分别相当于我国的中级轿车和中高级轿车；D级车相当于我国高级轿车。

　　美系轿车分级标准是以轴距大小作为分级原则。微型轿车轴距小于2.515m，次小型轿车轴距2.516～2.642m，小型轿车轴距2.643～2.743m，中型轿车轴距2.744～2.845m，大型轿车轴距大于2.845m。

　　汽车市场上经常看到SUV、RV和MPV等缩写名词，都为根据用途细分的汽车的概念，解释如下。

　　SUV是英文Sports Utility Vehicles的缩写，中文意思是"运动型多用途汽车"。SUV是在皮卡底盘技术上开发设计的，越野性好、舒适性较差，这里主要是指那些设计前卫、造型新颖的四轮驱动越野车。随着人们生活水平的提高，这种汽车不局限于越野，而且还广泛用于城市休闲生活等多种用途。实际上，现代概念的越野车与SUV已经相当混淆，如雪佛兰"开拓者"、德国奔驰M级越野车及价廉物美的韩国圣达菲（Santa Fe），颇具越野车粗犷豪放的野性，同时，它们也是SUV的典型代表。

　　RV的全称是Recreation Vehicle，即休闲车，是一种适用于娱乐、休闲、旅行的汽车，首先提出RV汽车概念的国家是日本。RV的覆盖范围比较广泛，没有严格的范畴。从广义

第4章 汽车概论

上讲,除了轿车和跑车外的轻型乘用车,如MPV及SUV、CUV等都可归属于RV。

SRV的英文全称是Small Recreation Vehicle,翻译过来的意思是"小型休闲车",一般指两厢轿车,比如上海通用赛欧SRV。SRV可以算是轿车里的一个细分概念。

MPV的全称是Multi-Purpose Vehicle(或Mini Passenger Van),即多用途汽车。它集轿车、旅行车和厢式货车的功能于一身,车内每个坐椅都可调整,并有多种组合的方式。近年来,MPV趋向于小型化,并出现了所谓的S-MPV,S是"小"(Small)的意思,车身紧凑,一般为5~7座。如上海通用GL8、普力马、奥德赛等都属于MPV。

CRV是本田的一款车,国产的版本叫做东风本田CR-V,取英文City Recreation Vehicle之意,即城市休闲车。

CUV是英文Car-Based Utility Vehicle的缩写,是以轿车底盘为设计平台,融轿车、MPV和SUV特性为一体的多用途车,也被称为Crossover。CUV最初于20世纪末起源于日本,之后在北美、西欧等地区流行,开始成为崇尚既有轿车驾驶感受和操控性,又有多用途运动车的功能,喜欢SUV的粗犷外观,同时也注重燃油经济性与兼顾良好的通过性的这类汽车用户的最佳选择。

4.1.2 汽车编号

1. 国产汽车产品编号规则

国标GB 9417—88《汽车产品型号编制规则》对我国生产的汽车的编号规则有明确的规定,国产汽车型号均由汉语拼音和阿拉伯数字组成(图4.16)。汽车型号包括如下3部分。

(1)首部:是企业的识别代号,由2个或3个汉语拼音字母组成,如CA(一汽)、EQ(二汽)、SH(上海)、TJ(天津)、DN(东南)等。

(2)中部:由4位数字组成,其含义见表4-1。

表4-1 国产编号中4位数字的含义

首位数字表示车辆类别		中间两位数字表示各类汽车的主要特征参数	最末位由数字或字母表示
载货汽车	1	表示汽车的总质量(t)	企业自定义产品序号
越野汽车	2		
自卸汽车	3		
牵引汽车	4		
专用汽车	5		
客车	6	表示汽车的总长度(0.1m)	
轿车	7	表示发动机的工作容积(0.1L)	
半挂车及专用半挂车	9	表示汽车的总质量(t)	

注:当汽车总质量大于100t时,允许用3位数字;当汽车总长度大于10m时,单位为m。

(3)尾部:分为两部分,前部由字母组成,表示汽车分类代号,后部是企业自定义代号。

汽车文化

举例：

TJ7130是天津一汽集团制造的轿车，排量为1.3L，第一代产品；
CA723MT表示一汽生产的轿车，排量为2.3L，变速器采用手动变速器；
BJ2020为北京汽车制造厂生产的越野汽车，厂定总质量为2t，第一代产品；
EQ1092为东风汽车公司生产的载货汽车，厂定总质量为9t，第三代产品。

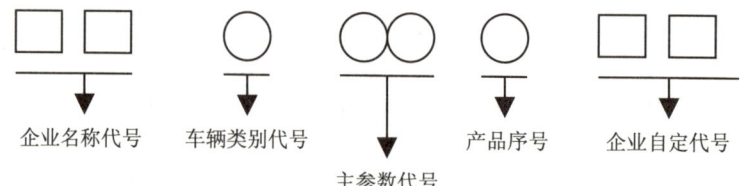

图4.16 国产汽车产品编号规则

2. 车辆识别代号（VIN）

现在国外各汽车公司大都使用了VIN（Vehicle Identification Number）车辆识别代号。它由一组字母和阿拉伯数字组成，共17位，是识别汽车不可缺少的工具。

VIN的每位代码代表着汽车的某一方面信息参数。按照识别代号编码顺序，从VIN中可以识别出该车的生产国家、制造公司或生产厂家、车的类型、品牌名称、车型系列、车身形式、发动机型号、车型年款、安全防护装置型号、检验数字、装配工厂名称和出厂顺序号码等信息。

17位编码经过排列组合，可以使车型生产在30年内不会发生重号，又称为"汽车身份证"。一般汽车8~12年就会被淘汰，不再生产，所以17位识别编码已足够应用。

不同厂家的VIN标牌的位置不完全一样，VIN打刻在车架上（无车架的打刻在车身主要承载且不易拆除或更换的部件），一般位于前部右侧容易看到且能防止磨损或替换的车辆构件上，车辆注册、年检审需拓印的就是这个号码。另外，VIN还可打印在标牌上，并装贴在汽车不易拆除或更换的部件上，但该打印号不应作为车辆注册、年检审的拓印号。VIN打刻的具体位置应在车辆制造厂的产品说明书中指明，一经打刻不允许更改、变动。

VIN编码的组成由国际标准ISO 3779—1983《道路车辆—车辆识别代号—内容与构成》规定，如图4.17所示。

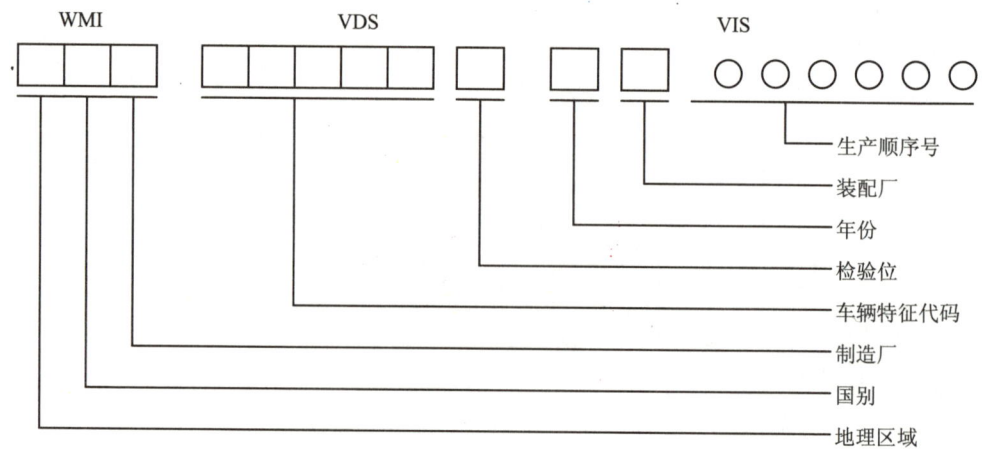

图4.17 VIN编号规则

1）世界制造厂识别代号（WMI）

世界制造厂识别代号由国际标准化组织按地理区域分配给各国，各国再分配给本国的制造厂，所有的WMI代号由美国汽车工程师协会（SAE）保存并核对。中国由天津汽研中心标准所代理，并经国家经贸委备案。其组成含义如下所述。

第一个字码：地理区域代码，如1～5代表北美，S～Z代表欧洲，6、7代表大洋洲，A～H代表非洲，J～R代表亚洲，8、9和0代表南美等。

第二个字码：标明一个特定地区内的一个国家的字码，由美国汽车工程师协会（SAE）分配。

第三个字码：由国家机构指定一个字码来标明某个特定的制造厂。我国实行的车辆识别代号中的WMI，第1位是"L"，表示中国，第2、3位表示制造厂。若制造厂的年产量少于500辆，其WMI代码的第三个字码为9。由WMI可识别汽车源产地。

2）车辆描述部分（VDS）

第4～9位，车辆的类型和配置。VDS一般包含以下信息：车系、动力系统的发动机型号、变速器形式、车身形式、气囊、安全带等约束系统配置、第9位为校验位，为0～9或X。

3）车辆指示部分（VIS）

第10～17位，制造厂为了区别每辆车而指定的一组字符，随后4位字符应是数字。

VIS一般包含以下信息：车型年代（第10位，字母或数字，不能为0且字母为O、Q、I、Z）、装配厂（第11位，字母或数字）、生产顺序号（最后6位，一般为数字）。

如果制造厂生产的某种类型的车辆产量大于500辆，VIS的第3～8位表示生产顺序号；如果制造厂的产量小于500辆，则此部分的第3、4、5位与WMI中的第3个字码一起来表示一个车辆制造厂。

例如：LGBC1AE063R00814

LGB：代表东风汽车公司。

C：表示品牌系列。C表示风神蓝鸟EQ7200系列，E表示NISSAN　SUYYN 2.0系列。

1：表示车身类型。

　　1——四门三厢，2——四门两厢，3——五门二厢，4——三门二厢。

A：表示发动机特征。A——2.0L。

E：表示系统类型。

0：表示变速箱形式。0——AT自动变速器，2——MT手动变速器。

6：检验位。

3：表示年份。

R：表示装配厂，R——风神一厂，Y——风神二厂。

000814：表示生产序号。

4.2　汽车总体构造

汽车基本构造都是由发动机、底盘、电气设备和车身四大部分组成的。

4.2.1 发动机

发动机（图4.18）是为汽车行驶提供动力的装置。现代汽车广泛采用往复活塞式内燃机，它是通过可燃混合气在汽缸内燃烧膨胀产生压力，推动活塞运动并通过连杆使曲轴旋转来对外输出功率的。汽油机主要包括两大机构五大系统，它们是曲柄连杆机构、配气机构、燃料供给系、润滑系、冷却系、点火系、启动系。柴油机因为是压缩自燃，故没有点火系。

曲柄连杆机构是发动机的骨架，支撑着发动机全部的零部件，也是实现热功转换的主要装置。曲柄连杆机构由机体组、活塞连杆组、曲轴飞轮组3部分组成。

图4.18 汽车发动机

配气机构由气门组、气门传动组组成，其功用是按发动机的工作顺序，使可燃混合气及时冲入汽缸并使废气及时从汽缸排出。气门的开启或关闭受凸轮轴控制，而凸轮轴由曲轴驱动。

燃料供给系向发动机提供燃料和空气，由燃油供给装置、电子控制装置进气装置、排气装置构成。不同发动机的燃油供给装置有很大的不同。在汽油发动机中，为控制进入汽缸的空气量，在进气通道中装有节气门，汽车驾驶员可通过驾驶室内的加速踏板控制节气门的开度。安装机械式喷油泵柴油机的没有节气门，加速踏板控制的是喷油泵的供油拉杆。排气装置主要是将发动机汽缸内的燃烧废气排入大气，在排气管中装有排气消音器以降低排气噪声。为了降低排气污染，汽油机在排气管上还装有三元催化转换器。电子控制装置由电脑（ECU）、传感器和执行器组成。

润滑系由机油泵、集滤器、机油滤清器、润滑油道等组成。它的功用是将润滑油供给作相对运动的零件以减少摩擦，减少机件的磨损，并冷却摩擦零件，清洗零件表面。发动机工作时，机油泵不断地将润滑油经润滑油道泵送到工作表面，循环后的润滑油最后再回到储存润滑油的油底壳。

冷却系由水泵、散热器、风扇、节温器、硅油风扇离合器、水套等组成。其功用是将燃烧产生的热量排到大气中，保证发动机的正常工作温度，以使发动机正常工作。水套设在汽缸内和汽缸盖中的水流通道，水泵使冷却水在水套与散热器之间循环，在水套内吸收热量的冷却水经散热器时，由风扇使其冷却降温。

点火系由供给低压电流的蓄电池、交流发电机、断电器和点火线圈、火花塞等组成，其功用是保证按规定时刻及时点燃汽缸中的混合气。发动机工作时，点火系将蓄电池或发电机提供的低压电转变成高压电，并按一定的顺序利用火花塞点燃各缸的混合气。

启动系由电源、启动机及其附属装置组成，功用是使静止的发动机启动并转入自行运转。

4.2.2 底盘

底盘（图4.19）的作用是接受发动机的动力，并保证汽车按照驾驶员的操纵正常行驶。底盘由传动系、行驶系、转向系和制动系组成。

传动系由离合器、变速器、方向传动装置和驱动桥组成，用来将发动机输出的动力传给驱动轮，并使之适于汽车行驶的需要。

行驶系是汽车的基础，由车架、车桥、车轮与轮胎以及位于车桥和车架之间的悬挂装置组成。行驶系影响汽车的操纵稳定性，对汽车乘坐的舒适性也有重要的影响。

转向系用来改变或恢复汽车的行驶方向。它通过使前轮相对于汽车纵向平面偏转一定的角度来实现转向。转向系主要由转向操纵机构、转向器和转向机构组成。

制动系的作用是使行进中的汽车减速直至停车，还可使停放的汽车可靠地驻留原地不动。行车制动装置由驾驶员通过制动踏板来操纵，驻车制动由手制动来操纵。

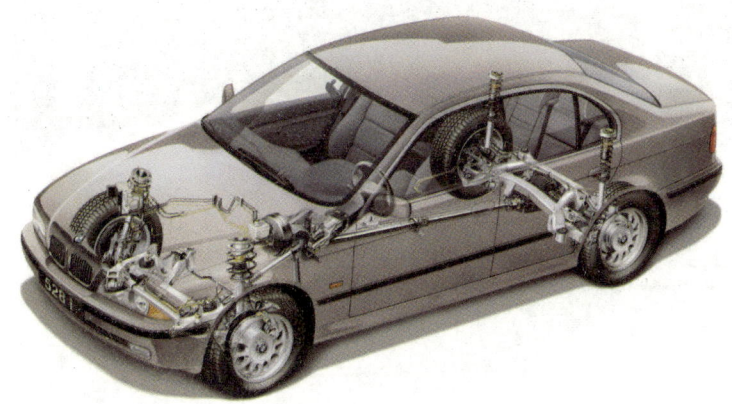

图4.19 汽车底盘

4.2.3 车身

车身（图4.20）是驾驶员工作的场所，也是容纳乘客和货物的场所。车身应为驾驶员提供方便的操作条件，为乘客提供舒适安全的环境并保证货物完好无损。车身包括车门、车窗、内外饰件、坐椅及车前钣金件等。

图4.20 汽车车身

4.2.4 电气系统

电气系统由电源组、发动机启动系和点火系、汽车照明和信号装置等组成。此外，现代汽车上开始越来越多地装用电子设备,如微处理器、中央计算机系统及各种人工智能装置等,显著地提高了汽车的性能。

4.3 汽车行驶原理

我们知道汽车要运动,就必须有克服各种阻力的驱动力,也就是说,汽车在行驶中所需要的功率和能量取决于它的行驶阻力。汽车的行驶阻力一般可以分为稳定行驶阻力和动态行驶阻力(图4.21)。

图4.21 汽车行驶阻力

稳定行驶阻力包括了车轮阻力、空气阻力以及坡度阻力。

1. 车轮阻力

车轮阻力其实是由轮胎的滚动阻力、路面阻力以及轮胎侧偏引起的阻力所构成的。

汽车在行驶时会使得轮胎变形,而不是一直保持静止时的圆形,由于轮胎本身的橡胶和内部的空气都具有弹性,因此轮胎滚动时会反复经历压缩和伸展的过程,由此产生了阻尼功,即变形阻力。经过试验表明,当汽车速度超过45m/s(162km/h)时轮胎变形阻力就会急剧增加,这不仅要求有更高的动力,对轮胎本身也是极大的考验。而轮胎在路面行驶时,胎面与地面之间存在着纵向和横向的相对局部滑动,车轮轴承内部也会有相对运动,因此又会有摩擦阻力产生。由于我们是被空气所包围的,所以只要是运动的物体就会受到空气阻力的影响。于是,这3种阻力,变形阻力、摩擦阻力和轮胎空气阻力的总和便是轮胎的滚动阻力了。在40m/s(144km/h)以下的速度范围内,变形阻力占了轮胎的滚动阻力的90%~95%,摩擦阻力占2%~10%,而轮胎空气阻力所占的比率极小。

而路面阻力就是轮胎在各种路面上的滚动阻力,由于各种路面不同,产生的阻力也不同。还有便是轮胎侧偏引起的阻力,它是由于车轮的运动方向与受到的侧向力产生了夹角而产生的。

2. 空气阻力

汽车在行驶时,需要挤开周围的空气,汽车前面受气流压力并且形成真空,产生压力差,此外还存在着各层空气之间以及空气与汽车表面的摩擦,再加上冷却发动机、室内通风以及汽车表面外凸零件引起的气流干扰等,就形成了空气阻力。

空气阻力与汽车的形状、汽车的正面投影面积有关,特别是与汽车——空气的相对速度的平方成正比。当汽车高速行驶时,空气阻力的数值将显著增加。我们在汽车指标中经常见到的风阻就是计算空气阻力时的空气阻力系数,这个系数是越小越好。

3. 坡度阻力

坡度阻力即汽车上坡时其总重量沿路面方向的分力形成的阻力。

动态行驶阻力主要就是惯性力了,它包括平移质量引起的惯性力,也包括旋转质量引起的惯性力矩。

在任何情况下,欲保证汽车匀速行驶,驱动力必须与行驶总阻力相等。当总阻力超过驱动力时,汽车将减速以至于停车。这时要想维持车速不变,就应当相应地增大驱动力。但在有些情况,如在冰雪或泥泞道路上行驶时,增加驱动力会出现驱动车轮打滑的现象。此时,尽管增加了油门开度,但汽车仍不能行驶,只是驱动车轮滑转得更快,驱动力却没有增加。这说明,驱动力的增加不仅决定于发动机的最大转矩和传动系的传动比,还受到轮胎和地面附着性能的影响。附着力的大小主要取决于车轮所受的重力大小、路面和轮胎类型等因素。

4.4 汽车使用性能指标

汽车的使用性能是指汽车满足使用要求的程度,也是衡量汽车性能好坏的重要指标。汽车的使用性能包括:动力性、燃料经济性、制动性、操纵稳定性、行驶平顺性、乘坐舒适性、通过性、安全性、可靠性、耐久性、操作方便性和排放性等。由于汽车的种类繁多,需要满足的使用要求亦各不相同。在设计汽车时往往有针对性地满足一两项主要性能而把其他性能放在较次要的地位。例如,普及型家用轿车需要强调燃料经济性,竞赛汽车则强调动力性而把燃料经济性放到较次要的地位。

4.4.1 汽车的动力性

这是汽车首要的使用性能。汽车必须有足够的平均速度才能正常行驶。汽车必须有足够的驱动力才能克服各种行驶阻力,正常行驶。汽车的动力性可从最高车速、加速能力、爬坡能力3个方面进行评价。

汽车的最高车速是指汽车在水平良好路面(混凝土或沥青)上能达到的最高行驶速度。最高车速与汽车所选择的发动机转速、传动系的传动比以及车轮半径的大小有关。在设计汽车时要考虑道路条件与交通情况,在道路设计时也规定了道路的持续车速和最高车速。

号称地球上最快的车是Bloodhound SSC(图4.22),2008年末呈现在世人面前,最高车速为1600km/h,采用喷气式飞机的发动机,同时还搭载了功率为588 kW 的MCT V12发动机作为辅助动力装置。采用往复活塞发动机为动力的世界上最快的车是Barabus TKR(图4.23),采用全碳素车身,马力为1005匹,最高时速为270迈每小时(约合434.5km/h),百公里加速时间只有1.67s。

图4.22 世界上最快的车——Bloodhound SSC (采用燃气轮机)

图4.23 Barabus TKR（采用往复活塞发动机）

汽车的加速能力是指汽车在各种使用条件下迅速增加汽本行驶速度的能力。汽车的加速能力强，表明汽车有较好的超车能力。加速能力对汽车的平均行驶速度有较大影响。加速过程中加速用的时间越短、加速度越大且加速距离越短的汽车，加速性能就越好。汽车的加速能力通常用原地起步至某一速度（例如100km/h）的加速时间来衡量，或由原地起步行驶某一距离（例如400m）的加速时间来衡量。

汽车的爬坡能力用汽车满载时以最低挡位在坚硬路面上等速行驶所能克服的最大坡度来表示，称为最大爬坡度。它表示汽车最大牵引力的大小。不同类型的汽车对上述3项指标要求各有不同。轿车与客车偏重于最高车速和加速能力，载货汽车和越野汽车对最大爬坡度要求较高。

4.4.2 汽车的燃油经济性

汽车以最少的燃料消耗量完成单位运输工作量的能力称为燃料经济性。燃料经济性的衡量指标是：给定行驶里程的汽车燃料消耗辆，或给定燃料消耗量能使汽车行驶的里程。例如，我国采用的指标是汽车行驶100km消耗多少升燃料（L/100km）。

汽车的燃料经济性与汽车的内在因素和外在因素有关。所谓内在因素是指汽车本身的结构，例如选用省油的发动机、与发动机相匹配的传动系、整车轻量化、低空气阻力的汽车外形等均可提高汽车的燃料经济性。所谓外在因素是指道路条件、交通状况、驾驶操作、气候等因素都会对汽车的燃料经济性产生影响。

4.4.3 汽车的制动性

汽车的制动性也是汽车的主要性能之一。自从汽车诞生之日起，汽车的制动性就显得至关重要。并且随着汽车技术的发展和汽车行驶车速的提高，其重要性也显得越来越明显。制动性直接关系到交通安全，重大交通事故往往与制动距离太长、紧急制动时发生侧滑等情况有关，故汽车的制动性是汽车行驶的重要保障。

汽车行驶时能在短距离内停车并且维持行驶方向稳定性的能力、在下长坡时能维持一定车速的能力，以及汽车在一定坡道上能长时间停车不动的驻车制动器性能称为汽车的制动性。

汽车的制动性主要由制动效能、制动效能的恒定性和制动时汽车的方向稳定性3方面来评价。

1. 制动效能

制动效能即制动距离与制动减速度，是指在良好路面上汽车以一定初速制动到停车的制动距离或制动时汽车的减速度，是制动性能最基本的评价指标。

制动距离与汽车的行驶安全有直接的关系，它指的是汽车空挡时以一定初速，从驾驶员踩着制动踏板开始到汽车停止为止所驶过的距离。

2. 制动效能的恒定性

制动过程实际上是把汽车行驶的动能通过制动器吸收转化为热能，汽车在繁重的工作条件下制动时（例如下长坡长时间、连续制动）或高速制动时，制动器温度常在300℃以上，制动器温度上升后，摩擦力矩将显著下降，这种现象就称为制动器的热衰退。汽车在高速行驶或下长坡连续制动时制动效能保持的程度，称为抗热衰退性能。制动器抗热衰退性能一般用一系列连续制动时制动效能的保持程度来衡量。

此外，汽车在涉水行驶后，制动器还存在水衰退的问题。当汽车涉水时，水进入制动器，短时间内制动效能的降低称为水衰退。汽车应该在短时间内迅速恢复原有的制动效能。

3. 制动时汽车的方向稳定性

制动时汽车的方向稳定性即制动时汽车不发生跑偏、侧滑以及失去转向能力的性能。制动过程中，有时会出现制动跑偏、后轴侧滑或前轮失去转向能力而使汽车失去控制离开原来的行驶方向，甚至发生撞入对方车辆行驶轨道、下沟、滑下山坡的危险情况。

一般把汽车在制动过程中维持直线行驶或按预定弯道行驶的能力称为制动时汽车的方向稳定性。在试验时常规定一定宽度的试验通道，制动时方向稳定性合格的车辆在试验过程中不允许产生不可控制的效应使它离开这条通道。安装防抱死制动系统的汽车，不但可提高制动效能，更重要的是能保持制动时的方向稳定性。

4.4.4 汽车的安全性

汽车安全取决于人、车、环境和法规4个方面。安全性是指汽车在行驶时避免发生碰撞事故以及碰撞后可减轻损失或伤亡的性能。汽车的安全性又可分为主动安全性和被动安全性两项。

1. 主动安全性

主动安全性是指汽车对操纵稳定性利制动性能等事故的预防能力。主动安全系统主要有汽车制动防抱死装置系统（ABS）、电子控制制动力分配系统（EBD）、驱动防滑控制系统（ASR）、电子增稳系统（ESP）及灯光安全系统等。

2. 被动安全性

被动安全性是指汽车发生不可避免的碰撞事故时，对驾驶员和乘员进行保护，尽可能减少其所受的伤害，即汽车碰撞时对人员的保护能力，如保险杠性能、防撞车身结构、安全带效能、安全气囊效能、安全玻璃性能等。

被动安全系统装置主要有安全带、安全气囊、撞击感应系统、吸能安全车身、安全转向系统、汽车防侧撞安全系统等。

4.4.5 汽车的操纵性和稳定性

汽车的操纵性是指汽车对驾驶员转向指令的响应能力，它直接影响到行车安全。轮胎的气压和弹性、悬挂装置的刚度以及汽车重心的位置都对该性能有重要影响。

汽车的稳定性是汽车在受到外界扰动后恢复原来运动状态的能力，以及抵御发生倾覆和侧滑的能力。对于汽车来说，侧向稳定性尤为重要。当汽车在横向坡道上行驶、转弯以及受到其他侧向力时，容易发生侧滑或者侧翻。汽车重心的高度越低，稳定性越好。适合的前轮定位使汽车具有自动回正和保持直线行驶的能力，提高了汽车直线行驶的稳定性。如果装载过高或超载，转弯时车速过快，横向坡道过大以及偏载等，容易造成汽车侧滑及侧翻。

4.4.6 汽车的通过性

汽车在一定的载重量下能以较高的平均速度通过各种坏路及无路地带和克服各种障碍物（陡坡、台阶、壕沟等）的能力称为汽车的通过性。各种汽车的通过能力是不一样的。轿车和客车由于经常在市内行驶，通过能力就差；而越野汽车、军用车辆、自卸汽车和载货汽车就必须有较强的通过能力。

采用宽断面胎、多个轮胎可以减小滚动阻力；较深的轮胎花纹可以增加附着系数而不容易打滑；全轮驱动的方式可使汽车的动力性得以充分发挥；结构参数的合理选择可以使汽车具有优良的克服障碍的能力。

汽车通过不规则的地面时，对汽车的几何形状有一定的要求，以免其前端、底部、后端被卡住；汽车还应有较大的离地间隙，以免汽车底部较低的部分被路面凸起物碰刮，此外还有越过障碍或壕沟的能力等。

4.4.7 汽车的行驶平顺性和乘坐舒适性

汽车在行驶过程中由于路面不平的冲击，会造成汽车的振动，使乘客感到疲劳和不舒服，也会使货物损坏。为防止上述现象的发生，不得不降低车速。同时振动还会影响汽车的使用寿命。汽车在行驶中对路面不平的降振程度，称为汽车的行驶平顺性。

汽车行驶平顺性的评价方法通常是根据人体对振动的生理反应及对保持货物完整性的影响来制订的，并用振动的物理量，如频率、振幅、加速度、加速度变化率等作为行驶平顺性的评价指标。汽车车身的固有频率也可作为平顺性的评价指标。从舒适性出发，车身的固有频率在600~850Hz的范围内较好。

高速汽车尤其是轿车要求具有优良的行驶平顺性、轮胎的弹性、性能优越的悬挂装置、坐椅的降振性能以及尽量小的非悬挂质量，都可以提高汽车的行驶平顺性。

乘坐舒适性要求汽车有良好的平顺性之外，还要求车身能隔离噪声，要求通风、供暖和空调系统将室内温度、湿度等调节至适宜的状态。

4.4.8 汽车的可靠性和耐久性

可靠性是指汽车在正常条件下、规定的时间内完成必要的工作的能力。如果汽车的零部件在规定的使用期限内不能保证性能要求，就称为"故障"或"不可靠"。故障包括零部件不工作、工作不稳或性能降低等情况。故障又分为突发性和渐衰性两种表现形式。汽车零部件产生故障后,有的经过维修后仍可保证性能要求,而有的则不可维修而报废。

零部件从开始正常工作直至不能正常工作而报废的整个过程称为使用寿命,可用零部件的工作时间或汽车的行驶里程去衡量。可靠性和耐久性的含义有相似之处,但可靠性是针对故障而言,而耐久性是指使用寿命的长短。

无论是汽车设计制造者还是使用者,都希望产品无故障、使用寿命长,并减少维修时间和费用。各国政府制定出许多法规(如安全法规、排放法规等)来迫使提高汽车的性能,使汽车的可靠性变得日益重要。

第5章　汽车新技术和发展

教学目标

通过学习新技术在汽车上的应用了解新能源汽车。拓宽对汽车的整体认识，了解汽车的发展趋势。

教学要求

能力目标	知识要点	权重	自测分数
了解汽车上应用的新技术	汽车新技术	60%	
了解新能源汽车	新能源汽车	40%	

▶ **引例**

某些城市推出购买一辆6万元的电动汽车，一次性补助5万元的政策，为什么政府投入这么多的钱来发展电动汽车，电动汽车发展到了什么阶段，这些都是值得我们关注的问题。

第5章 汽车新技术和发展

5.1 汽车新技术

现在汽车上采用了一些新的技术,如早期的ABS等,为了理解汽车销售及广告中出现的专业术语,让读者不会一头雾水,本节特收集了一些最新的术语,以供参考。

1. ESP（Electronic Stability Program）电子稳定装置

电子稳定程序综合了ABS（防抱死制动系统）、BAS（制动辅助系统）和ASR（加速防滑控制系统）3个系统,功能更为强大。

ESP可以实时监控汽车行驶状态,必要时可自动向一个或多个车轮施加制动力,以保持汽车在正常的车道上运行,甚至在某些情况下可以进行每秒150次的制动,而且它还可以主动调控发动机的转速并可调整每个车轮的驱动力和制动力,以修正汽车的过度转向和转向不足。ESP还有一个实时警示功能,当驾驶者操作不当和路面异常时,它会用警告灯警示驾驶者。

当汽车发生转向不足时（左）,车身表现为向弯外推进,此时ESP系统将通过对左后轮的制动来遏制车辆陷入险境;而当汽车发生转向过度时（右）,ESP系统则通过对右前轮的制动来纠正危险的行驶状态。

在ABS、BAS及ASR 3个系统的共同作用下,ESP最大限度地保证汽车不跑偏、不甩尾、不侧翻。据统计,有25%导致严重人员伤亡的交通事故是由侧滑引起的,更有60%的致命交通事故是因侧面撞击而引起的,其主要原因就是车辆发生了侧滑,而ESP能有效降低车辆侧滑的危险,从而降低交通事故的数量以拯救生命。

2. TCS（Traction Control System）牵引力控制系统

牵引力控制系统是根据驱动轮的转速及传动轮的转速来判定驱动轮是否发生打滑现象,当前者大于后者时会抑制驱动轮转速的一种防滑控制系统。它与ABS作用模式十分相似,两者都使用感测器及刹车调节器。

当TCS感应到车轮打滑的时候,首先会经过发动机控制电脑改变发动机点火的时间,减低发动机扭力输出或是在该轮上施加刹车以防该轮打滑,如果在打滑很严重的情况下,就再控制发动机供油系统。TCS在运用的时候,变速箱会维持较高的挡位,在油门加重的时候,会避免突然下挡以免打滑得更厉害。

TCS对汽车的稳定性有很大的帮助,当汽车行驶在易滑的路面上时,没有TCS的汽车在加速时驱动轮容易打滑,如果是后轮,将会造成甩尾,如果是前轮,车子方向就容易失控,导致车子向一侧偏移,而有了TCS,汽车在加速时就能够避免或减轻这种现象,保持车子沿正确方向行驶。在应用TCS时,可以在仪表板显示出地面是否有打滑的现象发生,它有一个控制旋扭,如果想要享受一下自己控制的快感,在适当的时机可以将系统关掉,车子重新启动时TCS就会自动打开。

3. EPHS（Electrically Powered Hydraulic Steering）电动液压助力转向系统

与传统的助力转向系统相比,EPHS有多种优点:最多能节约85%的能源;通过少的能源消耗,少的能量供应以及减少液压系统的油量实现保护环境的目的;实际行驶中,节约燃油约0.2L/100km;主动安全性更好,一般在转向时,转向盘转动很轻便,但高速行驶时,转向较重,手感很好。

电动液压助力转向取决于转向角速度和汽车行驶速度。转向液压泵V119由齿轮泵和电动机组成。该齿轮泵不是直接由汽车发动机来驱动,而是由一个集成在电动泵总成中的

电动机来驱动的。该电动机只有在点火接通及发动机运转的情况下才工作。转向角速度、车速及发动机转速信号将传送给控制单位。该控制单元可以调节电动机以及齿轮泵的转速,进而调节供油量,更确切地说是液压油的体积流量。

4. ETCS-i (Electrical Throttle Control System intelligent) 智能式电子节气门管理系统

电子节气门控制系统取消了油门拉线,在油门踏板上安装有油门位置传感器。司机踩下油门踏板,只是作为一个信号传给了发动机ECU。发动机ECU经过全面判断(考虑其他传入ECU的信号)以后,能在所有操作范围实现良好的节气门控制。

5. ACIS可变进气歧管长度

ACIS系统能根据发动机转速和节气门开度的不同适时有效地改变进气歧管的有效长度,以提高进气效率,从而使发动机在所有转速范围内均有强大动力。

6. VNT可调涡轮增压器

VNT主要解决涡轮增压器响应滞后问题。VNT可使发动机响应更快,改善低速与瞬态性能,即使在发动机转速较低时,可调涡轮增压器仍具有快速响应能力,排放更加清洁。

7. SSS (Speed-Sensitive Steering) 速度感应式转向系统

SSS系统属于可增进行车主动安全的系统。此系统会随着车行速度调整动力辅助油压,在低速时有较大的辅助油量,提供较大的辅助力,使转向力较轻巧,为使行车更为安全,其转向力必须相对地提升,才不至于由于转向力太轻造成高速时转向太灵敏,致使车行不稳的现象,而速度感应式转向系统则可随着车速的变化提供适当的辅助力,使车辆有更好的操控稳定性,提升行驶的安全性。

8. VSC (Vehicle Stability Control) 车辆稳定控制系统

VSC系统能快速地将车辆于转弯过程中转向过度或转向不足的现象,修正到原有正常路径的循迹行驶。当车辆于转弯过程中处于转向过度的情形下,VSC系统会降低发动机的输出力矩,并执行前面外侧轮的刹车作用,来产生一向外的力量,使车身行驶的方向回复到正常的轨迹。而当车辆在转弯过程中处于转向不足的情形下,VSC系统仍会降低发动机动力输出,并根据转向不足的程度给后两轮施予不同的刹车力,其目的也是要产生回复至正常行驶路径的力量,而使车辆在转弯的行驶过程中有好的行驶方向稳定性。

9. PDC (Parking Distance Control) 停车距离控制系统

此套系统主要是协助驾驶者方便停车,尤其在城市内PDC更有其需要性,PDC系统通常会于车的后保险杠或前后保险杠设有雷达侦测器,用以侦测前后方的障碍物,主要是要协助驾驶者侦测前后方无法看到的障碍物,或停车时与它车的距离,除了方便停车外更可以保护车身。PDC系统以超音波感应器来侦测出离车最近的障碍物距离,并发出警笛声来警告驾驶者。PDC的优点在于驾驶者用听觉就可以知道停车时与障碍物或它车的距离,而当车速超过某一车速时此套系统将会关闭。

10. SIPS (Side Impact Protect System) 侧面撞击保护系统

SIPS基本上是一种结构力学原理在汽车车体结构上的应用,主要功能是将撞击力分散,以保护车身的完整性。其设计的原理是将乘员区设计成一刚体区,且组成刚体区的骨架结构都是考虑到侧撞后力量的分散,如此才能使车辆承受侧面撞击时将撞击力分散,保持车身的完整性,才不会造成人员过大的伤害。

11. EBD (Electric Brake force Distribution) 电子制动力分布

EBD系统是当重踩制动,在ABS作用之前,可平衡每一个轮的有效地面抓地力,主要

第5章 汽车新技术和发展

是用来改善制动力的平衡并缩短制动距离。制动时EBD可依据车辆的重量和路面条件自动以前轮为基准，去比较后轮轮胎的滑动率，如发觉差异且此差异程度必须被调整时，则制动油压系统将会调整传至后轮的油压，以得到更平衡且更接近理想化的制动力的分布。

12．ABC（Active Body Control）主动车身控制系统

我们都知道，当悬挂系统较硬时，可以获得很好的操控性，尤其在高速行驶时，有利于车身的稳定，但是当遇到较差的路面时，其舒适性就无法得到保证。而悬挂系统设定得较软时，虽然得到了较好的舒适性，但操控性又有所下降，比如加速抬头、刹车点头等现象就比较明显。而ABC的出现克服了悬挂设定舒适性和操控性之间的矛盾，最大限度地接近消费者对车辆在这两方面的要求。

ABC系统使汽车对侧倾、俯仰、横摆、跳动和车身高度的控制都能更加迅速、精确。车身的侧倾小，车轮外倾角度变化也小，轮胎就能较好地保持与地面垂直接触，使轮胎对地面的附着力提高，以充分发挥轮胎的驱动制动作用。此外汽车的载重量无论如何变化，汽车始终能保持一定的车身高度，所以悬架的几何关系也可以确保不变。ABC系统能够很好地适应各种路面情况，即使在崎岖不平的地方，也能保持优越的操控性、舒适性及方向稳定性。

13．VVTL（Variable Valve Timing and Left）可变气门相位及升程

VVTL系统是在VVT对气门正时控制的基础上加入了对气门升程控制的一种装置，由于使气门的升程变化了，从而更加改善了进排气效率，更能使发动机在所有转速范围内的动力性、燃油经济性进一步提高，尾气的排放也进一步降低。

14．VVT-i（Variable Valve Timing and Lift with intelligence）可变气门正时系统

VVT-i是一种控制进气凸轮轴气门正时的装置，它通过调整凸轮轴转角配气正时进行优化，从而提高发动机在所有转速范围内的动力性、燃油经济性，降低尾气的排放。

15．VTEC（Variable Valve Timing and Valve Life Electronic Control System）可变气门正时及升程电子控制系统

VTEC是本田的专有技术，它能随发动机转速、负荷、水温等运行参数的变化，而适当地调整配气正时和气门升程，使发动机在高、低速下均能达到最高效率。在VTEC系统中，其进气凸轮轴上分别有3个凸轮面，分别顶动摇臂轴上的3个摇臂，当发动机处于低转速或者低负荷时，3个摇臂之间无任何连接，左边和右边的摇臂分别顶动两个进气门，使两者具有不同的正时及升程，以形成挤气作用效果。此时中间的高速摇臂不顶动气门，只是在摇臂轴上做无效的运动。当转速在不断提高时，发动机的各传感器将监测到的负荷、转速、车速以及水温等参数送到电脑中，电脑对这些信息进行分析处理。当需要变换为高速模式时，电脑就发出一个信号打开VTEC电磁阀，使压力机油进入摇臂轴内顶动活塞，使3个摇臂连接成一体，使两个气门都按高速模式工作。当发动机转速降低达到气门正时需要再次变换时，电脑再次发出信号，打开VTEC电磁阀压力开头，使压力机油泄出，气门再次回到低速工作模式。

16．LSD（Limited Slip Differential）限滑差速器

LSD作为循迹控制的一环可以确保驱动轮的动力输出，常用于后轮驱动车的后轴差速器上，四轮驱动车的中央差速器及后轴差速器上。

LSD的目的在于改善传统差速当驱动轮由于驱动力输出太大、地面太湿滑或单轮悬空造成单边驱动轮打滑，而造成另一轮也同时失去驱动力，致使车辆无法脱困或循迹性不好

的现象。

17. 发动机防盗锁止系统

由于汽车门锁具有一定的互开率，降低了汽车的防盗功能，因此人们开发了发动机防盗锁止系统。对于已装有发动机防盗锁止系统的轿车，即使盗车贼能打开车门也无法开走轿车。典型的发动机防盗锁止系统是这样工作的：汽车点火钥匙中内装有电子芯片，每个芯片内都装有固定的ID（相当于身份识别号码），只有钥匙芯片的ID与发动机一侧的ID一致时，汽车才能启动，相反，如果不一致，汽车就会马上自动切断电路，使发动机无法启动。

18. 智能轮胎

智能轮胎内装有计算机芯片，或将计算机芯片与胎体相连接，它能自动监控并调节轮胎的行驶温度和气压，使其在不同情况下都能保持最佳的运行状态，既提高了安全系数，又节省了开支。估计若干年后的智能轮胎能在探测出路面的潮湿后改变轮胎的花纹，以防打滑。

19. FSI（Fuel Straight Injection）汽油发动机缸内直喷技术

FSI由传统的进气道喷油改为在气缸内直接喷射汽油。缸内直喷所宣扬的是通过均匀燃烧和分层燃烧，实现了高负荷、尤其是低负荷下的燃油削耗降低，动力还有很大提升。今天，各大公司已经把目光锁定在了直喷系统，如博世公司开发了Motronic MED7汽油直喷系统，奥迪公司开发了FSI系统，奔驰开发了CGI系统，菲亚特则开发了JTS系统，虽然名字不同，但它们都代表了汽油缸内直喷系统。

20. HCCI（Homogeneous Charge Compression Ignition）均质混合气压燃烧技术

HCCI发动机和传统的汽油发动机一样，都是向气缸里面注入比例非常均匀的空气和燃料混合气。传统的汽油发动机通过火花塞打火，点燃空气和燃料混合气产生能量。但HCCI发动机则不同，它的点火过程同柴油发动机类似，通过活塞压缩混合气使之温度升高至一定程度时自行燃烧。

21. CR（共轨系统）

共轨技术是指在高压油泵、压力传感器和ECU组成的闭环系统中，将喷射压力的产生和喷射过程彼此完全分开的一种供油方式，由高压油泵把高压燃油输送到公共供油管，通过对公共供油管内的油压实现精确控制，使高压油管压力大小与发动机的转速无关，可以大幅度减小柴油机供油压力随发动机转速的变化，因此也就减少了传统柴油机的缺陷。ECU控制喷油器的喷油量，喷油量大小取决于燃油轨（公共供油管）压力和电磁阀开启时间的长短。

5.2 新能源汽车

新能源汽车这一概念是相对于传统汽油车和柴油车而言的，是指用非汽油和非柴油燃料发动机或新能源作动力替代或部分替代传统内燃机作动力的汽车。新能源汽车有电动汽车、天然气汽车、液化石油气汽车、甲醇汽车和氢气汽车等。

5.2.1 电动汽车

电动汽车是依靠电能驱动的车辆，电动汽车大致分为蓄电池电动汽车、燃料电池电动汽车和混合动力电动汽车。电动汽车的一个共同特点是汽车完全或部分由电力通过电机驱动，能够实现低排放和零排放。

电动汽车能广泛地利用各种能源（电、油、煤、太阳能、水力能等），能量的利用率高，具有以下特点。

（1）节能——首先是不需石油类燃料，其次，在夜间充电可填补用电低谷时发电厂多余的供电量，此外电动机的耗能效率高达75%（而内燃机只有15%）。

（2）污染小——电动车行驶时不排放有害废气（称为"零排放"）。蓄电池在制造过程中或充电过程中仍会因化学反应而产生污染物，但比内燃机汽车的排气污染物更易控制。

（3）特殊环境下的优点——内燃机汽车无法在缺氧的条件下工作，而电动车则最适用于月球、太空、海底、真空等环境。

（4）其他优点——操作方便（电动车没有离合器、不必换挡），启动容易，行驶噪声小。

但动力电池寿命短，一次充电后的有效行程短，价格较贵。

1. 蓄电池电动汽车

蓄电池电动汽车（图5.1）是最早出现的电动汽车，它由电池组、控制系统、驱动电机、转向系统和辅助电器组成。它使用铅酸蓄电池作汽车的动力源，其整车动力性、续驶里程与传统内燃机汽车有较大的差距，而使用高性能镍氢电池或锂电池又会使成本大大增加。蓄电池需要相应的充电设备和充电时间，因而这种电动汽车使用场合受到了限制。

图5.1 蓄电池汽车

2. 混合动力电动汽车

由于当前电动汽车用的电池性能还不理想，一次充电后汽车续驶里程尚未达到传统汽车的水平，同时充电、维修等基础设施的建设仍需完善，于是出现了混合动力电动汽车，即利用两种不同动力驱动的汽车。其组成包括电动机、辅助动力及蓄能装置等。电动机可以是交流的或直流的，辅助动力可以是内燃机、外燃机、其他形式的热机以及燃料电池。蓄能装置可以是蓄电池、超级电容、液压、气动或飞轮等储能装置。

辅助动力可以直接驱动汽车，也可以带动发动机发电，或者如燃料电池直接发电，将电能储存在蓄能装置中。汽车在减速或制动时，可以将回收的能量储存在蓄能装置中，蓄能装置是能量汇集处。通过电控制单元进行自动控制就可以使汽车有更好的性能及更大的灵活性。既可以提高功率水平，最大限度地减少汽车对环境的污染，又可以提高燃油经济性，延长续驶里程。目前混合动力电动汽车主要由发动机、发电机、蓄电池、电控单元控制部件及车用辅助设备等构成，如图5.2所示。

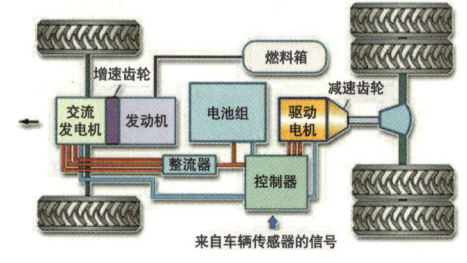

图5.2　混合动力车的构造

在车辆行驶之初，蓄电池组输出的直流电经控制器变为交流电后供入驱动电动机，驱动电动机输出的转矩经变速器、传动轴及驱动桥驱动车轮。蓄电池组电量低于60%时，辅助动力系统启动，为驱动系统提供能量的同时，还给蓄电池组进行充电。当车辆能量需求较大时，辅助动力系统与蓄电池组同时为驱动系统提供能量。

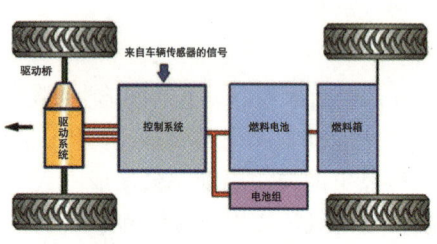

图5.3　燃料电池的组成

3. 燃料电池汽车

采用燃料电池作为电源的汽车称为燃料电池汽车。燃料电池是通过电化学反应将燃料的化学能直接转变为电能的高效率发电装置。燃料可以是氢气、甲醇、石油气、甲烷及其他能分解出氢的烃类化合物。目前大多数燃料电池电动汽车使用压缩氢气或液化氢气作为燃料。

燃料电池发动机是燃料电池电动汽车的核心。如图5.3所示，它一般由多个燃料箱、燃料电池、电池组、控制系统和驱动系统组成。燃料电池单体电池电压一般在1V以下，即使采用串联方法来提高输出电压，需要串联大量的单体燃料电池才能达到，因此用燃料电池管理系统模块进行电源管理，对燃料电池状态进行监控和检查。燃料电池的电流需要经过专用的大功率动力DC/DC转换器，将燃料电池产生的直流电转换为稳压的直流电流，然后经过逆变器转换为交流电输送给驱动电机。除此以外，在装有空调系统和装有电动油泵转向系统的燃料电池电动汽车上，燃料电池组还要向它们提供电能。

汽车开始行驶时，蓄电池组为驱动系统提供能量，燃料电池动力系统不需要工作；当氢气供给足够时，燃料电池动力系统启动，由燃料电池动力系统为驱动系统提供能量，还给蓄电池组进行充电；当车辆能量需求较大时，燃料电池动力系统与蓄电池组同时为驱动系统提供能量。

5.2.2　燃气汽车

自从1872年奥托循环发动机被发明之后，就开始有了天然气发动机。早在第一次世界大战期间天然气就开始用在汽车上，后来由于其储存、携带极不方便才让位于液体燃料中的汽油和柴油。从20世纪60年代以来，全世界经历了3次大的能源危机，这就警示人们石油资源也会枯竭。

随着汽车数量的增多，车用汽油和柴油的消耗越来越大。按现在人类消耗石油的速度测算，全球已探明石油资源仅能维持40～50余年。但天然气气田不断被发现和探明，其储量也逐年增加。以1000m³天然气相当于1t石油计，世界天然气的储量与石油储量是在同一

第5章 汽车新技术和发展

个数量级上的,天然气将成为未来的第二大能源。

天然气作为汽车燃料于20世纪30年代初由意大利人率先采用,到1939年意大利就有1万辆天然气汽车。前苏联早在1938年就研制出两种压缩天然气汽车。但在20世纪50~60年代发展缓慢,只在某些特定地区、特定用途的车辆上小规模地使用。直到1973年第一次石油危机之后,人们才认识到使用天然气代替传统的石油产品作为汽车燃料具有经济、清洁的突出优点,于是纷纷加快了天然气汽车的发展。在天然气资源丰富的俄罗斯、意大利、阿根廷、新西兰、巴西等国家和地区,以及受到环保法规和国家政策制约的美国、日本等国,天然气汽车的发展非常迅速,许多国家都制定了研究与发展计划。

从1993年起,我国已成为石油净进口国,年进口石油2000万吨~3000万吨,而天然气资源比较丰富,为推广天然气汽车提供了良好的资源条件。在20世纪50年代,我国就开展了天然气汽车研究。20世纪80年代中期,为解决燃油供需矛盾,四川省率先提出"以气代油"发展天然气汽车,加快了天然气汽车的发展步伐。1988年中国石油天然气总公司从新西兰引进了一套天然气汽车充气设备及汽车改装配件,在四川省南充市建成了我国第一座CNGV充气站。1994年上海组织开发LPG燃气汽车,为LPG清洁汽车的推广应用工作提供了技术基础保障。到1999年底,由于国家重视,成立了国家清洁燃料汽车领导小组,确定北京、重庆等12个城市、地区为燃气汽车试点示范城市。各地方政府纷纷出台优惠政策给予鼓励支持,使全国清洁燃料汽车的发展步伐大大加快。

根据燃气汽车使用的燃料不同、燃料的使用形态不同和使用方法不同,燃气汽车有如下几种。

压缩天然气汽车(Compressed Natural Gas Vehicles,CNGV),是指以多级加压压缩到20MPa左右并储存在车载高压气中的气态天然气作为燃料的汽车。

液化天然气汽车(Liquefied Natural Gas Vehicles,LNGV),是指以-1620℃左右低温液化并储存在车载绝热气瓶中的天然气作为燃料的汽车。

吸附天然气汽车(Adsorbed Natural Gas Vehicles,ANGV),是指利用以中压状态储存在吸附罐内活性碳中的天然气作为燃料的汽车。

液化石油气汽车(Liquid Petrel Gas Vehicles,LPGV),是指以储存在车载气瓶中的液化石油气作为燃料的汽车。

单燃料燃气汽车(Mono-fuel Vehicle),仅使用CNG或LPG中的一种作为发动机的燃料,发动机的燃料供给系、配气机构等针对CNG或LPG的物化特性进行专门设计,因此燃烧热效率高、经济性好。

双燃料气汽车(Dual-fuel Vehicle),是指具有两套燃料供给系统,使用中可以在两种燃料之间灵活切换的车辆。此类车在燃用汽油时,不能同时使用CNG或LPG作为发动机燃料;反之,燃用CNG或LPG时,也不能混烧汽油。

5.2.3 醇燃料汽车

醇燃料(主要指甲醇和乙醇)是汽车清洁替代燃料的一种,与汽油和柴油相比,醇类燃料氢碳原子比大、且为含氧燃料(甲醇分子含氧量达50%、乙醇分子含氧量达35%),比汽油和柴油更容易完全燃烧,除了常规的有害排放较低外,CO_2的排放量也比燃用汽油和柴油低。此外甲醇和乙醇是可再生资源,可由一些廉价原料,例如家庭垃圾、秸秆、木材、甘蔗、粮食等制造,也可以通过煤、煤层气、液化石油气等制造,所以醇类燃料的供应不会枯竭。

美、德、加、法、日、瑞典、新西兰等发达国家政府和汽车公司,都大力推动醇燃料的研究试验和示范推广,并由国家议会列为清洁燃料,予以发展。世界各大汽车厂都在积极研究开发、示范许多不同方案的醇燃料汽车,如专用优化的醇燃料小轿车(曾是巴西汽车的主流)、全醇燃料的大轿车、大载货汽车等,在醇燃料汽车技术上有很大进展。

5.2.4　太阳能汽车

太阳能是一种新能源,它取之不尽,用之不竭。太阳能汽车(图5.4)是靠太阳电池作电源的。当太阳照射到车身上的太阳电池板时,根据光电转换原理,立即能产生直流电,供给直流电动机运转,驱动汽车行驶。但这种只装有太阳电池板的汽车,在无光照射时就会马上停止。如果要汽车在阴天或夜间也能继续行驶,还要把太阳电池板和蓄电池配合使用。当阳光照射时,太阳电池板就产生电能,一部分提供给电动机,汽车便可行驶,另一部分供给蓄电池充电。这样,等到没有阳光时,蓄电池放电供电动机运转,使汽车行驶。因此可以认为太阳能汽车是太阳能和蓄电池组成混合动力的电动汽车。这样的混合动力汽车在沙漠和草原上可以用风力发电机与发动机组成混合动力,或者用风帆作为汽车的辅助动力。

图5.4　太阳能汽车

第6章 汽车现代设计

> 教学目标

体会汽车色彩与外形文化,了解汽车设计、制造全过程。

> 教学要求

能力目标	知识要点	权重	自测分数
了解世界著名汽车设计师及设计室	了解世界著名汽车设计室的各自特点,知晓著名汽车设计师	30%	
掌握确定汽车外形、颜色的主要因素	掌握汽车外形的演变过程,了解确定汽车外形及颜色的主要因素	30%	
了解汽车设计、生产制造全过程	掌握汽车设计步骤;知道汽车制造方法,了解各种方法特点;知道汽车实验各种方法及测试指标	40%	

> 引例

2008年5月28日下午,北京工业大学艺术设计学院的报告厅里座无虚席,第五届"标致汽车设计国际邀请赛"推介会在这里隆重举行。本次大赛的主题为"畅想明日都市的标致汽车"。设计者需结合21世纪的核心价值观和标致汽车的典型风格元素,来设计行驶在未来都市的标致汽车,通过大胆的想象来诠释对未来汽车的独到理解和设计才华。其实,汽车的概念在人们的心中早已超脱了仅仅作为交通工具的范畴,人们还希望它能承载起驾御者的理想、喜好和对某种生活的向往。于是汽车设计师们最了不起的成就便是能够赋予一辆汽车某种清晰的"人格"和"灵魂"。

6.1 世界著名汽车设计师及设计公司

汽车造型设计是根据汽车整体设计的多方面要求来塑造最理想的车身形状,其目的是吸引和打动观众,使其产生拥有的欲望。汽车造型设计是外部和内部设计的总和,它不是对汽车的简单装饰,而是运用艺术的手法科学地表现汽车的功能、材料、工艺和结构特点。它虽然是车身设计的最初步骤,但却是决定产品命运的关键。汽车的造型已成为汽车产品竞争最有力的手段之一。

汽车造型主要涉及科学和艺术两大方面。设计师需要懂得车身结构、制造工艺要求、空气动力学、人机工程学、工程材料学、机械制图、声学和光学知识。同时,设计师更需要有高雅的艺术品味和丰富的艺术知识,如造型的视觉规律原理、绘画、雕塑、图案学、色彩学等。另外,汽车作为一种商品,设计师还要考虑成本和顾客的心理需求。设计师只有在精通这些知识的基础上,才能不断推陈出新,创作更富魅力的汽车形体。

6.1.1 乔治亚罗与 Italdesign(意大利设计)公司

在世界汽车设计领域,有两个名字无人不知,那正是来自意大利的Italdesign(意大利设计)公司和被评为"世纪设计大师"的乔治亚罗(Giorgetto Giugiaro)。对于这个值得骄傲的称号,乔治亚罗(图6.1)是当之无愧的,不论是他设计的为数众多、遐迩闻名的名车,还是他所创立的目前全球效益最好也是规模最大的汽车设计室来看,乔治亚罗和他的设计室已经成为汽车设计领域经典的象征。这位意大利设计天才不仅为我们留下了可以品味百年的经典作品,对于全球汽车行业的进步更是起了重要的推动作用。

乔治亚罗毕业于都灵美术学院,17岁进入菲亚特汽车公司工作。Italdesign由乔治亚罗和工程师曼托瓦尼创立于1968年,主要给国际汽车生产商提供汽车样式、工艺和原型生产。许多世界著名车厂与之有着良好的合作关系,客户群庞大而稳定。

Italdesign拥有完备而先进的硬件设施,公司占地面积42 000平方米,拥有CAD/CAM工作站系统450套,数控机床16台,不同吨位的冲压机10台,激光切割机器人6台,三维坐标测量仪15台,原型车生产线3条,其规模已接近普通小车厂。Italdesign同时有着一支十分庞大的设计队伍,名气和高薪是吸引设计师的重要原因,能为这样的设计室工作是每个汽车造型师的梦想。

不过拥有骄人成绩的乔治亚罗也不是一步登天,这位设计大师也是凭借自己的努力和超人的天赋,在不断的磨砺中取得令人瞩目的成绩。当初的乔治亚罗加入了有着悠久历史的博通设计室,师从吕思奥·博通。吕思奥·博通的教诲深深影响了乔治亚罗,拓展了他的创作空间,使他的天赋得以展现,同时造就了乔治亚罗惊人的想象力。人们说,博通先后造就了两位设计大师,其中之一就是乔治亚罗,另一位是设计出兰博基尼跑车的马塞罗·甘迪尼(Marcello Gandini)。

在博通的这段时间,乔治亚罗创作了许多以实用性为主的汽车,大受欢迎,同时也确立了自己朴实、简练、细腻、流畅的实用风格。后来由于种种原因,乔治亚罗离开了博通,来到设计风格更适合自己的GHIA设计室,但是在这儿他却没有多少优秀的作品问世。1968年乔治亚罗自立门户,与著名的汽车工程师曼托瓦尼一起成立了Italdesign,并为此倾注了他全部的心血。乔治亚罗不仅是一位优秀的造型设计师,他还具有企业管理的天赋,在他的领导下,设计室规模日渐壮大、生意红火。

据称，世界上现有2500多款他设计的汽车在行驶着，除了一些著名的法拉利、阿尔法·罗米欧和蓝旗亚车型之外，在历史上获得卓著成功的菲亚特家庭轿车如熊猫（PANDA）、乌诺（UNO）、鹏托（PUNTO）、SPARK、派力奥等都是出自这位大师之手。可以说在很大程度上，乔治亚罗和他的设计室已经成为汽车设计领域经典的象征。图6.2为2009年Italdesign设计室设计的Frazer-Nash概念车。

图6.1 设计大师乔治亚罗

图6.2 2009年Italdesign设计的 Frazer-Nash概念车

6.1.2 Pininfarina（平尼法利那）设计室

平尼法利那设计室是以设计法拉利而闻名于世的设计公司，从数几十年开始，法拉利就与位于意大利都灵的平尼法利那设计室密不可分。平尼法利那设计室由BattistaFarina创立于1930年，从20世纪50年代开始将汽车设计作为经营业务。而SergioFarina从父亲手里接过设计室后，更将法拉利车系的精彩推向了顶点。在SergioFarina的家里都叫他Pinin，后来他干脆把这个称呼和他的真名字结合在一起，由此诞生PininFarina（平尼法利那）。

SergioFarina在晚年将设计室交给了他的儿子Fabrizio全权负责，此外虽然领导层一直由Pininfarina家族的成员担任，但设计师是外聘的。因此平尼法利那今天已经不代表一个设计师，而是一个设计公司的名称。平尼法利那现任首席设计师是日本人KenOkuyama。

平尼法利那的强项是设计名贵的跑车。除了法拉利，平尼法利那还负责了一些超级跑车及很多欧洲、美洲及亚洲畅销车型的设计，在其产品上面，也都标有字母"f"——这是平尼法利那用来标志其开发的产品的符号。图6.3为Pininfarina（平尼法利那）设计室为法拉利设计的Pininfarina Ferrari P4-5概念车。

图6.3 Pininfarina Ferrari P4-5概念车

6.1.3 Bertone（博通）设计室

博通设计室由大名鼎鼎的汽车设计大师吕思奥·博通（Nucci Bertone）创立。Nucci Bertone是汽车设计界最德高望重的人物，早在1910年他就已经在车身工场当学徒，20世纪30年代开始从事造型设计。与Pininfarina一样，设计室也一直涉足于车身生产领域，具有很悠久的优良工艺传统。作品线条硬朗，勇于探索，具有强烈的科幻风格。

如果说三大设计公司中Italdesign是实用派，Pininfarina是艺术派，那么Bertone属于风格派。Nucci Bertone本人是出色的设计师，但他的设计室也有很多外聘的设计师。他尤其欣赏有天份的年轻人，并努力发掘和提拔他们，最出色的两个徒弟是乔治亚罗和马塞罗·甘迪尼，这也是他备受尊崇的一个重要原因。

作为世界三大汽车设计室之一的博通是一家拥有2200名设计人员并可以年产7万辆汽车的大型设计集团，完成了不计其数的汽车产品设计，包括从超级兰博基尼跑车到更为朴实的雪铁龙XM、Xantia以及大家非常熟悉的ZX。在概念车设计上，博通也同样制造了令人羡慕的纪录。

Nucci Bertone于1997年逝世，享年99岁。直到晚年他仍然具有非常旺盛的创造力，设计了多款汽车。他的离去是汽车界极大的损失。

6.1.4 Zagato（扎格托）设计室

Zagato设计室也称米兰交通工具设计中心，是汽车界历史最悠久的设计公司，位于意大利时装之都米兰北部郊区。设计室规模相当宏大，总占地33 000平方米，其中23 000平方米为建筑面积，共分为3个部分：造型设计与机械工程分部、比例模型制作分部以及原型车生产分部。设计室可按照客户要求，进行现代化的造型设计和模型、原型车制作的流程服务。Zagato设计室拥有庞大的设计队伍，全部设计人员由欧洲高等设计学府毕业，在世界各大车厂、研究室有3～5年的设计工作经验。Zagato同时还拥有大型的CAD-CAE工作站。Zagato在美国佛罗里达还设有设计中心，拥有25名来自美洲的设计工作人员。Zagato除了汽车设计以外，业务范围还包括航空、船舶等交通工具设计，以及其他工业设计。

每当有Zagato这个名字出现的时候，伴随而来的就是经典、独特、前卫、奢华与唯一。而Zagato身旁每次也一定会出现一个世界顶级的汽车品牌。Zagato的作品很多，但全部都产量极小，绝大部份是为车厂设计的特别型号，再由Zagato负责生产。图6.4为Zagato和世爵合作生产的Spyker C12超豪华跑车，其中不少技术来自于F1赛车技术。Zagato的作品往往都是造价昂贵，设计独特，很难量产。

图6.4　Spyker C12跑车

6.1.5 I.DE.A（迪雅）公司

I.DE.A汽车工程发展协会与"三巨头"一样以量产车为主要业务，论营业额是目前第4大汽车设计公司，"I.DE.A"的意思是"Italian Designed Automobile"。I.DE.A成立于1978年，创始人弗朗科·曼特伽扎，目前还属于很年轻的公司，风格方面比较平淡。领导者在选拔人才时偏向工程师而不是设计师，因而从一开始，该公司的目标就在于车的体系结构和高级的工艺。

早期公司只有10名雇员，经过稳步发展，现在在都灵市郊的蒙卡利埃里已经有6家运营单位，拥有汽车专家约300人。现在给世界各地的汽车制造商提供整套的服务，从风格设计到原型生产，并扩展到产品设计领域。

从2000年起，I.DE.A全资归属于瑞士跨国公司Group Rieter。公司主要为全球汽车制造商提供车身和工程设计。作为I.DE.A全球三大技术中心，上海技术中心已经于2004年1月正式成立，目前在中国已经有3个主要的大客户，而来自中国的业务已经占到其总营业额的40%，长安CM8就是其作品。

6.1.6 Ghia（吉亚）公司

在Italdesign成立之前，Ghia是意大利实用型汽车设计的代表，原因也很简单，它当时的首席设计师正是乔治亚罗。后来Ghia被福特汽车公司收购，目前虽然仍是以独立设计公司的名义存在，但实质上是该公司的一个特殊开发部门。近年的作品都是基于福特公司量产车的特别改型车，往往在车型的名称后面带有"Ghia"的字样。

6.1.7 STOLA公司

STOLA的主要业务是制作原型车，是当今世界首屈一指的原型车制作专家。原型车的设计方案来自客户，公司只负责将方案实现为原型，以用于车展等场合。由于是单件制作且不用考虑生产的可行性，这些原型车从车身钣件、涂装到内饰都是精品，STOLA的价值就在于其精湛无比的工艺。这是一个很狭窄却又不可或缺的行业，日本也有几家类似的展车承制公司，但STOLA的规模和水平都处于世界顶级地位。

6.1.8 马塞罗·甘迪尼

马塞罗·甘迪尼（Marcello Gandini）生于1938年，与乔治亚罗（也是生于1938年）是同门师兄弟。Gandini是Nucci Bertone最宠爱的徒弟，Betone形容他在跑车设计方面简直是天才。Gandini设计了多款经典跑车，在整个20世纪70年代他的出色作品比Nucci Bertone本人的还要多，为建立Bertone的声誉立下汗马功劳。时至今日还能数出一大批由他设计的脍炙人口的车款，几十辆经典车型都诞生在他的笔下，而隶属兰博基尼旗下的车型就有MIURA、URRACO、JARAMA、COUNTACH、DIABLO（图6.5）5款是甘迪尼的作品，并且它们件件都是丰碑，永远都是经典，轰动了全世界车坛。他不仅仅只为兰博基尼做设计，好作品还包括Lancia Stratos、Fiat X1/9等，被称为"天才车身设计师"。

图6.5 兰博基尼DIABLO

6.2 汽车外形与颜色

6.2.1 汽车外形

自1886年德国工程师卡尔·本茨发明第一辆汽车到现在的100多年来，汽车从无到有，从简陋到完美，无数的设计师为之付出了毕生的心血。

最初的汽车是以马车车厢作为设计蓝本，其实就是一辆"无马的马车"，早期福特T型车是马车形的代表作（图6.6）。

图6.6 马车形福特T型车

随着技术进步汽车速度不断提高，为躲避迎面而来的风，风挡玻璃和用木头制成的像箱子一样的车身开始采用，称为箱式汽车（图6.7）。

然而，巨大的空气阻力阻止了车速进一步加快，设计师发现了汽车外形与空气阻力之间的微妙关系，于是应用流体力学理论的汽车被设计出来。1934年，美国克莱斯勒生产的气流牌小客车首先采用流线型车身（图6.8），但这种超前的审美形式因不能与当时人们的欣赏能力相适应而归于失败。直到20世纪40年代，随着德国大众生产的甲壳虫形车的普及，人们才感到甲壳虫的自然美运用到车身造型上也具有同样的魅力，于是"甲壳虫"成了流线型车身的代名词。

图6.7　箱式汽车（1930年福特）

图6.8　美国克莱斯勒气流汽车

到了20世纪50年代，福特推出了船形车（图6.9）。驾驶乘员室位于车中部，整个汽车造型像一条船。船形车没有横向风不稳定问题，其代表作是空气动力量最佳化的奥迪100轿车。后来又有鱼形车（图6.10），不过在高速时产生升力，使车轮着地力减小，容易发生危险。于是楔形车开始出现（图6.11），其特点是车身整体向前下方倾斜，车身后部像刀切一样平直。

图6.9　福特船形车

图6.10　1949年别克鱼形车

图6.11　楔形车

车身外形从马车形、甲壳虫形、船形、鱼形到楔形的演变经历了漫长的过程。虽然这里包含了无数设计者的心血和匠心，但和发动机、底盘、电气技术的快速发展相比起来还相差甚远。这足以说明车身设计在很长一段时期内没有得到重视，尚未形成一套完整、成熟的理论。

汽车文化

随着时代发展，人们对汽车车身的审美意识已提到一个很高的层次。近年来，通过车展人们见识了多种多样的车身外形，体会了一个五彩缤纷的艺术世界。

6.2.2 汽车颜色

汽车车身颜色不论对使用者还是对外界，或对车辆的视觉感，都非常重要。

1. 各颜色含义

（1）银灰色：最能反映汽车本质的颜色。看见银灰色就想起了金属材料，这种颜色给人感觉整体感很强，美国杜邦的调查结果显示，银色汽车最具人气。

（2）白色：白色给人以明快、活泼、大方的感觉。白色是中间色，给人以清洁朴实的感觉，容易与外界环境相吻合而协调，白色车身较耐脏，路上泥浆或污物溅上干后不易看出。另外，白色是膨胀色，容易使小车显大。另外，白色车相对中性，对性别要求不高。

（3）黑色：一种矛盾的颜色，既代表保守和自尊，又代表新潮和性感，给人以庄重、尊贵、严肃的感觉。黑色也是中间色，容易与外界环境相吻合。但黑色汽车车身反而不耐脏，有一点灰尘就能看出来。黑色一直是公务车最受青睐的颜色，高档黑色车气派十足，但低档车最好不要选用黑色，除非标新立异。

（4）红色：红色包括大红、枣红，给人以跳跃、兴奋、欢乐的感觉。红色是放大色，同样可以使小车显大。红色是张扬的颜色，跑车或运动型车非常适合。

（5）蓝色：安静的色调，但是感觉非常收敛，个性不张扬，如同地球的深邃和大海的包容。蓝色是最能体现内涵的颜色，但蓝色不耐脏。

（6）黄色：黄色给人以欢快、温暖、活泼的感觉。黄色是扩大色，在环境视野中很显眼，跑车选用黄色非常适合，小型车用黄色也非常适合。出租车和工程抢险车的黄色，一是便于管理，二是便于人们早早地发现。但私用车选用黄色的不多。

（7）绿色：浅淡且颜色鲜艳的绿色有较好的可视性，这是大自然中森林的色彩，也是春天的色彩。绿色的金属漆也一改以前冰冷的色调，以温暖的面貌出现。

2. 颜色与安全

颜色具有收缩和膨胀性，即前进色和后退色，如果有红色、黄色、蓝色、绿色共4部车与观察者保持相同的距离，看上去红色车和黄色车要离观察者近一些，而蓝色车和绿色车看上去离观察者较远。不同的颜色会产生体积大小不同的感觉。黄色感觉大一些，有膨胀性，称膨胀色；而同样体积的蓝色、绿色感觉小一些，有收缩性，称收缩色。发生事故的轿车中，蓝色和绿色的最多，黄色的最少。银灰色车子不但看上去有品位，而且遭遇车祸的几率也比其他颜色的车子低得多，银灰色是浅颜色中最能避免车祸的，特别是在晚上，因为这种颜色可以反射灯光，更容易令其他驾驶人注意到。由此可见汽车颜色和安全有一定的联系。

汽车内饰的颜色选择也同样影响着行车安全，因为不同的颜色选取对驾驶员的情绪具有不同的影响。内饰采用明快的配色，能给人以宽敞、舒适的感觉。夏天最好采用冷色，冬天最好采用暖色，可以调节冷暖感觉。暗色给人以重的感觉，冷色给人以轻的感觉。红色内饰容易引起视觉疲劳，浅绿色内饰可放松视觉神经，利用不同颜色的座椅布套调节车内颜色，花钱不多，效果显著。

6.3 汽车设计、制造过程

6.3.1 汽车设计过程

1. 制订产品开发规划

在汽车产品开始技术设计之前,必须制订产品开发规划。

首先,必须确定具体的车型,就是打算生产什么样的汽车。

其次,进行可行性分析,根据用户需求、市场情况、技术条件、工艺分析、成本核算等,预测产品是否符合需求等。

再次,拟定汽车的初步方案,通过绘制方案图和性能计算,选定汽车的技术规格和性能参数。

最后,制定出设计任务书,其中写明对汽车的形式、各个主要尺寸、主要质量指标、主要性能指标以及各个总成的形式和性能等具体要求。

另外需要说明的是汽车的概念设计。概念设计和概念车在近年来逐渐兴起。概念设计是对下一代车型或未来汽车的总概念进行概括描述,确定汽车的基本参数、基本结构和基本性能的设计。概念设计同样需要研究产品的开发目的、技术水平、企业条件、目标成本、竞争能力等。概念设计可能只停留在图纸上和文件上的描述,称为"虚拟的"概念车;也可能制造出实体的样车供试验和研究(图6.12)。概念设计可能只是一种参考方案或技术储备,也有可能纳入正式的产品开发规划。所以概念设计只供产品开发参考,但也有可能成为正式产品开发规划的重要组成部分,成为新一代车型的初步设计。

图6.12 TOYOTA丰田 i-unit概念车

2. 初步设计

汽车初步设计的主要任务是构造汽车的形状设计,主要包括如下内容。

(1) 汽车总布置设计。总布置设计(又称初步造型)是将汽车各个总成及其所装载的人员或货物安排在恰当的位置,以保证各总成运转相互协调、乘坐舒适和装卸方便。在这个阶段,需要绘制汽车的总布置图,绘出发动机、底盘各总成、驾驶操作场所、乘员和货物的具体位置以及边界形状,也包括零部件的运动(如前轮转向与跳动)范围校核。经过汽车总布置设计,就可确定汽车的主要尺寸和基本形状。

(2) 绘制效果图。效果图是表现汽车造型效果的图画。造型设计师根据总布置设计所定出的汽车尺寸和基本形状,就可勾画出汽车的具体形象。效果图又分为构思草图和彩色效果图两种。构思草图（图6.13）是记录造型设计师灵感的速写画。彩色效果图（图6.14）是在构思草图的基础上绘制的较正规的绘画，需要正确的比例、透视关系和表达质感。

图6.13　构思草图

图6.14　彩色效果图

（3）制作缩小比例模型。缩小比例模型是在构架上涂敷造型泥雕塑而成。绘制效果图之后，设计师们开始根据图纸制造油泥模型，一般模型为1∶5。造型泥是一种油性混合物，又称油泥，在常温下有一定硬度（比肥皂硬些），涂敷前须经烘烤。缩小比例模型（图6.15）在彩色效果图的基础上更进一步表达造型构思，具有立体形象，比效果图更有真实感，要求比例严格、曲线流畅、曲面光顺。雕塑一个缩小比例汽车模型，需要从各个角度审视，反复推敲，精工细雕，因而很难在两三天内完成。

图6.15　制作汽车油泥缩小模型

（4）召开选型讨论会。经过初步设计，绘制出一批彩色效果图和塑制出几个缩小比例模型之后，就可以召开选型讨论会。会议的目的是从若干个造型方案中选择出一个合适的车型方案，以便作为技术设计的依据。选型讨论会主要讨论审美问题，但也涉及结构、工艺等方面，说明选定车型的造型构思，确定汽车的初步设计。

3．技术设计

1）确定汽车造型

（1）绘制胶带图。胶带图是用细窄的彩色不干胶纸带粘贴成的1∶1（全尺寸）汽车整车图样，可表达零部件形状及外形曲线。胶带图的外形曲线数据取自选定的缩小比例模型，可用来审查整车外形曲线的全貌。如发现某条曲线不美观或不符合要求，可将胶带揭起重新粘贴，直到满意为止。胶带图完成后，缩小比例模型放大的曲线又经过进一步修订。

（2）绘制1∶1整车外形效果图。单纯由缩小比例的绘画表达汽车的外形效果尚嫌不够，还需要绘制等大尺度（全尺寸）的彩色效果图。现代造型设计非常重视等大的尺度感。缩小比例图样和全尺寸图样的真实感是截然不同的。打个比方，雏鸡看上去很小巧可爱，若放大5倍就显得太胖太臃肿。汽车也是一样，缩小比例模型上某些圆角或曲线看上去很小巧雅致，放大5倍后就显得笨拙臃肿。因此，汽车形状的最后确定，不能从缩小比例的图样或模型直接放大，而应经过1∶1效果图和1∶1模型的修正，以符合等大的尺度感和审美要求。

（3）制作1∶1外部模型。1∶1外部模型是汽车外形定型的首要依据。根据缩小比例模型的放大数据，结合胶带图和1∶1效果图的修订情况，就可以制造1∶1外部模型。这个模型是在一个带有车轮的构架上涂敷造型泥而雕塑成的。由于要用数以吨计的造型泥，并雕塑得细致、平整、光顺，所以制造一个1∶1外部模型的时间很长，通常需要几个星期（图6.16）。

图6.16　制作1∶1外部模型

（4）制作1∶1内部模型。1∶1内部模型用以审视汽车内部造型效果和检验汽车内部尺寸。1∶1内部模型与1∶1外部模型同时制作，其设计和尺寸相互配合。1∶1内部模型的形状、色彩、覆盖饰物的质感和纹理都应制造得十分逼真，使人具有置身于真车室内的感觉（图6.17）。

图6.17　制作1∶1内部模型

（5）造型的审批。1∶1外部模型、内部模型、效果图完成后，需要交付企业最高领导审批，使汽车最终定型。汽车造型设计是促进汽车销路的重要竞争手段，大公司为了击败对手会采用频繁更换车型的手段，这对汽车造型设计的需求就十分迫切，使其在整个汽

车设计过程中占有愈来愈重要的地位。

2）确定汽车结构

汽车造型审定后，就可以着手进行汽车结构设计了。汽车的结构设计是确定汽车整车、部件（总成）和零件的结构。也就是说，设计师需要考虑由哪些部件组合成整车，又由哪些零件组合成部件。

在设计时，设计师必须无条件地执行国家制定的有关法规和标准。对于出口的产品，还必须执行外国的标准，如ISO（国际标准化组织）、SAE（美国汽车工程师协会）、JIS（日本工业标准）、EEC（欧洲经济共同体）、ECE（欧洲经济委员会）等标准。图纸绘制成后，需要将部件和零件按照它们所属的装配关系编成"组"及其下属的"分组"号码。每个部件、每个零件及其图纸都给定一个编号，以便于对全部图纸进行管理。

6.3.2 汽车制造工艺及过程

1. 铸造

铸造是将熔化的金属浇灌入铸型空腔中，冷却凝固后获得产品的生产方法。在汽车制造过程中，采用铸铁制成毛坯的零件很多，约占全车重量的10%左右，如气缸体、变速器箱体、转向器壳体、后桥壳体、制动鼓、各种支架等。制造铸铁件通常采用砂型。砂型的原料以砂子为主，并与黏结剂、水等混合而成。砂型材料必须具有一定的粘合强度，以便被塑成所需的形状并能抵御高温铁水的冲刷而不会崩塌。砂型制成后，将铁水灌入砂型的空腔中。

2. 锻造

在汽车制造过程中，广泛地采用锻造的加工方法。锻造分为自由锻造和模型锻造。自由锻造是将金属坯料放在铁砧上承受冲击或压力而成形的加工方法（坊间称"打铁"）。汽车的齿轮和轴等的毛坯就是用自由锻造的方法加工的。模型锻造是将金属坯料放在锻模的模膛内，承受冲击或压力而成形的加工方法。模型锻造有点像面团在模子内被压成饼干形状的过程。与自由锻相比，模锻所制造的工件形状更复杂，尺寸更精确。汽车的模锻件的典型例子是发动机连杆和曲轴、汽车前轴、转向节等。

3. 冷冲压

冷冲压或板料冲压是使金属板料在冲模中承受压力而被切离或成形的加工方法。采用冷冲压加工的汽车零件有发动机油底壳、制动器底板、汽车车架以及大多数车身零件。这些零件一般都经过落料、冲孔、拉深、弯曲、翻边、修整等工序而成形。

4. 焊接

焊接是将两片金属局部加热或同时加热、加压而接合在一起的加工方法。在汽车车身制造中应用最广的是点焊。

5. 金属切削加工

金属切削加工是用刀具将金属毛坯逐层切削，使工件得到所需要的形状、尺寸和表面粗糙度的加工方法。金属切削加工包括钳工和机械加工两种方法。钳工是工人用手工工具进行切削的加工方法，操作灵活方便，在装配和修理中广泛应用。机械加工是借助于机床来完成切削的，包括车、刨、铣、钻和磨等方法。

6. 热处理

热处理是将固态的钢重新加热、保温或冷却而改变其组织结构，以满足零件的使用要求或工艺要求的方法。加热温度的高低、保温时间的长短、冷却速度的快慢可使钢产生不同的组织变化。铁匠将加热的钢件浸入水中快速冷却（行家称为"淬火"），可提高钢件的硬度，这是热处理的实例。热处理工艺包括退火、正火、淬火和回火等。

7. 装配

装配是按一定的要求，用联接零件（螺栓、螺母、销或卡扣等）把各种零件相互连接并组合成部件，再把各种部件相互连接并组合成整车。无论是把零件组合成部件，还是把部件组合成整车，都必须满足设计图纸规定的相互配合关系，以使部件或整车达到预定的性能。

如果到汽车制造厂参观，最引人入胜的是汽车总装配线。在这条总装配线上，每隔几分钟就驶下一辆汽车。汽车随着传送链移动至各个工位并逐步装成，四周还有输送悬链把发动机总成、驾驶室总成、车轮总成等源源不断地从各个车间输送到总装配线上的相应工位。在传送链的起始位置首先放上车架，然后将后桥总成（包括钢板弹簧和轮毂）和前桥总成（包括钢板弹簧、转向节和轮毂）安装到车架上，继而将车架翻过来以便安装转向器、储气筒和制动管路、油箱及油管、电线以及车轮等，最后安装发动机总成（包括离合器、变速器和中央制动器），接上传动轴，再安装驾驶室和车前板制件等。至此，汽车就可以驶下装配线（图6.18）。

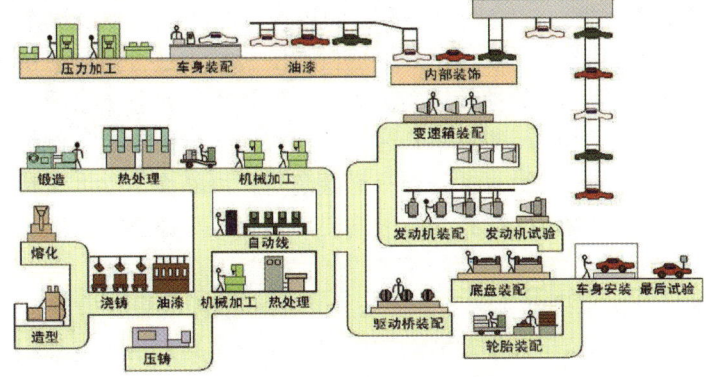

图6.18 汽车制造全过程图

6.3.3 汽车试验

由于汽车的使用条件复杂，汽车工业所涉及的技术领域极为广泛，致使许多理论问题研究得还不够充分，因此汽车工业特别重视试验研究。汽车的设计、制造过程始终离不开试验，无论是设计思想、理论计算、初步设计、技术设计、汽车定型还是生产过程，都要进行大量的试验。最后，在客户购买了汽车并使用的过程中，车辆交通管理部门还要定期对车况进行测试，以确保行车安全。除了某些研究性试验外，汽车产品试验均应遵循一定的标准和规范，对试验条件、试验方法、测试仪器及其精度、结果评价等进行限定，以确保试验结果的再现性和可对比性。

不同国家甚至不同厂家的试验规范可能不同，因此在查看某种产品的试验数据时，必须弄清他们试验所依据的规范或标准。

1. 汽车整车试验

汽车整车性能试验是为了测定汽车的基本性能而进行的试验。主要包括以下这些试验。

(1) 动力性能试验。对常用的3个动力性能指标，即汽车的最高车速、加速和爬坡性能进行实际试验。最高车速试验的目的是测定汽车所能达到的最高车速，我国规定的测试区间是1.6km试验路段的最后500m。加速试验一般包括起步到给定车速、高速挡或次高速挡，以及从给定初速加速到给定车速两项试验内容。爬坡试验包括最大爬坡度与爬长坡两项试验。最大爬坡度试验最好在坡度均匀、测量区间长20m以上的人造坡道上进行，如果人造坡道的坡度对所测车不合适（例如坡道过大或过小），可采用增、减载荷或变换排挡的办法做试验，再折算出最大爬坡度；爬长坡试验主要用来检查汽车能否通过坡度为7%～10%、长10km以上的连续长坡。试验中不仅要记录爬坡过程中的换挡次数、各挡位使用时间和爬坡总时间，还要观察发动机冷却系统有无过热，供油系统有无气阻或渗漏等现象。

　　(2) 燃料经济性试验。通常做道路试验或做汽车测功器（亦即转鼓试验台）试验，后者能控制大部分的使用因素，重复性好，能模拟实际行驶的复杂情况，能采用各种测量油耗的方法，还能同时测量废气排放。

　　(3) 制动性能试验。汽车制动性能的优劣直接关系到汽车行驶的安全性，用制动效能和制动效能的稳定性评价。常进行制动距离试验、制动效能试验（测制动踏板力和制动减速度关系曲线）、热衰退和恢复试验、浸水后制动效能衰退和恢复试验等。

　　(4) 操纵稳定性试验。试验类型较多，如用转弯制动试验评价汽车在弯道行驶制动时的行驶方向稳定性；用转向轻便性试验评价汽车的转向力是否适度；用蛇形行驶试验来评价汽车转向时的随从性、收敛性、转向力大小、侧倾程度和避免事故的能力；用侧向风敏感性试验来考察汽车在侧向风情况下直线行驶状态的保持性；用抗侧翻试验考察汽车在为避免交通事故而急打方向盘时汽车是否有侧翻危险；用路面不平度敏感性试验来检查汽车高速行驶时承受路面干扰而保持直线行驶的能力；用汽车稳态回转试验确定汽车稳态转向特性等。

　　(5) 平顺性试验。平顺性主要是根据乘坐者的舒适程度来评价的，所以又叫做乘坐舒适性，其评价方法通常根据人体对振动的生理感受和保持货物的完整程度确定。典型的试验有汽车平顺性随机输入行驶试验和汽车平顺性单脉冲输入行驶试验，前者用以测定汽车在随机不平的路面上行驶时，其振动对乘员或货物的影响；后者用以评价汽车行驶中遇到大的凸起物或凹坑冲击振动时的平顺性。

　　(6) 通过性试验。通过性试验一般在汽车试验场和专用路段上进行该试验。通过性是指汽车在一定的载重下以足够高的平均车速通过各种坏路和无路地带（松软地面、沙漠、雪地、沼泽等）以及克服各种障碍（陡坡、侧坡、台阶、壕沟等）的能力。汽车通过性常用单位车重的挂钩牵引力来评价。在松软地面上，土壤对驱动轮的推力和车轮遇到的土壤阻力之差称为挂钩牵引力。挂钩牵引力是汽车越野行驶的一种储备，可用以克服坡道、不平路面的阻力。

　　(7) 安全性试验。安全性试验项目很多，而且耗资巨大，特别是碰撞安全试验，除正面撞车试验外，近来还增加侧面撞车试验。可以进行实车撞车试验，也可以进行模拟试验或撞车模拟计算。但不少国家规定新车型必须经过实车撞车试验，以验证其撞车安全性。在撞车试验中需用假人（又称人体模型）进行试验，对人体模型的要求是，其质量、尺寸分布以及主要骨骼关节和动作等尽量逼近真人，又要容易测定各部位的加速度、载荷和变形。人体模型价格较高，因此也要求具有高的耐用性。当进行车内装置（如安全带、座椅、方向盘、仪表板等）抗冲撞能力试验时，为节省开支常用撞车模拟装置进行，它以装有人体模型的平台车代替实车，模拟以一定初速运动的汽车撞击固定壁后部件的减速度特性，从而研究冲击能量的吸收情况（图6.19）。

图6.19　汽车碰撞试验

2.汽车零部件试验

汽车零部件种类繁多，其试验通常是性能、强度、耐久性等内容。发动机是汽车中最重要的总成，其性能试验主要有功率、怠速、空转特性、负荷特性、调速特性、启动、机械效率、多缸工作均匀性、排放和噪声等试验。对发动机的重要零部件（如曲轴、连杆、活塞等运动件和缸盖、缸体等固定件）应进行强度试验，整机和重要部件常需进行耐久性试验，重要部件的耐久性试验可在专门的试验台上进行，整机的耐久性试验则在发动机台架上进行。

为了缩短试验时间，通常强化试验条件，如在额定工况、全负荷最大扭矩工况、超负荷超转速工况下运转。耐久性试验前后要全面测量尺寸和性能，以便评价磨损情况和动力性、经济性、排放等指标的稳定程度。

3.汽车试验场

汽车试验场亦称试车场，是重现汽车使用过程中遇到的各种道路条件和使用条件，进行汽车整车道路试验的场所。为满足汽车的试验要求，汽车试验场将实际存在的各种道路经过集中、浓缩、不失真地强化形成典型化的道路。

汽车试验场（图6.20）的主要试验设施是集中修筑的各种试验道路，如高速环形跑道、高速直线跑道、可靠性强化试验路段、耐久性试验跑道、爬坡试验路以及特殊试验路段（如噪声试验路段、"比利时路"、搓板路、随机波形路、扭曲路、越野路、涉水路等）。

由于汽车试验在汽车开发过程中处于极为重要的地位，许多汽车企业都投入巨额资金修建大型的汽车综合试验场，例如通用汽车公司的密尔福德试验场、日本汽车研究所试验场、英国汽车工业研究协会（MIRA）试验场、我国海南汽车试验场等。

图6.20 汽车试验场

4.汽车风洞试验

汽车风洞就是用来研究汽车空气动力学的一种大型试验设施。其实风洞不是个洞，而是一条大型隧道或管道，里面有一个巨型扇叶，能产生一股强劲气流。气流经过一些风格栅，减少涡流产生后才进入试验室。风洞的最大作用是用来测量汽车的风阻，风阻的大小用风阻系数表示，风阻系数越小，说明它受空气阻力影响越小。当然，除了用来测量风阻外，风洞还可以用来研究气流绕过车身时所产生的效应，如升力、下压力，还可以模拟不同的气候环境，如炎热、寒冷、下雨或下雪等情况。这样，工程师们便可以知道汽车在不同环境下的工作情况，特别是冷却水箱散热、制动器散热等问题。新车在造型设计阶段，必须将汽车制成风洞试验模型进行风洞试验（图6.21），以便改进汽车的形状，提高空气动力性能。

图6.21 汽车风洞试验

第3篇
汽车边缘文化

第7章　汽车运动

> 教学目标

　　了解汽车竞赛起源、组织、分类；知道一级方程式汽车赛的赛规、赛道、赛车、车手和车队；知道汽车拉力赛、耐力赛、卡丁车赛的发展、赛规、赛道形式、赛车要求及各种比赛的世界著名赛事。

> 教学要求

能力目标	知识要点	权重	自测分数
了解汽车竞赛起源、组织、分类	赛车的起源及发展；赛车的组织机构；赛事的分类	20%	
掌握一级方程式汽车赛的赛规、赛道、赛车、车手和车队	一级方程式汽车赛的起源、发展及对赛车运动的影响；一级方程式汽车赛的赛车、赛道、比赛规则；世界著名一级方程式汽车赛车手和车队	50%	
了解汽车拉力赛、耐久赛、卡丁车赛的发展、赛规、赛道形式、赛车要求及各种比赛的世界著名赛事	汽车拉力赛、耐久赛、卡丁车赛的发展、赛规、赛道形式、赛车要求；世界著名赛事的发展、组织、比赛规则及影响	30%	

> 引例

　　"我笨拙地坐进赛车的斗形座里。方向盘上裹着天鹅绒，车上满是电子器件、发光二极管和开关，还有一个不大的液晶屏，内部空间减到了最小。我坐在里面感觉很舒适，就好像在一个出了故障的电梯里。当然了，我的安全带还没有扣好。景色如何？我只能看到挡风玻璃——几乎就在我的眼皮底下，还有远处的两只巨大的轮子。点火，夺得F1世界冠军的法拉利赛车发动了。我心里兴奋异常。我小心地踩下了油门，赛车便驶了出去。发动机像只巨猫一样，发出'呼噜呼噜'的声音，速度迅速增加。是时候了，我将油门踩到底，感觉自己猛然向下一个弯道冲去。太惊人了！发动机达到了17000r/min，功率为850马力。但我不能让车超速行驶，因为它上了150万欧元的保险。弯道都是突然出现在我面前，我根本无法看清。制动装置几乎要弄断了我的肋骨。不到5秒钟，车速就达到了200km/h，而防滑系统纠正着我的哪怕一丁点失误。太神奇了！毫无疑问，即使赛场上的最后一名赛车手，他也是英雄。向他们脱帽致敬！"记者斯特凡·萨姆森如此描述F1的非凡魅力。

第7章 汽车运动

7.1 汽车竞赛起源

　　汽车运动是指汽车在封闭场地、道路或野外，比赛速度、驾驶技术和性能的一种体育运动项目。赛车运动是集人、车为一体的综合较量，不只是车手的个人技艺、意志和胆量的竞争，也体现了人类对自然的征服能力。

　　汽车运动既为汽车厂家提供了一个苛刻的产品质量试验场，也为汽车爱好者和汽车带来一种刺激和美的享受。汽车运动推动了世界汽车工业的科技进步和快速发展。赛车运动的成绩在一定程度上会影响汽车生产厂家的产品市场占有率，所以各国的大汽车厂商都非常重视参与赛车运动。

　　赛车运动是速度的追求，回顾汽车发展的历史，每次赛车运动都推动着汽车技术的发展，赛车运动中汽车速度记录的每一次改写，都是汽车技术发展的里程碑。

　　世界上最早组织的汽车比赛是在1887年4月20日，由法国《汽车》杂志社主办。不过参赛的只有一个人，名叫乔尔基·布顿，他驾驶四人座的蒸汽汽车从巴黎沿塞纳河畔跑到了努伊伊。1888年，法国《汽车》杂志社再次举办了车赛，路程从努伊伊到凡尔赛，全长20km。驾驶迪温牌三轮汽车的布顿获得冠军，亚军也是最后一名为驾驶赛尔波罗蒸汽汽车的车手。

　　国际汽联认为汽车运动诞生日是1894年6月11日，那天法国《小人物》杂志（Le Petit Journal）在巴黎举办了第一次赛车会，从巴黎出发经里昂又返回巴黎，赛程126km，102辆车参赛，比赛的目的主要是考核汽车的行驶可靠性。赢得比赛的车必须"安全、易操控、经济"。最后只有9辆车到达终点。De Dion蒸汽车第一个到达终点，车速24km/h，但De Dion蒸汽车并不是一辆实用的道路用车，因此组委会将奖品发给后面的标致（Peugeot）和潘哈德—勒瓦索两辆汽油车。

　　世界上最早使用汽油汽车进行的长距离汽车公路赛是在1895年6月11日～14日由法国汽车俱乐部和《鲁·普奇·杰鲁瓦尔》报社联合举办的一场比赛，路程从巴黎到波尔多往返，全程长达1178km，参赛车辆总共有23辆，其中包括蒸汽车和汽油车。有趣的是，获得比赛第一名的竟被取消了冠军头衔。这个人叫埃米尔·鲁瓦索（Emile Levassor），共用48.8h，平均车速24 km/h。由于比赛规定赛车上只允许乘坐一人，而他的车上却乘坐了两人，因此失去获奖资格，结果落后很远（用时59h）的驾驶标致车的剀弗林赢得了冠军。此次比赛跑完全程的有8辆汽油车和1辆蒸汽车，第1～7名全被汽油车垄断，汽油车大获全胜。此外，安德烈·米其林驾驶标致充气轮胎赛车也参加了比赛。

　　1900年6月14日举行的从巴黎至里昂的"格顿·贝纳特杯"汽车赛是世界上最早的国际汽车锦标赛。由纽约先驱（New York Herald）出版商格顿·贝纳特（Gordon Bennett）创建的该项赛事每年举办一次。第一届比赛有来自法国、比利时、美国和德国的选手，分别驾驶5辆汽车参加比赛跑完全程的只有2辆。法国人法南德·夏伦以平均时速38.5mile（1mile=1.6093km）的速度获得这次锦标赛的冠军。

　　为避免汽车在野外比赛时扬起的漫天尘土影响后面车手的视线，造成伤亡事件，车赛逐渐改为在封闭的道路赛场和跑道上进行，这就是汽车场地赛的雏形。最早的汽车跑道赛于1896年在美国的普洛维登斯举行。

　　为了吸引更多的人参加汽车比赛，使比赛更具刺激性和挑战性，法国《汽车》杂志社于1905年6月在法国勒芒（LeMans）市举行了第一次真正意义上的场地世界汽车大奖赛。

比赛沿勒芒的65m一圈的三角形路线分2天进行,每天跑6圈,全程770m。共有德、意、法等国的13种32辆车参赛,只有11辆完成比赛。从此,汽车大奖赛成为世界体育舞台上一项非常重要的赛事,小城市勒芒也因此闻名于世。

1911年,摩纳哥首次举办了将欧洲10国各自的首都作为起点,以摩纳哥的蒙特卡洛为终点的汽车长途越野赛。这项比赛以"Rally"命名,译为"拉力"。此类长途越野赛被世人称为"拉力赛"。

早期的赛车既十分危险,又非常耗费金钱,它是绅士们追求刺激的热门运动。但是因为安全性能差,所以比赛中的伤亡率非常高。正因为如此,美国和德国虽然在发动机研制方面领先一步,但基于安全的考虑,先后立法禁止在公路上进行车赛。而法国人却让汽车工业蓬勃发展起来,更使汽车比赛成为法国上流社会的时尚,并建立了当时世界上最大的汽车工业。法国对汽车运动的产生和发展做出了巨大贡献,是汽车运动的摇篮。

7.2 赛车组织机构

7.2.1 国际汽车运动联合会

1904年6月10日,由法国、英国、德国等欧洲国家发起,在巴黎成立了国际汽车联合会(Federation Internationale de I'Automobile,FIA),简称国际汽联,总部设在巴黎,其标志如图7.1所示。FIA以推动汽车工业发展为宗旨,FIA最高权力机构是世界汽车旅游理事会和世界汽车运动理事会。这两个理事会的主席均由国际汽联主席担任,分别另设一名执行主席。两个理事会的成员各由会员代表大会选举产生的来自不同国家的21名

图7.1 国际汽联FIA标志

委员组成。目前有118个国家的157个俱乐部、协会、联盟和其他赛车机构加入了该组织。中国汽车运动协会于1983年加入国际汽联。

国际汽联(FIA)于1922年成立了下属机构"国际汽车运动联合会(Federation of International of Sport Automobile,FISA)",其主要任务是制定有关参赛车辆、车手、路线及比赛方法等相应规则,对比赛记录进行认可,并在各地举行汽车比赛时,做必要的调整或协调。到了20世纪30年代,FISA开始规定比赛发动机的类型和汽缸排量以及赛车重量,使比赛趋于公平。

7.2.2 中国汽车运动联合会

中国汽车运动联合会简称FASC,其标志如图7.2所示,于1975年在北京成立,是具有独立法人地位的全国性体育社会团体,在国家体育总局的领导下,管理、监督和指导中国汽车运动,促进汽车运动在中国的发展。中国汽联的前身是中国摩托车联合会,1983年加入国际汽车联合会。1993年5月汽车运动项目从中国摩托运动协会分离,单独组成中国汽车运动联合会。

图7.2 中国汽车运动联合会标志

中国汽联的任务是负责全国汽车运动的业务管理，组办国内外汽车比赛和体育探险活动，指导群众性汽车体育活动，培训运动员、教练员和裁判员，参加国际交往和技术交流。

7.3 汽车竞赛分类

究竟有多少类别的汽车比赛，目前也没有较明确的统计数字和分类。因为划分汽车比赛的类别取决于诸多因素。

（1）按照车型的不同，可分别为轿车、越野车、皮卡、卡车、老爷车等原厂车型的赛事；还有特制车辆的赛事，比如各种级别的方程式赛车、美国的印地赛车、NASCAR赛车CART赛车、卡丁车以及耐力赛车等。

（2）按照比赛的场地和路面不同，可分为赛车场内的场地赛；封闭某段街区公路的街道赛；山区柏油路面和砂石路、雪地、沙漠等地段的拉力赛；泥地、山地、丛林等地段的越野赛等。

（3）按照比赛的方式又可分为在同一赛车场内行驶相同圈数（即里程相同），比用时多少的计时赛；还有在同一赛车场内同一时间里比行驶里程长短的耐力赛。

（4）有在较短的直道上比试加速性能的直线冲刺赛；有从山下出发，看谁最快到达山顶的爬山赛。

（5）有路线长达数千甚至一万多公里、贯穿多个国家和地区的单项马拉松拉力赛；还有出发和宿营地点相同而每天行驶的方向不同、全年有数个分站比赛的拉力锦标赛等。

7.4 一级方程式汽车赛

7.4.1 概述

方程式汽车赛是汽车场地赛的一种，由于参加这种比赛的赛车必须依照国际汽联制定的车辆技术规定的方程式制造，因此叫做"方程式赛车"。这些标准对方程式赛车的车长、车宽、车重、发动机的功率、排量、是否用增压器以及轮胎的尺寸等技术都做了严格的规定。

方程式赛车的级别有分多种，主要有：一级方程式（简称F1）、二级方程式（简称F3000）、三级方程式（简称F3）、亚洲方程式、自由方程式、福特方程式、雷诺方程式、卡丁车方程式等。

F1锦标赛是世界汽车场地赛项目中级别最高的，也是最引人注目的体育比赛项目之一（图7.3）。由于它每年要在世界各地的16～19个站比赛，通常可以吸引200万以上的观众到现场观战，全球200多个国家5万多家电视台通过电视转播，观看的观众多达500多亿人次。

图7.3　F1锦标赛

7.4.2 F1赛车

在国际汽联的F1赛车技术规则里，F1赛车（图7.4）定义为："一种至少有4个不在一条线上的轮子的车辆，其中至少有两个轮子用于转向，至少有两个轮子用于驱动。"FIA对F1赛车制定了统一的技术规则，对F1赛车整车尺寸、重量、发动机排量、轮胎、安全装置等制定了详细的规则。

图7.4　F1赛车

1．车身

FIA对车身的要求如下。

（1）长度：没有长度限制，但赛车前端与前轴中心线间的距离不得超过1.2m。

（2）宽度：赛车的总宽度（包括完整的车轮）在方向盘打正时，不超过1.8m。后轮中心线前面的车身宽度不超过1.4m。后轮中心线后面的车身宽度不超过1m。前翼子板宽度限制在1.4m以内，后翼子板宽度不超过0.5m。为了防止对其他赛车造成伤害，前轮前面的车身上任何边缘厚度至少10mm，边缘圆角半径至少5m。

（3）高度：车体任何部件高度不得超过基准面0.95m。

（4）重量：F1赛车重量是指赛车及车手的总重量（车手在比赛中一直穿戴的服装及装备的重量），在排位赛期间不少于605kg，在正式比赛中不少于600kg。

2．发动机

FIA对F1发动机的技术规格要求是：采用四冲程往复活塞式发动机，不得使用转子式发动机；发动机必须使用自然进气发动机，不得使用涡轮增压或机械增压；气缸数必须为10缸，而且气缸形状必须是圆的；禁止使用可变几何长度的进排气系统。为了减轻车重，大多数赛车均不安装启动机。在大赛开始前，车手在维修站内用轻便启动器发动赛车，然后开进赛场整装待发。

3．轮胎

轮胎性能、空气动力学和发动机功率是决定F1赛车速度的三大要素，但轮胎通常比其他所有因素加在一起的作用更大。

比赛中，轮胎获得最佳抓地力的理想温度为80～100℃，如果轮胎温度超过了正常使用的温度，轮胎表面会出现起泡现象，严重影响轮胎的性能。比赛前，地面工作人员要用特制的轮胎毯套对其进行加热或保温，使橡胶具有黏性和韧性，以获得较大的附着力，从而避免启动或转向时打滑。

第7章 汽车运动

另外一个影响轮胎表现的主要因素是胎压。胎压是根据赛道的特点调整的，一般来说，在摩纳哥那样的低速赛道上，胎压要比在银石、巴塞罗那的高速赛道上低一些。

F1轮胎分为干地轮胎和雨地轮胎两种类型。干地轮胎是在干燥气候状态下使用的一级方程式赛车专用轮胎，直径660mm。轮胎的表面有4个纵向凹槽，这些凹槽在轮胎表面中心线两侧以50mm的间隔对称排列，深度至少为2.5mm。雨地轮胎直径670mm，要确保在湿滑的路面上有足够的抓地力，必须迅速排除进入胎纹与地面间的雨水，使轮胎表面更有效地接触地面，所以雨地轮胎要设计成能够充分适应湿滑路面的高性能复合排水纹路。

比赛中的高速行驶及频繁的强力转向和急刹车使轮胎磨损极快，经常需要在中途换胎。因此，赛车轮胎只有一个禁锢螺栓，便于迅速拆装。

7.4.3 F1车手

1. 概述

根据FIA规定，参加F1比赛的选手，必须持有"超级驾驶执照"。而每年全世界有资格驾驶F1赛车的车手不能超过100名。因此，为了跻身F1赛场，每名车手必须过五关斩六将，经过多个级次的选拔。

在F1赛中，车手起着举足轻重的作用，在赛车性能基本相同的条件下，车手往往起着决定成败的关键作用。F1车赛不仅是车速的比试，同时也是车手体能和意志的较量。在比赛过程中，车手要消耗大量的体力，承受因加速、减速和离心力所引起的巨大作用力。比如，在高速转弯时，其离心力常常高达车手体重的4~5倍。在比赛过程中，车手的脉搏达140~160次/min，并且持续5h左右。虽然F1大赛非常消耗体力，但车手们却不能随意补充营养、增加体重，原因在于过多的肌肉会消耗体内的能量，比赛时易感到疲劳。

F1赛是一项很危险的汽车运动，比赛时不可避免地会发生翻车、起火等事故，因此，为了保护车手的人身安全，FIA规定车手在比赛时必须穿戴经其批准的专用服饰。头盔必须是戴面罩的全脸头盔；衣服和手套也是用一种特殊的耐燃材料缝制而成的防火服装；比赛鞋用皮革制成，里面还衬以泡沫塑料，表面覆盖一层防火材料。按照FIA的标准，一个装备齐全的车手必须在700℃的火焰中待上12s不会被烧伤。此外，车手在比赛时还必须佩戴一副耳塞，以保护车手的耳膜不被发动机的轰鸣声所伤害。

2. F1历史上著名车手

F1赛事已走过了半个世纪的历程，涌现出了众多的著名车手，其中以巴西车手塞纳和德国车手舒马赫尤为出色。

1) 埃尔顿·塞纳

埃尔顿·塞纳（Ayrton Senna）（图7.5）以其勇敢、智慧，奔驰在赛场上10年，创造出了不平凡的成绩，被公认为赛车史上最具天才的车手之一，被人们称为"赛车王子"。

塞纳1960年出生在巴西圣保罗市的一个汽车工厂主家庭，13岁参加卡丁车比赛，初战告捷，从此节节胜利，17岁夺得南美冠军。1981年塞纳前往欧洲参加方程式汽车赛。不久，他就夺得福特1600和福特2000方程式的冠军，在赛车界崭露头角。1983年他更上一层楼，参加F3方程式比赛，并获得了全英F3冠军。1984年塞纳终于得到了进军F1的机会，这一年他加盟托勒曼车队，并以出色的表现证明了自己的实力，使他得以在1985年转会到更加强大的莲花车队。

汽车文化

1985年是塞纳生活中转折的一年,他表演了自己赛车生涯中最辉煌的一个高潮。1985年4月21日的葡萄牙埃斯托利尔赛道,连日的大雨使本来就危险的赛道变得更加艰难,车手们面临着严峻的考验。先是当年夺冠热门的普罗斯特退出比赛,接着塞纳的同胞、已是两届世界冠军的毕奇也被迫出局。然而初出茅庐的塞纳沉着应战,驾驶赛车冒雨飞驰,以领先第2名1分2秒的绝对优势夺得冠军。这是塞纳参加F1大赛的第一站冠军,也是使塞纳名扬世界的一役,从此塞纳得到了一个浪漫的美誉——雨中塞纳。

20世纪80年代至90年代初是塞纳赛车生涯的辉煌时期,161场F1大奖赛,3次世界冠军,41个单站冠军,80次登上领奖台,空前的65次首发记录。

1994年5月1日在意大利伊莫拉赛道,当比赛进行到了第7圈时,塞纳的车突然失去控制,以300km/h的速度撞向赛道发车位前的第一个弯道,赛车当即撞毁,塞纳被从右前悬架上撞飞出的一个部件击中头部,不幸遇难。

塞纳之死震惊了世界,赛车界无不为失去这样一个天才车手而惋惜,伟大的车手范基奥悲痛地说:"塞纳是最有希望打破纪录的人,现在不知要等到何时了。"塞纳的遗体运回巴西后,巴西政府为他举行了隆重的国葬。

2)迈克尔·舒马赫

迈克尔·舒马赫(Michael Schumacher)(图7.6)是当今F1成绩最辉煌的赛车手,到2004年为止他一共7次荣获年度车手世界冠军,是迄今为止获胜次数最多的F1赛车手。

图7.5 埃尔顿·塞纳

图7.6 迈克尔·舒马赫

迈克尔·舒马赫生于1969年1月3日生于德国,他的父亲将一台小发动机装在一辆废弃的卡丁车上给儿子玩,他4岁就开始参加卡丁车比赛。1991年他在乔丹车队首次参加了F1大奖赛,1992年他在比利时获得了第一个分站冠军,并在那个赛季获得了总成绩第3名。

1994年他第一次夺得世界冠军,并于次年卫冕成功。1996年他加盟法拉利车队,虽然赛车问题不断,但他还是获得了第3名。1999年赛季对于舒马赫来说是令人失望的。积分第二,力争为法拉利车队赢得20年来第一个车手总冠军的舒马赫却在英国银石赛道撞断了腿,他也因此休息了3个月。

2000年,舒马赫为法拉利车队夺得车队和车手双料冠军,成为3届世界一级方程式冠军车手,也是法拉利车队21年来的首个冠军车手。2001年舒马赫再为法拉利车队夺得车队与车手双料冠军。到2005年初舒马赫共参加了211场F1比赛,获得83个分站冠军,137次登上颁奖台,他的F1总积分高达1186分,并创纪录地获得7次年度车手冠军(1994年、1995年、2000年、2001年、2002年、2003年、2004年),成为F1历史上第一位七冠王,是当今赛车世界当之无愧的王者。

2006年9月,舒马赫在第5次夺得了意大利大奖赛冠军后宣布,他将在本赛季结束后离开F1车坛,结束自己16年辉煌的职业赛车生涯。车王在赛后的新闻发布会上说:"今天可能是我职业生涯最特别的一天,但是很抱歉,我真的要走了。"他眼睛湿润地表示:"我非常热爱赛车,我在职业生涯中享受了很大的快乐。我首先要感谢所有支持我的车迷,他们的支持给了我无比的力量。我还要感谢一直鼓励我的家人,我的妻子、孩子,谢谢你们。"37岁的车王在此前的比赛中战胜了雷克南,在法拉利的主场赛道上用最完美的方式见证了自己的告别时刻。

7.4.4　F1车队

F1的所有活动都是围绕各个车队展开的。在一级方程式车赛的历史上,每个赛季都至少有一支车队退出,而他们空出的位置总是立即被补上。实力雄厚的赛车队,如法拉利车队、威廉姆斯车队、雷诺车队和英美车队等,都拥有自己的F1赛车设计制造中心,有人专门负责赛车的研发。但一些规模较小的车队只是负责汽车比赛的一些事项,赛车和发动机则由那些实力雄厚的汽车或发动机厂商负责制造。

F1车队是一个团队,F1文化的核心之一就是团队文化,团队力量发挥的好坏直接决定着车手的成绩。F1车队的人员编制,以总部位于英国伦敦近郊的迈凯轮—奔驰车队为例,车队的工作人员就超过500人,这还不包括在德国斯图加特奔驰总部发动机研发部门的员工及其他技术伙伴的员工。车队每站比赛大约需要动员60~100名工作人员到比赛现场负责比赛的运作。赛事小组是实际负责赛事运作的核心工作人员,包括技术总监、比赛小组经理、资深赛车工程师、首席技师、软件工程师、赛事策略师、2名车手工程师、2名助理工程师、2名系统工程师、2名数据分析师、12名技师、2名装配式发动机装配技师、卡车司机领班、电气技师、2名轮胎技师、资深燃油技师、备胎协调员、车队协调员等。

1. 法拉利车队

法拉利车队(Scuderia Ferrari)成立于1929年,车队总部设在意大利摩德纳,是F1历史上最具历史传奇色彩的车队,红色是法拉利车队的标志色(图7.7)。

图7.7　法拉利赛车及车手

汽车文化

从1950年F1大奖赛创办起就开始参赛的法拉利车队是F1车坛的标志。在半个多世纪的时间里，法拉利人见证了F1大奖赛的兴衰变迁。20世纪70年代是法拉利车队风光无限的10年，在车手尼克·劳达的强悍驾车风格的带领下，车队赢得了多次胜利，从1975年到1983年之间的9年时间里，他们包揽了6届F1大奖赛年度冠军。

1996年法拉利车队签下了冠军车手迈克尔·舒马赫，车队从此实力大增，1999年取得车队年度冠军。2000年开始，意大利这匹红色烈马登上了F1锦标赛历史上的巅峰，法拉利车队与车王迈克尔·舒马赫蝉联了2000—2004年度的车手与车队世界冠军。值得一提的是2002赛季在F1大奖赛17站的比赛中，法拉利车队势如破竹地获得了其中15站的冠军。特别是在2004年度的赛季中，迈克尔·舒马赫更是7次荣登F1世界冠军的宝座。

迈克尔·舒马赫这一辉煌战绩不仅让所有F1的车手望冠兴叹，而且也为车王迈克尔·舒马赫本人以及充满传奇色彩的法拉利车队写下了F1历史上最辉煌灿烂的一页。2005年度仍由迈克尔·舒马赫和鲁本斯·巴里切罗搭档参赛，车队和车手都取得了第3名的成绩。2006年赛季后舒马赫退役，并担任法拉利车队的超级顾问。车队后在马萨和莱科宁的带领下，于2007—2008年再次连续夺得年度车队世界冠军，而莱科宁在2007年也获得了年度个人世界冠军。

2．迈凯轮车队

迈凯轮车队（McLaren Mercedes）是由布鲁斯·迈凯轮于1963年创立的。首次参赛是在1966年的摩纳哥大奖赛上，由迈凯轮设计制造的F1赛车首次一展雄风。不幸的是，布鲁斯·迈凯轮在1970年6月2日的一次试车中意外身亡。塞纳是曾经在迈凯轮车队效力的最著名的车手，他在迈凯轮夺得了3个世界冠军。

2005赛季，随着蒙托亚的加盟，他与莱科宁的组合被认为是F1车队中最为强大的车手阵容，而MP4-20赛车在赛季开始时就证明是一辆速度很快的战车。这样迈凯轮车队拥有了仅次于法拉利车队的顶级阵容，并夺得车队冠军榜第二位。2008赛季F1收官之战巴西大奖赛落下帷幕，汉密尔顿凭借最后一圈超越格洛克，拿到分站赛第5位，从而在年度车手积分榜上以1分之差力压法拉利车手马萨，如愿以偿地首次登上年度个人总冠军的宝座，他也成为F1历史上最年轻的世界冠军（图7.8）。

图7.8　迈凯轮MP4赛车及车手（2008公布）

3. 威廉姆斯车队

威廉姆斯车队（Williams F1 Team）是由弗兰克·威廉姆斯和帕特立特·海德于1977年成立的，初期只有17个工作人员和车手。从第一辆海德设计的FW06赛车开始，威廉姆斯就成为F1史上一支不可不提的英国劲旅。

20世纪80年代是威廉姆斯车队光环照耀的一段时间，芬兰籍车手科科·罗斯伯格为车队出赛，一鸣惊人地为车队夺取了第一个年度车手冠军。1983年F1自然吸气发动机时代结束后，威廉姆斯车队找到曼赛尔与罗斯伯格搭档，车队更是取得了骄人的成绩，共计赢得1980、1981、1986、1987年4次年度车队冠军。威廉姆斯车队在20世纪90年代仍有辉煌成绩，共赢得1992、1993、1994、1996、1997年5次年度车队总冠军。

进入2000年之际，威廉姆斯车队与宝马汽车公司合作，组成了F1威廉姆斯—宝马车队。在建队的第一年就签下了车手拉尔夫·舒马赫与巴顿，威廉姆斯在2002年取得的成绩已经实现了车队所定年度第二名的目标。放眼未来，威廉姆斯车队将是极少数具有威胁法拉利王朝实力的车队。2003、2004年这两个年度车手阵容保持不变，为蒙托亚与拉尔夫·舒马赫搭档。2005年赛车手为韦伯和德菲尔德，获得车队第5名的成绩。2007年车队成绩排在第4名，但2006年和2008年车队成绩不理想，均为第8名，为近20年来最差成绩。图7.9为威廉姆斯车队赛车及车手。

图7.9　威廉姆斯车队赛车及车手

4. 雷诺车队

雷诺车队（Renault F1 Team）的前身是贝纳通车队。贝纳通车队于1986年正式成立，并在成立之年的墨西哥大奖赛上首次赢得冠军，虽然成立时间不长，但却能跻身二线车队之首，相当难得。

步入20世纪90年代，车队与车手的表现更是突飞猛进。1994年贝纳通车队的迈克尔·舒马赫赢得了个人的首次世界冠军，并于第二年拿下车手与车队冠军。到了20世纪90年代后期，由于车队中的灵魂人物与车手纷纷挂冠离去，车队的成绩下滑到了谷底。

2001年度赛季，车队签下了来自威廉姆斯的年轻车手巴顿和费斯切拉，但车队成绩仍排在第7名，赛季结束后由法国雷诺汽车公司收购并改名为雷诺车队。

2002年赛季正式打出雷诺车队的旗帜，车手阵容是巴顿和费斯切拉，这年车队的成绩有了大幅的提高，年度跃进到第4名。车队在2003年度赛季的排名是第4名。2004年赛季由特鲁里和阿隆索搭档参赛。2005年赛季由阿隆索和费斯切拉搭档参赛获得车队积分第一的成绩，同时阿隆索获得车手冠军，费斯切拉排名第5名。2006年阿隆索再次获得车手冠军，赛季结束后正式加盟迈凯轮车队，而雷诺车队则启用年轻小将科瓦莱宁来顶替世界冠军离开后的空缺。2008年发布的雷诺车队R28赛车及车手如图7.10所示。

图7.10　雷诺车队R28赛车及车手（2008年发布）

7.4.5　F1赛道

FIA规定，F1汽车赛必须在专用赛车场进行，对专用赛车场的长度和宽度、路面情况、安全措施等均有极为严格的要求。一般来说，专用赛车场为环形，每圈长度3～8km，比赛总长度为300～320km。为安全起见，赛道两旁一般铺设宽阔的草地或沙地，以便将观众与赛道隔开。FIA规定赛车场不允许有过多过长的直道，目的在于限制高速，以免发生危险。FIA要求各赛场的救护人员必须分布在全场的每个角落，争取在出事后尽快跑进现场，进行抢救。

根据赛场的不同F1赛道可分街道赛道和场地赛道。F1比赛每年用的16～19个赛道分布在不同的国家和地区。

1. 英国银石赛道

银石赛道（SilverStone）长度5.141 km，比赛总长度308.355 km，比赛总圈数60圈，如图7.11所示。位于英国中央地带的银石赛道是全世界汽车赛事最频繁的赛道之一，由英国赛车手俱乐部所拥有，是世界最著名的赛车场。每年都有上百场比赛在此举行，并在1950年成为第一场F1世界锦标赛的赛场。银石赛道很快而且对车手和赛车来说都极具挑战性。这条赛道拥有很长的直线道与高速的弯道，这不仅测试赛车的性能，更是考验车手驾驶技术和胆识的极限度。在银石最成功的车手是已经退役的车手阿兰.普罗斯特（Alain Prost），他一共获得过5次英国大奖赛的冠军。

第7章 汽车运动

图7.11 英国银石赛道

2．中国上海国际赛道

上海国际赛道长度5.451km，比赛总长度305.066 km，比赛总圈数56圈，如图7.12所示。上海国际赛车场位于上海嘉定区安亭镇东北，距安亭镇中心约7km，总面积约5.3km^2。赛车场于2002年动工建设，并已于国际汽联签订了2004—2010年F1大奖赛中国站的举办权。

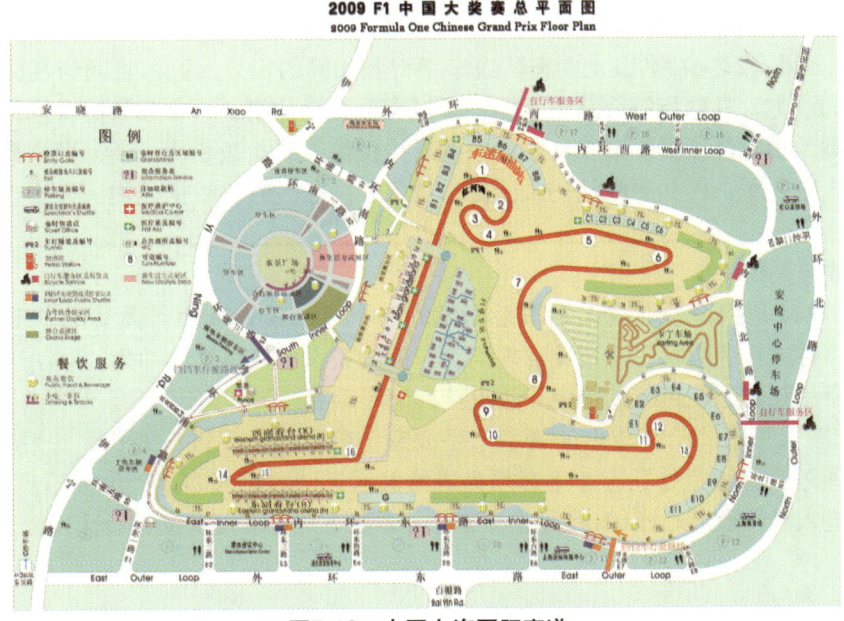

图7.12 中国上海国际赛道

汽车文化

赛车场赛道总长度7 km左右，由一级方程式赛道和其他类型赛道组成。一级方程式赛道长度约5.3 km，宽度12～18m。赛道整体造型犹如一个翩翩起舞的"上"字。它既有利于大马力引擎发挥的高速赛道，又有挑战性、充分体现车手技术的弯道。除了部分与F1赛事共用外，还可以举办各类不同的赛事。赛车场设计看台规模约20万人，其中带顶篷的固定看台约有5万个座位，其余为坡型露天看台。

赛车场的交通十分便捷，现东有沪嘉高速公路和规划建设中的嘉金高速公路，西接嘉黄公路，南连宝安公路及沪宁高速公路，北有规划与赛车场同期建成的郊区环线高速公路。赛车场距虹桥国际机场约25 km，距浦东国际机场约55 km。举办大赛期间，通过上述交通网络即可将赛车场与上海市中心、江苏省及浙江省相连，进而辐射到整个长江三角洲乃至全国。

7.4.6 F1比赛规则

FIA有着庞大而专业的规则体系，范围涉及各种赛车运动，大到赛事的组织，小到油料成分的检测。为增加比赛难度和提高比赛水平，每一个赛季的比赛规则都会有一定的变化。

与F1赛车运动有直接关系的规则有两个：一级方程式运动规则和一级方程式技术规则。运动规则对赛事组织、比赛过程、记分方法、评奖和处罚等进行了规定。技术规则规范了赛车的技术状态和测试标准。此外，F1比赛还应遵守FIA的国际运动规范，这是赛车运动的通用规则，它对比赛术语和一般性程序和原则进行了解释和规定。以上规则会随着赛车运动的发展不断修订和补充。

1. 赛事相关

（1）F1比赛的距离，从开始信号到终点挥旗，应与最少完整圈数相等，并超过305km。但如果整个比赛超过2h，则在这2h内领先的赛车到达赛道终线时摇旗。

（2）如果参赛赛车少于12辆，则比赛站可以取消。

（3）各赛站取得前8名的车手获得积分，依次得分为10、8、6、5、4、3、2、1。

（4）同一车队的参赛车手所得积分汇总作为车队积分。

（5）如果有2名或2名以上的车队或车手得到相同的积分，冠军将颁给在比赛中处于较高排位的一方，具体指符合以下条件：①拥有最多排位第一；②如果拥有排位第一的次数相同，则为拥有最多排位第二；③如果拥有排位第二的次数相同，则为拥有最多排位第三，依次直至冠军；④如果此法仍未能得出结果，国际汽联将根据他们认为恰当的标准命名冠军。

2. 事故与处罚

（1）事故是指由一名或多名车手引发的一个或一系列事件，或某位车手的某种行为，这些事件或行为包括：违反比赛规则、车手的失误、赛车发生冲撞、非法手段阻止其他车手的合法超越、在超越过程中非法阻挡其他车手等。

（2）赛会干事将给事故中的肇事车手或参与肇事的车手进行处罚。一般有3种处罚方式：①通过维修通道处罚，车手必须先进维修通道，再进入赛道，中间不停。②10s处罚，车手进入维修通道站停10s后再进入赛道。③在下一赛事发车位置后移10位。

7.5 汽车拉力赛

7.5.1 概述

"拉力赛"一词取自英文"Rally",有"集结"的意思。拉力赛要求参赛车辆必须严格按照比赛规定的行驶路线,在规定的时间内,到达每一个封闭路段或维修区域等地点进行规定的比赛和规定时间的维修等。由于比赛不仅考验车手的水平,还要考验领航员的配合、车辆性能以及维修的力量。因此,无论对于选手还是车队都是一项无比复杂的综合性考验。拉力赛的赛段为各种临时封闭后的普通道路,包括山区和丘陵的盘山公路、泥泞路、冰雪路等,也有无法封闭的沙漠、草原等地段。

拉力赛采取间隔发车的形式,世界一级种子选手发车间隔为1min,其他选手为2min。参赛车辆均为各大汽车公司生产的原型车,但必须经过不同程度的改装方可参赛。无限制改装的称为A组赛车,除了保留外形和原厂标志以外,几乎所有的部件都可以改装。有限制改装的称为N组赛车,只允许进行安全改装和有限的性能改装,发动机内部必须持有原车的标准。

国际上著名的拉力赛有世界拉力锦标赛、欧洲拉力锦标赛、亚洲拉力锦标赛、非洲拉力锦标赛、格拉纳达—达喀尔拉力赛等。

7.5.2 世界拉力锦标赛

世界拉力锦标赛全年赛程规划有14~16个站,分别在14~16个不同的国家举行,分为两赛季,在上半年赛季结束之后,经过约一个月的休息之后再进行下半年赛季。世界拉力锦标赛可说是所有赛车项目最严苛,也最接近真实的一种比赛。

"WRC"是"世界越野拉力锦标赛"的英文缩写,WRC是由FIA批准的世界越野拉力锦标赛,是仅次于F1赛车的世界顶级赛车运动,因此也被认为是拉力赛中的F1比赛。参加WRC的赛车都是以制作精良的顶级世界越野拉力赛车为主,除此之外还有很多私人车队同时参赛,通常每一站的参赛车辆约70~100辆,全球约有超过10亿人次通过电视转播或其他媒体观赏这项世界顶级的汽车越野拉力赛事。同时WRC还以它"不要门票的比赛"或者叫"家门口的比赛"而闻名,因为WRC的赛道多是利用乡村、野外的砂石、沙漠等设计而成,比赛时赛车会在村庄中穿行,而观众就站在赛道两侧的安全区域观战(如图7.13所示)。

图7.13 世界越野拉力锦标赛

7.5.3 格拉纳达—达喀尔拉力赛

格拉纳达—达喀尔拉力赛是单项赛事中距离最长的汽车赛,创办于1979年。该比赛每年1月从西班牙南部的格拉纳达出发,穿越非洲5个国家,行程达10 109km,最终到达塞内加尔的达喀尔。

与WRC不同的是,该比赛为多车种的比赛,共分为摩托车组、小型汽车组以及卡车组,赛车号码依次以1,2,3开头。如"105"表示摩托车组的第5号赛车。

比赛路段分布在宽阔甚至漫无边际的撒哈拉沙漠、毛里塔尼亚沙漠以及热带草原,与WRC相比,基本上没有现成的道路。车手和领航员除了依靠组委会的路线图以外,还要借助指南针和全球定位系统才能到达和通过每一个集结点。

比赛采取间隔发车的方法,但是比赛赛段只有十几个,每个赛段都十分漫长。

达喀尔拉力赛(图7.14)的过程异常艰辛,赛车手白天要经受40℃的高温,晚上又要在零下的低温中度过。而且,除了通常的赛车故障以外,一旦迷失方向,就要面临断油、断粮甚至放弃赛车的局面。因此,这是一场人与自然真正较量的比赛。

图7.14 达喀尔拉力赛

7.6 勒芒24小时耐力赛

耐力赛也称GT赛,是汽车场地比赛的一种,是长时间耐久性汽车比赛。比赛车辆分旅行车和运动原型车两类,并根据发动机的工作容积分为若干级别。较著名的比赛有法国勒芒24小时耐力赛(图7.15)、日本铃鹿8小时耐力赛。

勒芒(Le Mans)位于法国巴黎西南约200km,是一个人口约20万的小城。这个小城能够闻名于世主要是因为自1923年开始,每年6月份都要在这里举行24小时世界汽车耐力锦标赛。比赛一般从第一天下午的4点开始,一直持续到次日的下午4点,历时24小时。

勒芒大赛是世界上是最富盛名的汽车耐力赛。它的环形跑道全长13.5km,其中绝大部分是封闭的公用高速公路,赛车在其2/3的路段上速度达到370km/h左右。在24h的比赛中每部赛车由3名赛手分别驾驶,采用换人不换车的方法,每人连续驾驶时间不超过4小时,所有的加油、换胎和维修时间都包括在24小时以内。最后,行驶里程最多的赛车获胜,一般一昼夜下来,成绩最好的赛车行驶里程将近5000km。

由于勒芒耐力赛是全球各种耐力赛时间最长的比赛,而且选手驾车在同一环形赛道上要不停地转上300多圈，比赛显得单调、乏味。不论车手、维修人员还是观众，在下半夜的时候都会显得疲惫不堪。大多数观众是带着宿营车或帐篷前来观战的，赛场旁的30个大型停车场每次比赛都停满了近10万辆汽车。赛场周围还有设施齐备的餐饮、娱乐和休闲场所以及销售仿制的各大车队服装、帽子的铺位，让车迷们在这里如同过节一样。观众可以在餐厅里一边吃着可口的食物，一边观看窗外时速达到300km以上的赛车飞驰而过，这也是堪称赛车界里独一无二的情景。

图7.15　勒芒24小时耐力赛

7.7　卡丁车赛

卡丁车（Karting）运动最早起源于东欧，20世纪50年代末60年代初在欧美大陆逐渐普及并迅速推广。卡丁车赛（图7.16）是汽车场地比赛项目的一种，按"国际卡丁车运动规则"的规定，卡丁车按其使用发动机分为方程式卡丁车和国际A、B、C、E等5个等级，并且可细分为11种类型的比赛。比赛中使用的卡丁车为四轮单座位微型赛车，使用轻钢管结构，操纵简单，无车体外壳，装配100mL、125mL或250mL排量的汽油发动机。卡丁车的重心低，在曲折的环形路线上行驶，比赛速度感强。

图7.16　卡丁车赛

卡丁车是世界方程式赛车的最初级形式。由于许多著名的F1赛手都是从卡丁车起步的，因此卡丁车被视为F1的"摇篮"。

第8章　汽车与经济

> **教学目标**

了解与汽车有关的各种经济活动及其内涵、特点。

> **教学要求**

能力目标	知识要点	权重	自测分数
了解汽车节庆活动	汽车节庆活动的内涵，世界著名汽车节庆活动的各自特色	15%	
了解汽车展会	世界著名汽车展会的各自特色，国内汽车展会的发展	25%	
了解汽车俱乐部	汽车俱乐部的经营类别和运行特点	10%	
了解汽车影院、汽车旅馆	汽车影院、汽车旅馆的经营模式和特点	10%	
了解汽车杂志	汽车杂志的类别，国内、国外汽车杂志的各自发展情况	10%	
了解汽车金融	汽车金融的经营范围，国外、国内汽车金融业的发展和现状	10%	
了解汽车建筑	汽车建筑的内涵，世界著名汽车建筑	10%	
了解汽车广告	汽车广告的发展、作用	10%	

> **引例**

连续9天展示汽车魅力与汽车产业动力，以"科技、艺术、新境界"为主题的第13届上海国际汽车工业展览会于2009年4月28日圆满落下帷幕。本届车展吸引了25个国家和地区1500余家参展商；拥有17万平方米的展出规模；超过60万人次的观众和7200多名中外媒体记者；4月25日创下单日接待观众逾13.6万人次的记录；共有918辆展车，包括316辆进口车和602辆国产车亮相本届车展；全球首发车共13款。以上数据均创历届上海车展之最。

第8章 汽车与经济

8.1 汽车节庆

汽车改变了人们的活动范围,更改变了社会的生产模式。汽车是发达国家的支柱产业和最强大的科技产业,汽车工业的飞速发展增强了综合国力,拉动了相关产业的发展,提供了社会就业,提高了工作效率,改变着人们的生活。

在全世界,每年都有各种各样的汽车节庆活动举办,汽车节庆活动成为汽车爱好者交流、分享、狂欢的好机会,也由此扩大了汽车文化对普通大众的影响力和感染力。同时,通过举办这样的节庆活动,举办方、赞助方、参与者都获得了经济利益,对发展当地经济也有正面的作用。

全球各地的汽车节庆是二战后在英国和美国兴起的,后来逐渐遍布全球各地。节庆的主题也纷繁多样,如老式汽车节,混合动力汽车节等,现在仍在举办的、历史最悠久的汽车节庆是美国底特律郊区的格林菲尔德老式汽车节(Greenfield Village Old Car Festival),该汽车节展示自1932年以前生产的全世界最顶级的汽车,至今已举办了58届。

汽车节庆以英国和美国居多,汽车节庆的活动一般有包括新车展、老爷车展等在内的各种车展,参观汽车工厂和汽车博物馆,各种关于汽车的娱乐游戏和车技比赛,参加节庆的汽车评选颁奖舞会、音乐会等。

8.1.1 欧式汽车节

欧式汽车节(Euro Auto Festival)(图8.1)每年10月下旬在美国南卡罗来纳州举办,为期3天,到2008年已举行了13届。该汽车节由宝马公司承办,发展至今已经形成了颇大的规模,吸引全球各地的欧式车爱好者。该节庆的主要参加者是欧式车的车迷,他们聚集在一起,展示、分享各自的收藏。

图8.1 欧式汽车节

在欧式汽车节上除了欣赏车展和表演外,车迷们还可以为自己喜爱的车辆投票评出冠亚军。与此同时还有名为"汽车汇"(Car Corral)的汽车展示活动和汽车越野赛的体验活动等。

宝马公司为这个节庆建有专门的网站(http://www.euroautofestival.com/),从网站上可以获得关于此项节庆的历史背景、节庆内容和赞助商的信息,以及参加节庆的报名表格和节庆当场的照片等。宝马公司举办这个节庆,意在推广欧式的豪华车、经典车和古董车,让人们了解并懂得欣赏这些车辆。

节庆的举办方租用宝马公司的博物馆（BMW Zentrum），参观者可免费参观，参加节庆展出的车辆则根据参加项目的多少和参加的车辆数目付费。

8.1.2　格林菲尔德老式汽车节

格林菲尔德老式汽车节（Greenfield Village Old Car Festival）（图8.2）每年9月9日、10日两天在美国底特律郊区的格林菲尔德镇举办，到2008年已举办了58届。WIKI百科全书称其为美国现存的举办历史最久的古董车展。

图8.2　格林菲尔德老式汽车节

这个汽车节由"亨利·福特组织"承办，由福特公司间接赞助，每年都有600多辆汽车参加展出。由于是老式汽车节，所以这个节庆对参加的车辆年代上限制比较严格，要求必须是从1890—1932年生产的汽车。

这项节庆参加车辆展出是免费的，但是提出展出要求的车辆都要经过承办方的审核，以保证这次节庆的质量，节庆期间还可以免费参观格林菲尔镇和镇上的汽车博物馆。

8.1.3　纽瓦克全国微型车汽车节

纽瓦克全国微型车汽车节（The Newark National Kit Car Festival）（图8.3）每年6月18日左右两天在英国纽瓦克市北举办，到2008年已举行了26届。这个汽车节是由"纽瓦克促进组织"承办的，该组织其实只有Lesley Masson和Kevin Masson夫妇两人，他们筹办这个节庆至今并建立了独立的网站（http://www.kitcarshow.co.uk/），刊登关于节日的内容和照片。

图8.3　纽瓦克全国微型车汽车节

微型车（Kit Car）是一种组装车，买回家后可以用一个周末的时间把车拼装出来开。微型车的主要生产厂家和车迷集中在英国，英国大约有41家微型车的生产厂商，英国最为流行的一款微型车每年的销售量在800部左右。

此项节庆中，几乎所有的活动都是免费的，甚至连住宿都可以免费。前来参加节庆的爱好者们可以选择露营，举办方提供了足够多的场地空间，并提供浴室和汽车旅馆。如果想要在节庆中出售自己的汽车，不必付任何费用，只需把车停在举办方规定的场地上，插上联系电话或标价牌即可。

8.1.4 镜湖经典汽车节

镜湖经典汽车节（Lake Mirror Auto Festival）（图8.4）每年10月20~22日左右在美国弗罗里达州的雷克兰市（Downtown Lakeland）中心举办，为期3天，到2008年已举办了9届。这个汽车节由梅赛德斯—奔驰公司承办，是美国东南海岸最流行的经典车活动之一。

图8.4 镜湖经典汽车节

镜湖经典汽车节的参展车辆必须属于经典车的范畴，即1948年以前生产的经典车，并有专门的网站介绍相关的内容（http://www.lakemirrorclassic.com/content/）。节庆活动的名誉主席Brock Yates是一位著名的汽车杂志编辑。

镜湖经典汽车节的内容包括户外免费的音乐会和聚会，当乐队休息的时候，所有的Hot-Rod越野车发动引擎，由引擎演奏音乐。这项节庆活动得到了雷克兰当地政府，以及包括汽车交易公司、媒体、运输、保险等各个行业在内的20多家公司的赞助。

8.1.5 考文垂汽车节

考文垂汽车节（Coventry's annual Festival of Motoring）（图8.5）每年的9月份6、7日左右在英国考文垂举办，为期两天。汽车节网站为：http://www.festival-of-motoring.co.uk/。考文垂汽车节主要展出古董车、经典车和老爷车。

汽车文化

图8.5 考文垂汽车节

考文垂汽车节上的车主和收藏家都有机会展示他们的古董车,参观者投票选出自己最喜爱的车辆,最后评选出"大众的选择"、"胜利奖"、"最老的汽车"、"考文垂生产的最好的汽车"等奖项。除了参观车辆外,还有现场音乐和娱乐活动。

8.2 汽车展会

汽车展会是汽车制造商宣传品牌、展示最新汽车科技、发布新车的最佳场所,通过车展可以看到全球汽车行业发展的前景和未来的走向。车展是展示汽车企业品牌文化、最新研发成果的一个平台,有些车展的影响力越来越大,对全世界汽车工业发展起到推动和促进作用。而有些车展则更具本土特色,成为当地车迷和购车者心仪的文化消费场所。

8.2.1 世界著名汽车展会

目前,被公认的国际车展共有5个,其中有欧洲的法国巴黎车展、德国法兰克福车展、瑞士日内瓦车展,北美洲的北美车展和亚洲的东京车展。无论是参展商的规模和级别、汽车展品的档次、首次亮相的新车和概念车的数量,还是场馆面积、配套设施的先进性和主办方的服务质量,这5个车展都堪称国际一流,因此成为世界公认的五大车展。

在世界五大车展中,就面积而言,法兰克福车展排世界第一;就参观者来说,东京车展排名世界第一;就车展历史而言,巴黎车展排名世界第一;而日内瓦车展却最受传媒关注,是全球各大汽车制造商发布新品最多的车展。

对每个车展,跨国汽车巨头都会精心策划自己的新产品和新项目,选择重大车展发布新车已经成为国际汽车行业推行新产品的一个重要组成部分。

1.北美车展

北美车展(North American International Show)是美国创办历史最长、规模最大的车展之一。北美车展几乎成了概念车的天下,全球几乎各大汽车公司都会利用这一平台推出自己的概念车。千奇百怪的设计,能想到的,无法想象的,在北美车展上都能见其身影,因此给人以科幻、离奇的感觉(图8.6)。

第8章　汽车与经济

图8.6　2008年北美车展上展出的CRAZY MAZDA概念车

北美车展的前身是美国底特律国际汽车展览会，创建于1908年，至今已有百年历史。每年1月初举办，被誉为"全球汽车风向标"。车展在底特律科博（COBO）会展中心举行，科博会展中心拥有世界最大的单层展厅。

北美车展的含金量之高，不仅在于观众人气旺盛，更在于对汽车行业的辐射影响。

2．日内瓦车展

日内瓦车展（Geneva Auto Show）创始于1924年，从1931年起，一年一度在瑞士日内瓦举办，多在每年的3月举行，是欧洲唯一每年举办一次的车展。日内瓦车展以其悠久的历史和众多首次推出的概念车和新车型而闻名，是各大汽车商首次推出新产品的最主要的展出平台。2009年3月5日，第79届日内瓦车展开幕，国际知名汽车厂商悉数参展，"汽车绿色科技的研发与应用"成为本届车展的主题(图8.7)。

与其他车展相比，日内瓦车展算是相当有人文气息、极具特色的车展。瑞士作为五大车展举办地中唯一没有自己汽车工业的国家，却仍是世界最大的汽车消费市场之一。日内瓦车展在关注高档次、高水平的同时，还非常强调"公平、中立"，被业内人士看作是最佳的行业聚会场所。

瑞士中立的国家形象也为日内瓦国际车展赋予了"最为公平"的车展形象，全球各大汽车生产商都乐意在这里展示他们的最新成果，而那些非主流派的独立的汽车设计室也在这里找到了展示的机会，在展厅里不会出现品牌分配过分不均的情况。因此，五大车展中唯一不是汽车生产大国主办的日内瓦车展更具有"世界性"。

图8.7　2009年日内瓦车展

汽车文化

3. 东京车展

创办于1954年的东京车展（Tokyo Motor Show）是五大车展中历史最短的一个，东京车展逢单数年秋季举办，是亚洲最大的车展，被誉为"亚洲汽车风向标"。

东京车展以规模大、注重新产品新技术的推出、展出产品实用性强而闻名于世，车展的突出特点是车型种类繁多，这恰恰体现了日本人的细腻。由于市场竞争激烈，精明的日本车商早已把市场分成了无数小块，甚至以性别、年龄层次和特殊需求在同一平台上设计不同的车型。

东京车展自创办以来，一直到第32届（1998年）都采用乘用车、摩托车、商用车在内的综合车展的形式，而自第33届（1999年）开始，车展将乘用车、摩托车和商用车进行分离，奇数年举办乘用车和摩托车车展，偶数年举办商用车车展，交替举办，并选择在深秋10月举行。

东京车展的地点在位于东京附近的千叶县幕张国际展览中心，是世界最新、条件最好的展示中心。车展的主办方是日本汽车工业协会，其九大业务之一就是"举办东京车展，实现汽车梦想"。东京车展的出发点即让广大用户体验汽车的乐趣和魅力，针对汽车所面临的种种课题从汽车行业的角度发出信息，以促进用户的理解。同时利用车展的机会接收来自用户的信息，为增强用户与厂商的沟通作出贡献。东京车展在世界汽车产业全球化进程中，力求提高自身质量，努力为全世界行业团体创造高层会议的机会，扩大国际交流活动。

4. 法兰克福车展

德国是世界上最早举办国际车展的国家。1898年，柏林举办第一届汽车展。1951年第35届柏林车展移师法兰克福。

法兰克福车展的举办时间一般在9月中旬，逢单数年举办一次，展览场地面积达22万平方米，展出的车辆主要有轿车、跑车、商用车、改装车及汽车零部件等，此外为配合车展，德国还举行不同规模的老爷车展览。

法兰克福车展与巴黎车展每年轮流展出，对欧洲与世界汽车行业具有广泛的影响力。同时，法兰克福车展是世界上历史最长、展出面积最大、参展商最多、参加人数最多的车展，其特点是展品数量庞大且全面，素有"汽车奥运会"之称。

5. 巴黎车展

法国是汽车工业发源地之一，巴黎车展起源于1898年的国际汽车沙龙，至1986年后每两年一届，逢双数年的9月底至10月初举行。巴黎车展的展览时间与法兰克福车展交替举办，成为欧洲汽车业共同的节日。

巴黎车展是最具历史和文化感的车展，始终围绕着"新"字做文章，各个汽车厂商将企业发展的历史和品牌崛起历程展示给观众，新车、概念车、赛车、改装车、特型车目不暇接。

8.2.2 中国国内车展

我国从1980年开始举办国际汽车展览会，时至今日，北京车展、上海车展、广州车展、长春车展等都已举办得如火如荼，图8.8所示为2009年上海车展展出的保时捷911。

随着中国经济的飞速发展，人们购车的欲望越来越强烈，国外汽车厂商看好中国潜力无限的汽车市场，纷纷不惜重金前来参展。

第8章 汽车与经济

在我国的车展中，北京车展、上海车展被冠以"国际A级车展"的名号。但我国的汽车展览会与国际车展相比，无论从服务水平还是彰显个性方面都存在不足。

图8.8 2009年上海车展展出的保时捷911

车展不仅给主办方带来了丰厚利润，也推动了地方经济的发展，起到扩大交流、提高城市知名度和形象的作用。汽车会展涉及到旅游、住宿、餐饮、广告、印刷以及铁路、公路、民航等20多个行业，展会主办方与相关行业之间的总体收入比是1∶6到1∶8，即主办方收入1元钱，相关行业总体收入就有6~8元，由此可见"车展效应"的魅力。

8.3 汽车俱乐部

汽车俱乐部是为了满足驾车人对各种与汽车相关的服务的需求和汽车爱好者对汽车的不同兴趣爱好而成立的。广义的"汽车俱乐部"包括从事汽车比赛的俱乐部、从事汽车旅游和文化活动的俱乐部、从事为驾车人提供服务的俱乐部等。

汽车俱乐部多采用"会员制"的特定组织形式。所谓会员制，就是指会员须定期向俱乐部交纳一定数额的会费，方可享受俱乐部对会员提供的各种服务，俱乐部则要保障各项服务的兑现。这样的组织形式使俱乐部与会员双方的利益都能够得到很好的保障。

狭义的"汽车俱乐部"是为普通驾车人提供各种汽车服务的俱乐部。业务包括现场排障、拖带、保养机油、代理各种手续、汽车保险、车况检查、租车等，这些服务面向所有会员和非会员，每项服务都有明确的收费标准和对会员免费或优惠的额度。

以汽车品牌命名的汽车俱乐部主要有两类：一类是由汽车厂家设立，主要为购买该品牌汽车的客户提供各种汽车服务；另一类则是由使用同一品牌的车主组织起来的，也称为车友会，举行聚会、节庆、旅游和竞赛等活动。汽车厂商及其从事经销、配件、维修的合作企业一般也会支持本品牌俱乐部的活动，为俱乐部会员提供一些优惠。

国际上著名的汽车俱乐部主要有国际汽车联合会、英国汽车联合会、全美汽车俱乐部、英国汽车运动协会、英国66汽车俱乐部等。

我国的汽车俱乐部始于1995年，目前，我国的汽车俱乐部也有救援型（如北京大陆汽车俱乐部）、租赁业务形（如新概念汽车俱乐部）、赛车型（如上海大众333赛车俱乐部）及众多品牌俱乐部和车友会。大陆汽车俱乐部、北方之友汽车俱乐部、新概念汽车俱乐部、上海法拉利俱乐部等都已发展到相当大的规模。

汽车文化

8.4 汽车影院

汽车影院即观众坐在各自的汽车里通过调频收听和观看露天电影,这是随着汽车工业高度发达后所衍生的汽车文化娱乐方式之一。

20世纪30年代,美国人理查德在自家后院的大树上钉上一张褥单充当屏幕,在屏幕后放置了一台收音机充当音响,然后在汽车顶棚上支起1928年产的柯达放映机,世界上第一座汽车电影院就此诞生了。1932年8月6日,理查德向美国专利办公室申请汽车影院专利,1933年6月6日,理查德汽车影院开张,至1939年全美共出现11家汽车影院。

第二次世界大战后,美国的汽车影院迅速发展,1946年汽车电影院的数量从102家增加到155家,到1948年已经有820家汽车影院,从1948年到1958年的时间里,美国汽车影院的数量更是爆炸式地从不足1000家迅速增加到近5000家。与之相反,美国室内影院数量在同时期开始萎缩,在10年间从1.8万家降到1.2万家。不仅汽车影院数量达到历史最高峰,而且规模也令人咋舌。

当时美国最大的汽车影院可停车3000辆,最小的只可停车50辆。纽约州的一家大型汽车影院占地28公顷,在拥有2500个观影车位的同时,还拥有1200个空调室内座位。保证影院可以全天候开放。当时的汽车电影院一般在放映前3个小时就开门,让大人们先领着孩子进来玩,许多影院供应各种餐点,包括炸鸡、三明治、汉堡等,在一些影院观众甚至可以在车上订餐。在电影放映的休息时间,载有小食品的拖车会开出来,方便观众购买。汽车影院从门票收入中获益并不多,因为其中大部分款项都要作为影片租赁费交给电影公司,而游乐场、零售亭的收入才是汽车影院收入的大头。

20世纪90年代开始,美国许多汽车电影院开始增加屏幕,屏幕最多的一家汽车电影院位于佛罗里达,共有13个屏幕,同时放映多部电影,电影题材也更加多样化。当驾车开到入口处时会看到霓虹灯牌显示的当天上映的电影片名。通过售票口时服务员会问你要看哪一部,票上会注明停车位和相应的频道号码。当把车开到相应的位置后,打开汽车上的音响,调到票上注明的频道,电影的声音就出来了。有的影院还向观众提供一根荧光棒,当需要服务时,只要在车窗里摇一下荧光棒就可以了。

对个人自由的尊重是汽车电影院最大的魅力所在。这与美国开放自由的国情有着很大的关联。观众可以在完全私人的空间里享受高质量、超大映画及车内音响、环音所带来的震撼体验。除此之外,汽车影院还不像在一般的电影院里会受到很多的限制。你可以坐在自己的车里看电影,可以随心所欲地表达个人的情绪,而完全不用顾虑周边的环境。你可以在自己的车里吃喝娱乐,而不用担心影响别人。

汽车影院在服务上也自有它的一番特色。汽车电影院的电影一般都是循环播放的,只要你不累,看完这部还可以接着看下一部。看到精彩片断时,观众不再是报以热烈的掌声,而是汽车喇叭齐鸣,气势非凡。

汽车影院的魅力与特色不会止于此,那是一种与自然交融的和谐之美,它会将人们的记忆带到过去,又好像将人们带入到另外一个世界,除了工作人员外几乎看不到其他人的身影。在这里,不论外面是如何的天冷地冻,人们却可以懒懒地喝着热茶。而到了夏天,有知了在鸣叫,有微微凉风在吹拂,还有那些清凉的冷饮与人陪伴。可以说,汽车电影院给予人们的不仅是视觉上的快感,更是享受身心自由、特色服务以及浪漫氛围的全方位体验。

1993年汽车影院进入中国（图8.9）。对很多中国人来说，一方面它是汽车走进家庭后才逐渐兴起的休闲方式，另一方面它唤起了小时候看露天电影的美好记忆，是一种充满怀旧气息的新鲜事物。

图8.9 汽车影院

当然，汽车电影院虽然给有车一族带来了一种新的放松的机会，但并不是每一个观众都愿意为它买账。从市场上来看，随着私家车的普及，汽车电影院这一属于汽车消费领域的新生事物，按理说应该爆炸式发展，但事实上从1993年北京有了第一家汽车电影院开始，到目前为止，也只有北京、上海、深圳、广州、长沙、南京、杭州等城市开设了汽车电影院。

8.5 汽车杂志

汽车杂志和报纸等各类出版物是汽车文化的传播载体，它们将汽车人的思想文化传播给大众，并使之接受。随着汽车工业的快速发展，汽车杂志市场也在逐步走向成熟和细分，从最初的以内容"杂"为主要标志的杂志逐步过渡到类别杂志上来。汽车杂志类别大致包括学术类、科普类和消费时尚类3种。

汽车杂志迅速发展有着深刻的社会经济、消费文化和用户的专业知识需求不断发展的背景。汽车对于家庭而言是一种高值、耐用，同时又是结构和性能比较复杂、种类繁多的消费品。汽车消费者尤其是首次购买的用户，都希望在汽车购买、使用、维护等方面得到专业指导。而汽车杂志版面多，图片质量好，能够提供专业性强、数量多、新鲜又有深度的内容，自然就成为老百姓购车用车的向导。

汽车杂志具有很强的行业特征，又与现代生活息息相关，在其繁荣的背后，同样有着与当前汽车行业一样激烈的市场竞争。在竞争者越来越多的情形下，很多汽车杂志都在不停地加页，不断提升内容质量和印刷水平，不断增强核心竞争力，以争夺有限的读者和广告商。

国外汽车发展已有几十年的历史，发展速度很快，在市场定位上几乎囊括了与汽车相关的方方面面，出现了《越野车》、《跑车》、《老爷车》、《汽车收藏家》、《汽车噪音与安全》等多种专门分类的汽车杂志。在德国、美国等地，优秀的汽车期刊发行量都超过百万册，美国有好几种汽车杂志发行量达到二三百万册。国外比较著名的汽车杂志有英国的《Auto Express》（图8.10）、德国的《Auto Motor und Sport》（图8.11）、美国的《Auto Week》（图8.12）等。

图8.10　英国的《Auto Express》

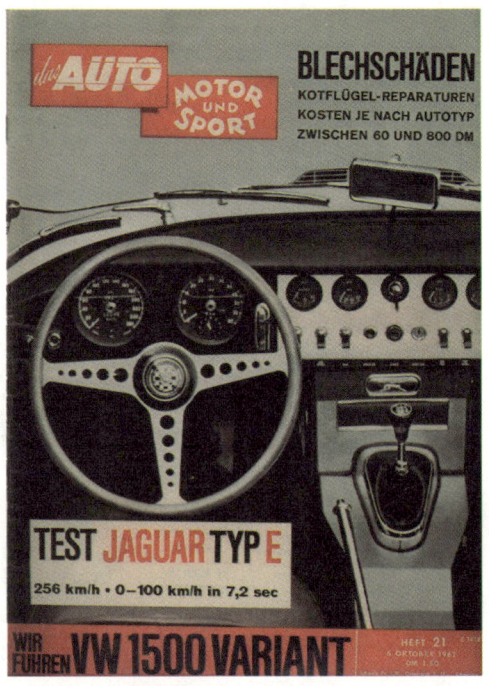

图8.11　德国的《Auto Motor und Sport》
（1962年版）

图8.12　美国的《Auto Week》

我国市面上的汽车杂志，除了小部分属学术类的之外，其他的基本上分为两种类型。一种是消费时尚类的，如《汽车之友》、《中国汽车画报》、《汽车导报》、《车主之友》、《时尚坐驾》、《轿车情报》、《名车志CAR AND DRIVER》和《汽车族》等几十种；另一种是科普类的，包括《汽车维修与保养》、《汽车与驾驶维修》、《汽车维修》等十几种。但从主要内容看，这些汽车杂志同质化现象非常严重，基本上都是综合类的，车型上统统囊括了新车、名车、国产车、进口车、合资车、轿车、跑车等各种车型，内容上也都是新车发布、试车报告等综合资讯，甚至连封面都大同小异。随着汽车消费者数量增长和逐步成长，消费个性必将成为汽车杂志关注的焦点。

8.6 汽车金融

汽车金融是主要在汽车的生产、流通、购买与消费环节中融通资金的消费活动，包括资金筹集、信贷运用、抵押贴现、证券发行和交易，以及相关保险投资活动，具有资金量大、周转期长、资金运动相对稳定和价值增值等特点。

在欧美国家，汽车金融公司有着近百年的历史，是支撑汽车业发展的顶梁柱。从20世纪20年代起，欧美各大汽车公司就陆续成立了自己的金融公司，可以为买车人做贷款。和商业银行的车贷产品相比，汽车金融公司审批更加灵活，并且不需要担保或者抵押，只要购车者有固定职业和居所、稳定的收入以及还款能力，个人信用良好即可。另外其首付比例低，贷款时间长，但是相应付出的代价是利率较高，往往比银行车贷利率高出10～30左右。

另外，汽车金融公司通过发行商业票据、企业债、向银行贷款等方式筹措资金，让汽车制造商的生产能够正常运转。以通用汽车金融服务公司为例，在2008年美国汽车业危机之前，通用汽车金融公司利润一度占通用汽车利润总额的50%以上。曾经有分析家评论说："如果从利润构成来看，通用汽车更像是一家银行，而不是汽车制造商。"通用汽车金融公司（GMAC）的核心业务是购车贷款，该业务侧重于为通用汽车特许经销商出售的汽车提供服务。公司向通用汽车公司的经销商们提供他们所需的资金，用以维持一定的汽车库存，并且提供给零售客户多种多样的服务方式，方便客户购买或租赁各类新、旧通用和非通用汽车品牌汽车。迄今为止，GMAC已向全世界逾1.5亿辆汽车发放了超过1万多亿美元的融资贷款。

我国的汽车金融业还刚刚起步，中国汽车金融政策过去仅允许汽车企业采取与外资合资开展金融业务的模式。目前，通用、丰田、大众等跨国巨头都在我国成立了汽车金融公司，并在销售终端开展了汽车金融服务。2009年4月，奇瑞徽银汽车金融有限公司在上海宣布正式开业。这不仅标志着奇瑞成为国内首家拥有金融公司的自主品牌汽车企业，而且是国家允许中资银行和自主企业合资建立汽车金融公司的重大突破。

这次挂牌的奇瑞徽银汽车金融有限公司由奇瑞汽车股份有限公司与徽商银行合资组建，注册资本为5亿元，双方股比为奇瑞汽车占80%，徽商银行占20%。公司业务主要分为12大板块，包括提供购车消费贷款业务、提供汽车经销商采购车辆贷款和营运设备贷款业务，提供汽车融资租赁业务(售后回租业务除外)等业务。

8.7 汽车旅馆

汽车旅馆，原文来自英文的"Motel"，是"motor"和"hotel"的合成词，即"汽车旅馆"，以前是指没有房间的旅馆，可以停车，而人就在汽车内睡，只不过比停在外面多了层保护而已。

汽车旅馆与一般旅馆最大的不同点在于汽车旅馆提供的停车位与房间相连，一楼当作车库，二楼为房间，这样的独门独户为典型的汽车旅馆房间设计。汽车旅馆多位于高速公路交流道附近，或是公路离城镇较偏远处，便于以汽车或机车作为旅行工具的旅客投宿（图8.13）。

图8.13 汽车旅馆（Motel）

1952年，美国人凯蒙·威尔逊开设了第一家汽车旅馆，这种自助式的廉价汽车旅馆一问世就受到了驾车旅游者的热烈欢迎。特别是法国雅高集团的"一级方程式"廉价汽车旅馆自1985年开张后，在短短的15年里就在全球开设了1000家分店，取得了巨大的成功。

廉价汽车旅馆采用标准化的建造模式，内部省掉了一切顾客不需要的设施和豪华装饰以减少成本费用，以最低的价格向驾车的商务旅行者和度假家庭提供廉价的住宿服务。开车旅行、住廉价汽车旅馆如今已成为西方人的一种生活习惯。据有关数字显示，西方国家90%以上的驾车旅游者喜欢投宿汽车旅馆。

汽车旅馆由于价格低廉，因此旅馆的设施也简单得多，前期投资并不大。国外的汽车旅馆一般只有客人登记住店和结账离店时，才有服务人员为旅客提供当面服务，旅馆也没有设施豪华的餐厅、休息室等，客房一般较小，没有书桌、文具、装饰品，没有壁橱和衣橱，只有床、几个行李架和一个柱式衣架等基本设施。

小小的Motel虽然不完全给游客宾至如归的感觉，但提供的设施已经可以满足大多数人的旅行需要，非常的便捷与经济。旅游旺季时Motel常常会客满，一般情况下也都是要提前预定。

8.8 汽车建筑

汽车影响着现代人的生活品质，只局限于生产高质量的汽车已不能符合时代的要求，愈来愈多的企业在提高汽车生产效率，保证产品质量的同时，更注重发掘其文化内涵，塑造符合时代特征的企业新形象。

汽车制造公司通常与建筑师、景观设计师、艺术家等精诚合作，或在公司总部兴建标志性总部大厦，如宝马公司在1982年建成由奥地利卡尔·施旺哲教授（Karl Schwanzer）设计的外形如4个汽缸发动机的宝马总部大厦及博物馆；或结合城市改造，兴建以汽车为主题的城市主题公园（大众汽车城主题公园）及城市文化广场（奥迪广场）等，以此向人们表明汽车已不再是简单的运载工具，而是人们日常生活中不可或缺的良友，体现着高尚的生活品位。同时在总部设立销售中心，这样使前来买车的顾客能够有机会参观了解汽车工业发展状况，加深对汽车品牌及相关知识的了解。

这一设计理念最早来自于德国奔驰公司，由于奔驰公司总部所在地施瓦宾地区的老百姓大多在购买时精打细算，他们为了节省新车的运输费用，情愿直接去总部领取新车。同样精明的奔驰公司马上意识到这里面蕴育着商机，他们在建造销售中心的同时，于1923年兴建了德国最早的汽车博物馆，并取得了良好的效果。

8.8.1 宝马世界

宝马世界（The BMW Welt）是由著名的AU Wolf Prix 建筑大师设计的，位于德国慕尼黑。BMW品牌在全世界拥有众多忠实的拥护者，每年都有数以千计来自全球各地的人们到慕尼黑参观宝马公司，BMW Welt就是为这些人而建的（图8.14）。

图8.14 宝马世界（The BMW Welt）

宝马世界的主体是一个大型的玻璃大厅与双锥型屋顶的组合，并与主体建筑相连接。大厅是宝马公司标志性的新车交付中心。内部地形的设计创造出不同密度的空间和交通流动场所。这个建筑的中心是车辆的展示区域，在上部空间的区域是顾客的休息区，以便能纵观整个大厅。

BMW Welt 分主馆和Double Cone 两部分，主馆最靓的项目就是位于二楼的旋风跑道

Gallery（图8.15）。除此外还有展览厅、互动室、餐厅及纪念品店。而Double Cone 则是全天候的Showroom，新款车或概念车都在此展出。

图8.15　宝马世界的Gallery

碗状的BMW-Museum 里展出了BMW 集团的历史，屋顶是一个圆形平面，上面是蓝白相间的BMW 宝马圆形徽记，从空中俯视更加壮观。BMW Plant是车厂，造好又被订购的宝马就是直接由此经地下送到主馆内的Gallery 里等待提货的。车厂设有导游参观，可看到整个造车过程。

宝马世界不但在外观上富有鲜明特色，饱含了设计师本人的创新精神，其内部的多功能结构设计更体现出一种对于汽车文化的传承与关照。《纽约时报》负责汽车报道的老牌记者尼科莱·阿尔萨夫在参观了位于德国慕尼黑的宝马世界后，也不禁在报纸上写下了内心的震撼："这座华贵的陈列室已经重新点燃了我对未来建筑的信心，它将成为汽车文化史上一座重要的里程碑。"

8.8.2　奔驰汽车博物馆

奔驰汽车博物馆（Mercedes Benz-Museum）坐落于斯图加特郊区，它记录了世界上最古老的汽车公司——梅赛德斯—奔驰不灭的光荣与梦想。奔驰旧博物馆创建于1936年，它是奔驰汽车从发明到发展的一本历史教科书、一部完整的汽车发展史。从最早的奔驰一号车和戴姆勒一号车，第一辆打破纪录的奔驰赛车，到现今的高科技奔驰，奔驰无不证明着自己在汽车工业的地位。

1961年，奔驰公司建造了一个更大的博物馆，共有300万的参观者目睹了奔驰汽车的风采。这一博物馆于1985年翻修，并于1986年重新开放。博物馆的一个重要特色就是无线传输系统的应用。参观者无论采取什么路线，红外传输系统都会提供参观者注视车辆的介绍。博物馆开放式的设计风格使得参观者可以自由移动、驻足和思考。无论你站在博物馆的哪一点上，都会发现收藏汽车的全新视角。

新的博物馆为不规则的三棱圆柱形（图8.16），共分9层，面积达到16500平方米，可陈列展示185款汽车，其中包括大约95辆轿车、40辆商用车以及40辆赛车和各类创纪录车。在这座具有独特风格的建筑里，观众将了解到从第一辆奔驰车到传奇的银箭赛车的发展过程，它会带给人们一次难忘的穿越时空之旅，呈现一个汽车工业巨人的一幅幅历史画卷。奔驰汽车博物馆已不仅仅是汽车的收藏，它更是奔驰传统的彻底展现。人们在这里看到的不仅是历史，更是奔驰公司的过去、现在和未来。

图8.16　奔驰博物馆（Mercedes Benz-Museum）

8.8.3　大众汽车城主题公园

1996年大众集团公司在沃尔夫斯堡市公司总部附近，利用德国中部运河边原先的储煤场，辟出25公顷空地，投资8亿5千万德国马克，兴建大众汽车城主题公园（Volkswagen Autostadt），并作为2000年汉诺威世博会的展场对外开放。

汽车公园中的两幢玻璃塔象征着技术进步、透明度和向上的冲劲。其主体建筑包括康采恩广场，汽车塔楼与顾客中心等。这是一项涉及建筑设计、规划设计、景观设计的综合项目。在设计这样的项目时，不仅仅是要创造一种企业形象，更重要的是通过这种形象传达企业信息和文化。

图8.17　大众汽车城主题公园的康采恩广场

康采恩广场（图8.17）位于公园南端，与运河平行，有一长200多米，高18米的长方形大厅，钢结构玻璃幕墙大厅亦作为公园的主要出入口，并设有餐馆、咖啡厅、电影院及儿童世界等多功能活动空间。该园的主体建筑是两幢42米高的圆柱形玻璃塔楼（图8.18），每幢塔楼可存放400辆大众新车，它们与椭圆形的顾客中心相连接，每隔40秒就有自动升降装置从20层高的塔楼里取出一辆车，并送至顾客中心，盼望已久的顾客便可从销售人员的手中接过新车的钥匙。建筑师把这两座透明的汽车塔楼比喻为汽车城公园里的"撞击心灵的玻璃发动机"。

8个独立的汽车品牌馆用来展示大众集团属下8个主要品牌车的特殊品质，如大众（VW）、奥迪（AUDI）、斯柯达（SKODA）、赛尔特（SEAT）、兰博基尼（LAMBORGHINI）和宾利（BENTLEY）等。

与大体积的康采恩广场和汽车塔楼相比，8个汽车品牌馆则显得小巧且富于个性，外部造型及内部展厅设计充分反映了各个汽车品牌的特殊品质。例如，宾利馆体现英国人不张扬、注重内涵的绅士风度，该馆的主体

图8.18　圆柱形玻璃塔楼

结构隐藏在一个圆形的小山下面，从外部只能看到该馆的入口，但当人们走进展馆，就会感到其典雅高贵的英国风情；与其相反，兰博基尼馆表现了意大利人热情奔放的个性，为突出跑车的巨大动力，展馆的外形宛若从天上掉下来的黑色石块，深陷地里，黑色的立方体又如同一只装着野兽的笼子；在大众品牌馆里，人们看不到一辆汽车，这个透明的玻璃立方体里有一个球形结构的360度环绕影院，里面放映由德国影视明星参加摄制的反映安全性能的童话故事短片；与此类似，奥迪品牌馆则展示奥迪轿车用户的家居陈设，以反映品牌的普及性以及奥迪卓越纯朴的生活品质。

大众汽车城主题公园不仅仅展示最新款式的汽车，还借助建筑师、景观设计师、艺术家、科技人员等的智慧来塑造公司的品牌形象，大众集团公司希望借此向人们展示公司的全球战略和雄厚的实力。

8.8.4　奥迪广场

奥迪公司在大众集团规划汽车城主题公园之前，就在总部所在地英戈尔斯塔特（Ingolstadt）市北部投资兴建了奥迪中心，中心于1992年正式对外开放，给前来总部领取新车的顾客提供富于个性化的优质服务。由于市场效果奇好，其后又在此基础上进行扩建，整个工程包括奥迪中心、餐饮厅、汽车博物馆、市场与顾客大厦等。2万平方米的奥迪广场于2000年底完成。

奥迪广场（Audi Forum Ingolstadt）与大众汽车城主题公园的总体构思均出自韩恩（Henn）建筑工程事务所，与封闭式的大众主题公园相比，奥迪广场是完全开放式的城市广场。该广场位于奥迪总部大楼一侧，与城市干道相连，设计师在此把生产、管理、服务、展示、商业、影院、餐厅和博物馆等典型的城市构成要素组合在一起，构成以城市文化广场为特征的城市空间（图8.19）。

第8章 汽车与经济

图8.19 奥迪广场

8.8.5 法拉利F1主题公园

2008年11月3日,法拉利在Abu Dhabi(阿布扎比)的Yas岛上举行了法拉利主题公园的奠基仪式。阿布扎比也许是这世界上唯一一个拥有足够富人和巨大消费能力、能够维持法拉利主题公园正常运行的地方了。法拉利也是因为这个原因,所以准备在这里建一个主题公园。在奠基仪式上,一个时光宝盒被埋藏在地下,里面藏有2008 F1世界冠军战车的连杆和活塞、F1世界冠军法拉利战车、还有这个主题公园的第一张效果图(图8.20)。这个宝盒将在2048年法拉利诞生100周年的时候被再次开启。

这个主题公园将在2009年建成并投入使用。它除了是一个集各种法拉利主题娱乐设施为一体的法拉利主题公园外,还包括一个赛道,这个赛道除了将办一个驾驶学校外,还会在2009年举办F1法拉利阿布扎比站的比赛。

图8.20 法拉利F1主题公园效果图

汽车文化

8.9 汽车广告

汽车市场的激烈竞争催生了汽车广告业的发展。汽车业正在走向市场经济的产品战时代，这也需要广告来助威。各色汽车广告处处体现出制作者的独具匠心，或凝重、或热烈、或深切、或诙谐、或前卫、或布满浓厚的民族气息。

世界上最早的汽车广告出现在1900年，当时美国的第一家汽车厂——奥兹莫尔比汽车厂竣工，奥兹父子在工厂门口树立了一块醒目的标志牌，上书"世界最大的汽车工厂"，来往行人无不驻足观看，从此广告开始和汽车联系在一起，成为工业时代的象征。

传统的汽车广告是"车本位"的，从品牌到服务，从外观到内饰，从发动机到保险杠，从速度到防震……它本身可以介绍的东西太多了。于是在传统的汽车广告中，无论是强调品牌还是诠释产品，大量的镜头都是围绕着车展开的。

在汽车工业100多年的发展历史中，产生了像劳斯莱斯、奔驰、宝马、奥迪这些经典的汽车品牌，它们的广告设计也如它们的品牌一样让人难以忘怀。

劳斯莱斯有这样一则广告：在时速60英里时，一辆劳斯莱斯车内最大的噪声来自它的电子钟。整个广告简洁有力，将劳斯莱斯优良的品质表现得淋漓尽致。

丰田汽车进入中国市场时，就很好地借用了中国的一句俗语"车到山前必有路，有路必有丰田车"，从此在中国人的心目中牢固地树立了丰田汽车的品牌。

韩日世界杯上，韩国现代汽车的广告创意堪称经典之作：激情澎湃的世界杯赛场上，看台上掀起的人浪慢慢演变成现代汽车的身影，足球的激情与汽车的高贵典雅完美地结合在一起，现代汽车的形象也随之深入人心。

在国产车众多的广告中也不乏佼佼者。如上海大众的帕萨特汽车的广告：人生是一段段的旅程，有时要加速，有时要避让，有时要纵情驰骋……将人世浮沉的感慨蕴含在一组黑白素雅的电视画面中，轻易地引起了人们的共鸣。走下"圣坛"的红旗牌轿车一直是人们关注的焦点，因为它是国产轿车中少有的自主品牌，其代表性广告语"坐红旗车，走中国路"简洁明了地突出了这一诉求，很好地激发了消费者关爱民族汽车工业的情结。"捷达，理性的选择"，这是目前国产轿车中让人最轻易记得住的一句广告语。

汽车广告对于汽车销售是非常重要的，作为一个大众媒体，它能最有效地把信息传递给大众，一支优秀的广告能创造良好的销售力和市场收益。

参 考 文 献

[1] http://auto.sina.com.cn/culture 新浪汽车文化网站
[2] 王震坡. 现代汽车艺术鉴赏[M]. 北京：北京理工大学出版社，2008.
[3] 胡宁，范钦满. 汽车文化[M]. 北京：北京理工大学出版社，2007.
[4] 张玉来. 丰田公司企业创新研究——兼论日本汽车产业发展模式[M]. 天津：天津人民出版社，2007.
[5] 史自力. 日本汽车产业发展战略研究[M]. 北京：经济科学出版社，2008.
[6] http://www.carcn.net/class/qcwh 汽车中国网站
[7] http://auto.enorth.com.cn/qcwh/whzx/index.shtml 北方网
[8] http://autos.cn.yahoo.com 雅虎汽车网
[9] http://auto.china.com 中华汽车网
[10] http://auto.china.com 浙江经济职业技术学院汽车文化精品课程网站
[11] 蔡玳燕. 永恒的经典：德国汽车文化掠影[M]. 北京：机械工业出版社，2008.
[12] 莫金莲，李广民. 现代德国大众文化[M]. 北京：中国经济出版社，2000.

北京大学出版社高职高专汽车系列规划教材

序号	书号	书名	编著者	定价	出版日期
1	978-7-301-13661-4	汽车电控技术	祁翠琴	39.00	2012.5 第4次印刷
2	978-7-301-13658-4	汽车发动机电控系统原理与维修	张吉国	25.00	2012.4 第2次印刷
3	978-7-301-14139-7	汽车空调原理及维修	林 钢	26.00	2011.8 第2次印刷
4	978-7-301-15378-9	汽车底盘构造与维修	刘东亚	34.00	2009.7
5	978-7-301-15578-3	汽车文化	刘 锐	28.00	2011.8 第3次印刷
6	978-7-301-15742-8	汽车使用	刘彦成	26.00	2009.9
7	978-7-301-16919-3	汽车检测与诊断技术	娄 云	35.00	2011.7 第2次印刷
8	978-7-301-17079-3	汽车营销实务	夏志华	25.00	2012.8 第3次印刷
9	978-7-301-13660-7	汽车构造(上册)——发动机构造	罗灯明	30.00	2012.4 第2次印刷
10	978-7-301-17711-2	汽车专业英语图解教程	侯锁军	22.00	2012.1 第2次印刷
11	978-7-301-17821-8	汽车机械基础项目化教学标准教程	傅华娟	40.00	2010.10
12	978-7-301-17532-3	汽车构造(下册)——底盘构造	罗灯明	29.00	2012.9 第2次印刷
13	978-7-301-17694-8	汽车电工电子技术	郑广军	33.00	2011.1
14	978-7-301-18477-6	汽车维修管理实务	毛 峰	23.00	2011.3
15	978-7-301-17894-2	汽车养护技术	隋礼辉	24.00	2011.3
16	978-7-301-18850-7	汽车电器设备原理与维修实务	明光星	38.00	2011.5
17	978-7-301-18494-3	汽车发动机电控技术	张 俊	46.00	2011.6
18	978-7-301-19147-7	电控发动机原理与维修实务	杨洪庆	27.00	2011.7
19	978-7-301-19027-2	汽车故障诊断技术	明光星	25.00	2011.6
20	978-7-301-19334-1	汽车电气系统检修	宋作军	25.00	2011.8
21	978-7-301-19350-1	汽车营销服务礼仪	夏志华	30.00	2012.4 第2次印刷
22	978-7-301-19504-8	汽车机械基础	张本升	34.00	2011.10
23	978-7-301-19652-6	汽车机械基础教程(第2版)	吴笑伟	28.00	2012.8 第2次印刷
24	978-7-301-18948-1	汽车底盘电控原理与维修实务	刘映凯	26.00	2012.1
25	978-7-301-19646-5	汽车构造	刘智婷	42.00	2012.1
26	978-7-301-20011-7	汽车电器实训	高照亮	38.00	2012.1
27	978-7-301-20753-6	二手车鉴定与评估	李玉柱	28.00	2012.6
28	978-7-301-21989-8	汽车发动机构造与维修(第2版)	蔡兴旺	40.00	2013.1

相关教学资源如电子课件、电子教材、习题答案等可以登录 www.pup6.com 下载或在线阅读。

扑六知识网(www.pup6.com)有海量的相关教学资源和电子教材供阅读及下载(包括北京大学出版社第六事业部的相关资源),同时欢迎您将教学课件、视频、教案、素材、习题、试卷、辅导材料、课改成果、设计作品、论文等教学资源上传到 pup6.com,与全国高校师生分享您的教学成就与经验,并可自由设定价格,知识也能创造财富。具体情况请登录网站查询。

如您需要免费纸质样书用于教学,欢迎登陆第六事业部门户网(www.pup6.cn)填表申请,并欢迎在线登记选题以到北京大学出版社来出版您的大作,也可下载相关表格填写后发到我们的邮箱,我们将及时与您取得联系并做好全方位的服务。

扑六知识网将打造成全国最大的教育资源共享平台,欢迎您的加入——让知识有价值,让教学无界限,让学习更轻松。联系方式:010-62750667、yongjian3000@163.com、linzhangbo@126.com,欢迎来电来信。